BaFeiTe
De Renshengzhihui

巴菲特的人生智慧

李密◎编著

中国纺织出版社

内 容 提 要

沃伦·巴菲特，被誉为“股神”，他11岁开始接触股票，之后一直以惊人的速度通过投资积聚财富，成为投资界的传奇，更是千千万万梦想成功的人的榜样，他的身上有太多我们需要学习和借鉴的智慧。

本书分为上、下两篇，从人生和财富两方面出发，以对人们的忠告为切入点，折射出巴菲特对待人生、对待财富的态度。这对我们未来的人生会起到积极的促进作用，帮助我们激发出潜能和智慧，少走弯路，创造美好人生！

图书在版编目（CIP）数据

巴菲特的人生智慧 / 李密编著. -- 北京：中国纺织出版社，2017. 5（2022.8 重印）

ISBN 978-7-5180-3211-2

Ⅰ. ①巴… Ⅱ. ①李… Ⅲ. ①巴菲特（Buffett, Warren 1930- ）—生平事迹 Ⅳ. ①K837.125.34

中国版本图书馆CIP数据核字（2017）第002829号

策划编辑：闫 星　　　　责任印制：储志伟

中国纺织出版社出版发行
地址：北京市朝阳区百子湾东里 A407 号楼　邮政编码：100124
销售电话：010—67004422　传真：010—87155801
http：//www.c-textilep.com
E-mail：faxing@c-textilep.com
中国纺织出版社天猫旗舰店
官方微博http：//weibo.com/2119887771
佳兴达印刷（天津）有限公司印刷　各地新华书店经销
2017年5月第1版　2022 年 8 月第 3 次印刷
开本：710 × 1000　1/16　印张：18.5
字数：228千字　定价：48.00 元

凡购本书，如有缺页、倒页、脱页，由本社图书营销中心调换

前言 Preface

提到沃伦·巴菲特，我们就想起了“股神”这个称呼，他是全球著名的投资商。可以说，巴菲特是20世纪以来世界财富史上的一枝独秀，他一生赚取的财富着实令人惊叹。

巴菲特一生致力于股票投资，他从11岁开始就买了第一只股票，然后进入股票投资行业。他在35岁之前就成为了百万富翁，之后资产一直在剧增。他喜欢赚钱，通过投资来赚钱更是让他孜孜不倦，2008年，巴菲特的身家达到了620亿美元，成功代替美国微软公司创始人比尔盖茨成为《福布斯》全球富豪榜富豪。2013年，他名列《福布斯》全球富豪排行榜第四。

对于很多致力于投资行业和想要获得财富的人来说，沃伦·巴菲特一直是他们研究的对象。其实，除了研究他财富积累的过程外，我们还应该仔细品味一下巴菲特的人生历程，思索他是如何攀登人生顶峰的，并从中吸取经验，使自己变得更加强大，更接近成功，更能获得幸福。

巴菲特取得财富上的成功，首先是因为他努力学习，甚至可以说是个“学习机器”，阅读几份报纸是他每天早上的必备“早餐”，《华尔街日报》更是必读的报纸；对于一些股票交易记录、商业运营模式等，他更是研究得很透彻。据说，他曾花了几个月时间阅读了一个世纪以来的报纸，他在股票投资上的成功，可以说也主要是因为他对投资知识的孜孜不倦。

巴菲特更是个冷静理智的人，无论处于何种经济大环境下，他总是有自己的看法。在一些股民因为股票市场的动荡不安而感到茫然无措甚至是惊慌失措的情况下，他总是保持着理性，冷静而耐心地等待赚钱的时机。巴菲特也遭遇过挫折，但他永远不安于现状，更不会人云亦云、迷失自己，他始终追寻着自己的脚步，最终获得了他人无法企及的成功。

巴菲特的成功，更是因为他有自己独到的投资心得，他坚持股票要集中投资、长期持有，确保安全。他认为，分散投资很难兼顾所有，他主张把所有的鸡蛋都放在同一个篮子里，并专心看好它。我们都清楚，大部分投资者在投资中买股票都喜欢追涨杀跌，而巴菲特却建议长期持有，他也是这样做的，他曾为了某只股票而考察十几年的时间。其中，在可口可乐公司这一只股上，他就花了50年时间。另外，巴菲特从不投机，总是坚持在自己的能力范围内投资，“永不亏损”更是他一直坚持的原则。

巴菲特对财富有着炽热的追求，但是他并不是一个守财奴，而是一个慈善家。2006年，他宣布将自己资产的85%，当时共计370亿美元，逐步捐赠给包括比尔和梅琳达·盖茨在内的5家基金会，此举震动了世界。在巴菲特看来，真正的富有是在获得物质财富后，将财富贡献给社会，这也是财富的价值。

现在的巴菲特已经是一位年逾80的老者了，但是，我们依然能看到他身上独特的气质、个性和强大的气场以及超人的智慧，这一点仍然吸引着大批渴望成功的人们去追寻和探索。

不得不说，在我们眼里，巴菲特就是个传奇式人物，他的成功固然无法复制，但是我们却可以借鉴他的经验，学习他身上的精神、品质和思维方式等。本书就是囊括了巴菲特对于人生、工作、投资等方面的独到看法和见解，对于处于困惑中的人们来说，或许可以帮助大家找到前进的方向，比如生活的意义、职业的选择、心灵的成长等，有现实的指导意义!

编著者

2016年7月

目录 Contents

上篇 人生忠告

第01章 厚积才能薄发，积累知识才能带来改变 …… 002

向股神巴菲特学习 …… 002

独立思考，找到自己的个性发展道路 …… 005

人生路上，择其善者而从之 …… 007

人生最畅销和稳赚不赔的投资是学习 …… 010

阅读书籍、拓展视野 …… 012

责任心的培养尤其重要 …… 015

第02章 职业归宿，去为那个你最仰慕的人工作 …… 018

从事自己喜欢的工作 …… 018

热爱你的工作 …… 020

从工作中感受到乐趣 …… 023

发挥自己的特长 …… 025

将你的热忱投入到工作中 …… 027

第03章 砥砺人格，作为人敬重的人 …… 030

不尊重他人，何来他人的尊重 …… 030

有主见，别人云亦云 …… 032

苦难是一所人格修养的学校 …… 035

遇到坎坷的人生路，坚强应对 ……………………………………………… 037
坐拥财富，也要勤俭节约 ……………………………………………… 040
做一个善解人意的倾听者 ……………………………………………… 042

第04章　成功路上只做自己，不做复制品 ……………………………… 045
要有正确的财富观 ……………………………………………… 045
舍得舍得，不必太看重 ……………………………………………… 048
开拓属于自己的人生 ……………………………………………… 050
你的人生你自己选择 ……………………………………………… 052
自己的人生路自己走 ……………………………………………… 054
与人为善，不做孤僻者 ……………………………………………… 056

第05章　目光放在远处，在不断思考中前行 ……………………………… 059
失败了，多想想为什么 ……………………………………………… 059
关注细节，成功才有可能万无一失 ……………………………………………… 062
永远相信梦想的力量 ……………………………………………… 064
看准人生长期的目标 ……………………………………………… 068

第06章　专注于手头事，业精于勤荒于嬉 ……………………………… 071
一屋不扫，何以扫天下 ……………………………………………… 071
每天结束时问问自己是否已经拼尽全力 ……………………………………………… 073
付出血泪的，一定会有所收获 ……………………………………………… 076
脚踏实地才是唯一的出路 ……………………………………………… 079
快人一步，先获得成功 ……………………………………………… 081

第07章　戒骄戒躁，别为一时的成就骄傲自大 ……………………………… 084
内心淡定，从容前行 ……………………………………………… 084
拥有财富，更要崇尚简单 ……………………………………………… 087

看淡名利，活得更轻松 …… 090
名利乃身外物，不必追逐 …… 093

第08章　自信为人，失败了爬起来路还在脚下 …… 096
千万不要看不起你自己 …… 096
自信，才有可能走向成功 …… 099
摒弃自卑是你要学习的第一堂课 …… 102
自负者迟早要摔跟头 …… 105
挖掘出潜藏在内心的潜能 …… 107
自信应对，无视他人的嘲笑 …… 111

第09章　原则如灯塔，始终指引我们向目标奋进 …… 114
犯了错误，也要积极面对 …… 114
幸与不幸，取决于自己 …… 117
心中有希望，就不会绝望 …… 120
享受每一个新的一天 …… 123
成功路上，忍字当头 …… 126
忍耐着，成功自然有一天会到来 …… 129

第10章　打开沟通之门，建立良性人际关系 …… 132
好的人际关系首先来自于愿意与人沟通 …… 132
朋友是一生的财富 …… 135
积极的朋友，犹如生活中的阳光 …… 137
与优秀者为伍 …… 139
重视亲情者更易获得他人的尊重 …… 141
展现你的幽默，让你成为一个受欢迎的人 …… 144

第11章　立即行动，机遇来临时果敢行事 …… 147
行胜于言，行动才有说服力 …… 147
危机或许也是机遇 …… 149
内心的目标要清晰，才有奋斗的方向 …… 151
失败不可怕，最重要的是积累经验 …… 154
锁定目标，坚持到底 …… 156

第12章　感恩于世，用爱和善意与人相处 …… 159
爱情就是同甘苦共患难 …… 159
尽孝趁早，子欲养而亲不在 …… 161
友情贵在交心 …… 164
重视亲情人生才是成功的 …… 166
善待你的合伙人，让合作更长远 …… 169

第13章　崇尚简单，我们需要享受人生和生活 …… 172
巴菲特一家人是怎样生活的 …… 172
人活于世，最重要的是什么 …… 175
掌控情绪，不能被情绪掌控 …… 177
心态如何，取决于我们对生活的体验 …… 180
人生最理想的生活状态是怎样的 …… 182
多一点闲情逸致 …… 184

下篇　财富忠告

第14章　思考致富，用头脑实现你的财富梦 …… 188
一览巴菲特的投资人生 …… 188
学会如何将“雪球”滚大 …… 190
要投资，首先必须有资本 …… 193

借贷问题一定要慎重……195
投资，最重要的就是心态要摆正……198
投资有风险，一定要谨慎……200
学会集中投资……202
良好的投资理财习惯很重要……204

第15章　不走寻常路，投资要有战略性眼光……208
眼光长远，投资才有大收益……208
避开繁琐，投资最重要的是简单……211
逆向投资，抓住机遇……213
相信自己的判断永远持股……215
深入了解企业的内在……218

第16章　不惧风险，敢于在危机中寻找机遇……221
胆大心细，富贵险中求……221
看准时机，马上出手……223
要有“点石成金”的投资眼光……226
危机来临，如何应对……228
有独立眼光，不跟风投资……230
投资需要具备聪明的头脑……232

第17章　投资要理性，绝不盲目做决定……235
突破陈旧思维不盲目跟风……235
没有把握的投资不轻易出手……237
投资最重要的是避免损失……240
如何有效降低投资的风险……242

第18章 实践出真知，实战经验才是制胜的法宝 …… 245

投资绝对不能轻信谣言 …… 245

投资也需要执著的精神 …… 248

按兵不动，寻找时机出手 …… 250

细心准备，一招制胜 …… 253

不想过去，只看将来 …… 256

第19章 众人拾柴火焰高，运用团队智慧创财富 …… 259

梦在哪里，方向就在哪里 …… 259

要建成自己的投资团队 …… 261

知人善任，避免不必要的麻烦 …… 264

投资也要放权 …… 266

优势互补，形成团队凝聚力 …… 269

第20章 摆正金钱观，别让人生成为财富的奴隶 …… 272

要成为金钱的主人，而不是它的奴隶 …… 272

让钱为自己工作 …… 274

财富与幸福并不是对等的 …… 276

家财万贯，也未必幸福 …… 279

千万别财迷心窍 …… 281

要养成良好的消费习惯 …… 283

参考文献 …… 286

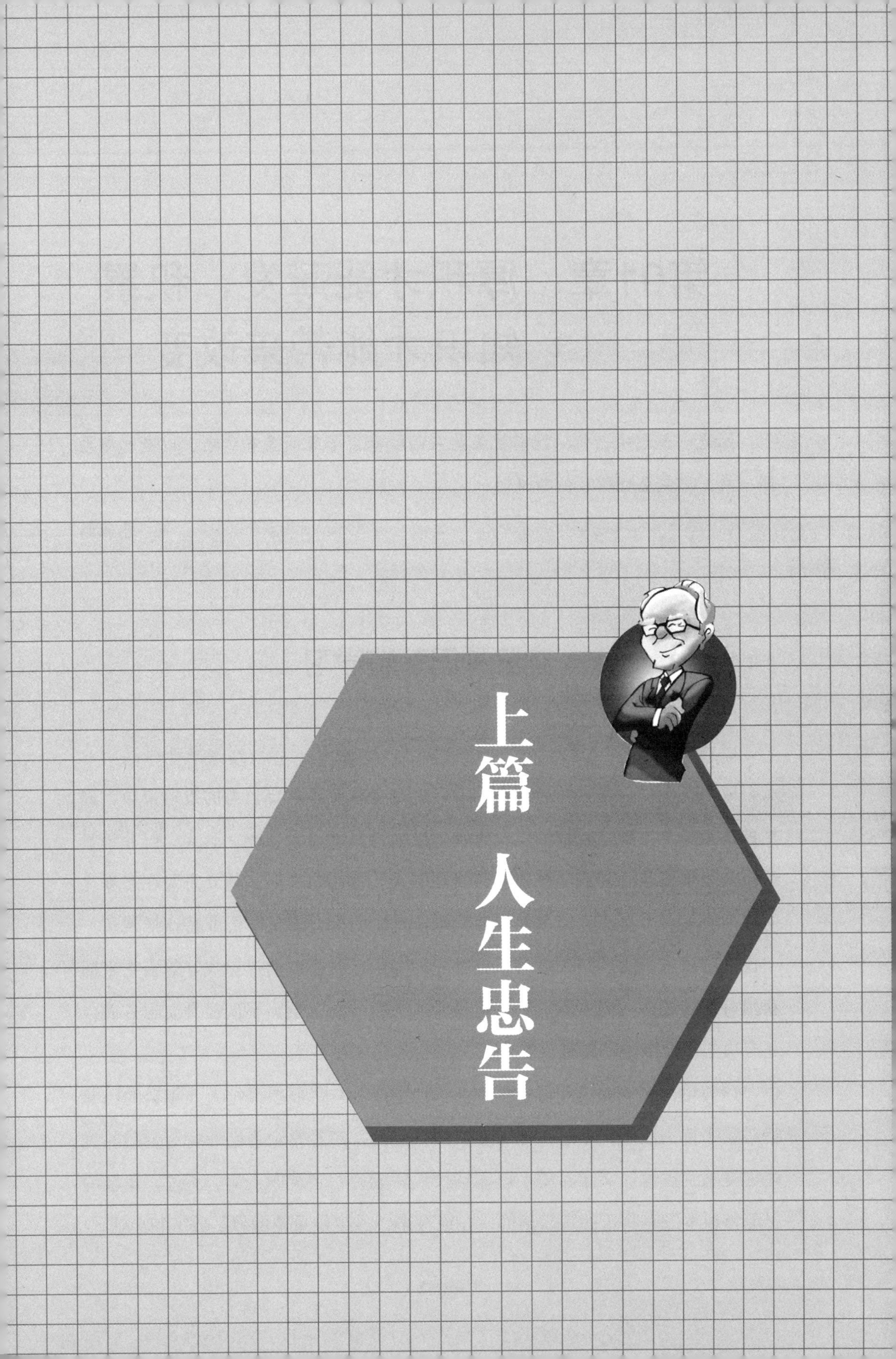

上篇　人生忠告

第01章　厚积才能薄发，积累知识才能带来改变

他是一个天才，但他能够把某些东西解释得如此简易和清晰，以致起码在那一刻，你完全理解了他所说的。

——巴菲特

向股神巴菲特学习

巴菲特是当今世界公认的“投资天才”，他在证券投资领域呼风唤雨、点石成金，不仅仅是投资公司的CEO，也是全球许多重要公司的投资指导，而且被认为是全世界最睿智的投资大师。巴菲特真的是天才吗？其实，巴菲特骨子里是一个事业心和成功欲望极其强烈的人。他在11岁时，就立志要在35岁之前成为一名百万富翁，结果他提前实现了这个目标。对此，巴菲特这样说道：“投资对我来说既是一种运动，也是一种娱乐。我喜欢通过寻找好的猎物来捕获稀有的快速移动的大象。”这就是天才与庸才的区别，不仅仅是立志方面，还有决心以及专注的精神。

1947年，16岁的巴菲特中学毕业，他想成为一名股票经纪人。年轻的巴菲特对数字特别敏感，不过，他那虔诚而节俭的父亲经常会为巴菲特对金融的痴迷程度感到震惊。父亲希望小巴菲特长大后成为一名神职人员。不过，年轻的巴菲特根本没有真正的宗教信仰，在他看来，人生最重要的就是数字和金钱。

巴菲特在六七岁时就对股票产生了兴趣，他8岁时就开始阅读股票市场方面的书籍。16岁时，很多孩子还在向父母伸手要钱，巴菲特已经积聚了6000美元的财富，其中大部分来源于自己的投递报纸所得，他赚的钱比老师的薪水还高。虽然，他有能力支付自己大学费用，不过，他并没有那样做，他的父母负担了他大学期间的费用，让巴菲特把自己的钱用于投资，到了1950年，巴菲特的积蓄已经达到了9800美元。

在宾夕法尼亚大学里，巴菲特是年轻共和党人俱乐部的主席，准备租用大象骑着参加共和党人的胜利游行。在假期里打工卖衬衫，每个小时的薪水是75美分，这份工作带给他最大的收获——掌握了企业运行的第一手资料。

当然，天才也是需要千锤百炼的。在1973～1974年那场严重的经济衰退中，巴菲特的公司受到了严重打击，股价从每股90美元跌至40美元。在1987年的股灾中，他又受到了冲击，公司股价从每股4000美元跌至3000美元。海湾战争爆发后，巴菲特再次遭受重创，公司股票价格直线下跌。尽管这样，他还是坚持用价值投资理念择股，同时采取了长期持股政策。到了2002年，巴菲特所领导的公司每股涨到了75000美元。有人说：假如你在1956年把1万美元交给巴菲特，它今天就变成了3亿多美元，税后收入大约为2.7亿美元。在巴菲特投资的几十年中，他从30万忠实于自己的股东之中孕育了数以万计的千万、亿万富翁，单单在他所居住的奥马哈市，就培养了200名亿万富翁。

巴菲特是一个投资天才，这是全球股市尽人皆知的事实。难怪，在前几年举行的美国总统大选辩论中，两党总统候选人奥巴马和麦凯恩在被问到假如他们当选总统，心中有无属意的财政部部长人选时，他们不约而同地点名巴菲特。

当然，巴菲特是如何成为天才的，是一个值得琢磨的问题。然而，我们都明白这样一个道理，天才并不是一蹴而就的，更不是天生的，天才也需要具备多种素养和条件，才能将自己训练成天才。

★……巴菲特的忠告……★

在崇尚财富、成功、知识的美国，从20世纪80年代初期，人们就把巴菲特誉为“股神”“奥马哈圣贤”“投资天才”。那么，在巴菲特这样的“天才”身上，到底存在哪些可贵的品质呢？

1.热衷于签协议

据说，巴菲特常常和太太与子女签订协议。有一次，巴菲特觉得自己已经成年的儿子豪伊的体重应该控制在182.5磅以下，假如豪伊超过这个重量，就要把两人共同拥有的农场总收益的26％交出来；假如体重在182.5磅以下，巴菲特则把22％的总收益交出来。

2.专注

在巴菲特出席的一次宴会上，主持人问巴菲特：“你认为使你获得成功的最重要的因素是什么？”巴菲特回答说：“专注。”而当晚另外一个人也给出了同样的答案，他就是比尔·盖茨，是当时唯一比巴菲特更富有的美国人。

3.永远有一股冲劲

早在童年时期，巴菲特就曾宣布自己要在35岁之前成为百万富翁，然而，现在拥有500亿美元资产的他明显远远地超越了这个目标。你想知道巴菲特成为投资天才的秘诀是什么吗？其实，巴菲特的“投资天才”不仅仅凭借过人的投资天赋，更重要的是他那种永远不停歇的冲劲。

4.对成功的追求

巴菲特骨子里是一个事业心以及对成功有着强烈追求的人。他说：“投资对我来说既是一种运动，也是一种娱乐，我喜欢通过寻找好的猎物来捕获稀有的快速移动的大象。”

独立思考，找到自己的个性发展道路

巴菲特说：“思想枯竭，则巧言生焉。”这样看来，很明显巴菲特一直自信于自己的所思所想，并随时准备捍卫自己的思想。他从来不喜欢跟随大众，却喜欢与众不同。巴菲特这种独立思考的性格十分适合做投资，与众不同的思考和行动才能取得与众不同的业绩。对此，巴菲特的导师格雷厄姆说：“在华尔街成功必须具备两个条件：第一，正确思考；第二，独立思考。”巴菲特避开股市大众恐惧和贪婪传染病的关键点在于他从小到大都喜欢独立思考。巴菲特认为，只有独立思考，做事才能成功，在他看来，应该习惯用脖子以上的部分做事。

在大学时，巴菲特性格比较内向，见了女生，他会涨得满脸通红。不仅如此，他还不热衷于交际，因为在应酬中需要喝酒，而巴菲特最讨厌喝酒，他每次只能看着其他人大口饮酒，甚至为这些酒鬼埋单。这还不是令他最讨厌的，他最不喜欢的就是那些喝醉酒话很多的人，总会逮着他追问这样或那样的问题。

巴菲特回忆，大学期间的一天晚上，他参加酒会回来，对室友说：“参加酒会很没趣，还不如待在宿舍唱歌呢。”室友一听巴菲特要在宿舍唱歌，心想这可坏了，得让他出门交际去。结果，在室友的介绍下，巴菲特认识了“赛艇”这项运动，而且室友热烈提议：“你知道吗？参加赛艇大赛是学校最轰动的比赛，赢得冠军的队员，就会被无数女生追求，你人比较瘦，体重合适，最适合这项运动了。”在室友的强烈建议下，巴菲特加入了赛艇俱乐部。

赛艇有极强的重复性和节奏性，与巴菲特之前所参加的活动相比较，它还是一个团体性运动。在巴菲特所熟悉的运动中，诸如乒乓球、高尔夫、举重，那则是与竞争对手比赛，不需要队员的配合。赛艇所要求的团队精神，正是巴菲特所需要学习的。巴菲特从小就比较孤僻，总喜欢一个人，不愿意与别人配合，他希望身边的人都配合自己，他把自己摆在一个领导者的位置。不过，巴菲特又是一个不服输的人，为了提升自己，他每天下午都需要花2小时去练习，直到身体疲惫、浑身是汗为止。2周以后，吃尽苦头的巴菲特宣布退出赛艇俱乐部，因为他还是喜欢独立思考。

正如巴菲特所学习的赛艇一样，或许巴菲特天生就具有领导者的天分，他喜欢独立思考，不喜欢配合别人，因此，所谓的团队合作不怎么适合他，但他却适合领导这个团队更好地运作。对于任何一个投资者而言，独立思考都是非常重要的。巴菲特曾说："投资成败一定源于思想层面的深刻领悟。所以当真正出现问题的时候，只有对着镜子说话。"真正的投资者应该具有较强的思考能力，他们必须通过自己的思考去解决问题。

★……巴菲特的忠告……★

巴菲特曾说："假如你想理发，就不要问理发师你需不需要理发。当有人想让我采纳他们的意见时，我会告诫他们：'用我的头脑加上你们的钱，做得更好。'你必须学会独立思考。我一直很不明白高智商的人为什么会轻易模仿别人。我们从不把好的主意告诉别人。"同时，巴菲特还说："在决定什么东西是对，什么东西是错的时候，我必须依靠自己的独立思考去作判断。我认为，假如我们每个人都能依靠自己的独立思考去作判断，那么，这个世界将会变得更美好。即便我们的思考相同，作出的判断也不一定一致。"

1.学会矛盾思考

其实，任何事情都有两面性，你可以主动寻找与自己观点不一致的经历。举个例子，站在人生的十字路口，一份高薪职位摆在面前，究竟是去还是不去？一般情况下，你会想人往高处走，自然会选择更上一层楼。假如你尝试着说"不去"，把个人职业放在第一位，这样你一样可以说服自己。

2.脱离习惯的圈子

假如你每天习惯了七点起床，九点上班，上相同的网站，吃相同的食物，与相同的人说话，公式化的工作与生活则会令人厌倦。在生活中，一些人习惯了这样简单而重复的日子，因为这样可以带来安全感。不过，假如你想独立思考，则需要跳出你所习惯的生活圈子。

3.做一个旁观者

当人生遭遇困境时，不妨跳出去，做个真正的旁观者。这时，我们才发现自己的第三只眼睛可以赋予自己这样一种自由：从另外一个角度看问题。这时，旁观者的冷静会使自己处于一种思考的平和状态，静静地思考，可以帮助我们更好地去解决问题。

人生路上，择其善者而从之

巴菲特经常说这样一句话："我是负责任的。"他承认，要对自己的行为后果负责。当他遭受损失的时候，他不会说"市场跟我作对"或"我的经纪人给了我一个坏建议"。他会对自己说："我犯了一个错误。"巴菲特总是毫无怨言地接受结果，分析行动中的失误，以免再次犯同样的错误，然后继续前进。责任心是指个人对自己和他人、对家庭和集体、对国家和社会所负责任的认识、情感好信念，以及与之相应的遵守规范、承担责任和履行义务的自觉态度。责任心是一个人应该具备的基本素养，是健全人格的基础，也是德商的组成部分。对于我们来说，责任心是个人价值实现的基础。

1920年，一个11岁的美国小男孩在院子里踢足球的时候，不小心打碎了邻居家的玻璃，对此，邻居很生气，当时就要求那位小男孩赔偿损失12.5美元。在1920年的美国，12.5美元不是一笔小数目，这笔钱可以买125只生蛋的母鸡了。小男孩知道自己闯了祸，这笔钱只能向父母索取了。因此，他先向父母承认了自己的错误，然后恳求父母帮助自己。但是，父亲却当场拒绝了小男孩的请求，他对小男孩说："你是一个男子汉，要对自己做错的事情负责。"听了父亲的话，小男孩快哭了，他小声说："但是，我现在没有那么多钱。"父亲笑了笑，说："我可以先借给你这笔钱，不过，一年之后你要还给我。"虽然意识到这会有难度，但小男孩还是硬着头皮答应了。

从欠下父亲的这笔钱开始，小男孩每逢周末、假日就出去打工，他什么工作都做，如洗车、擦玻璃、漆房子等。就这样，他不怕累、不怕苦地工作着，他希望自己能尽快地把这笔钱还给父亲。经过了长达半年的努力，小男孩终于赚足了12.5美元，还给了父亲。大家知道这个小男孩是谁吗？他就是美国总统罗纳德·威尔逊·里根，当他在回忆这件事情的时候，他这样说道："通过自己的劳动来承担过失，使我懂得了什么叫责任。"

丘吉尔曾这样说过："伟大的代价，即是责任。"这句话一次又一次被那些为人类幸福而奋斗的人所证实，不懂得负责的人是难以成功的。而那些作出一番成就的人，都是懂得为自己的过失埋单并且敢于承担责任的人。所以，我们应该努力把自己培养成一个负责人的人。当我们能够主动、自觉地尽职尽责，就可以获得满意的情感体验；相反，当你没有责任心，不能尽责的时候，就会产生负疚和不安的情绪。因此，对我们来说，责任心是健全人格的基础，是未来能力发展的催化剂，更是我们成长所必需的一种营养，它能够帮助我们成长和独立。懂得自己的责任，学会负责，我们才有前进的动力；只有认识到自己的责任，我们才知道自己应该做什么以及怎么去做。

★……巴菲特的忠告……★

巴菲特认为，责任心的培养是一个人成熟的标志，无论我们做什么事情，都是为自己，如果我们什么都没有做好，没有得到大家的认可，那么，我们就

是对自己不负责任，最终，影响的还是我们自己。一个人只有懂得尊重自己的感情，尊重自己的理想，珍惜自己的年华和生命的活力，才能从自己的理想出发来安排现实生活。

1.善待他人

关心他人，善待他人，是培养自己对家庭和社会的责任心的基础。在日常生活中，我们要主动关心老人、病人和孩子；当父母生病的时候，我们要学会照顾父母；记住父母的生日，并在生日那天给父母送上一份生日礼物。

2.反省自己

当我们在分析问题的时候，只会考虑别人的过错，为自己找借口，这有可能会导致我们缺乏责任心，遭遇困难，就把责任推到别人身上。如果做错事情，我们首先应该反省的是自己，分析自己的过失、对错，明确自己在这件事中应该负怎样的责任。

3.需要正确认识自己

责任心是有价值取向的，它是与我们的自信心、进取心和崇高的人生理想紧密联系在一起的。我们可以在父母的帮助下认识自我、认识他人、认识这个社会，使自己拥有正确的价值观、人生观，对事物有自己的看法、态度、价值观，提升自己的认知水平，培养自己的责任心。

4.不要推卸责任

美国成功学家格兰特纳说："假如你有自己系鞋带的能力，你就有上天摘星星的机会。"一个人对待事情的立场是决定他能否做好事情的枢纽。不过，许多人却在工作中寻找各种各样的借口，来为自己开脱。时间长了，就会形成这样的状态：每个人都在努力寻找借口来掩盖自己的过失，推卸自己应该承担的责任。现实生活中，不知道有多少人把自己珍贵的时间与精力都放在了怎样去寻找一个合适的借口上，而忘记了自己的责任。

人生最畅销和稳赚不赔的投资是学习

巴菲特虽然有着投资家的天赋，但是，他并非一生下来就是成功的投资家。在他人生的道路上，也有不少人相伴，从这些人身上，巴菲特学到了许多宝贵的投资知识，从而使得自己的投资越来越完善。在这其中，恩师格雷厄姆，朋友芒格，都成了巴菲特身边可以学习的人。在学习上，巴菲特并不是一个自我的人，他懂得从那些优秀的人身上学到有用的东西，即便他对格雷厄姆极其崇拜，但当朋友芒格提出一些别的看法时，巴菲特还是静下心来认真倾听，他从来不错过任何一个可以学习的机会。生活中，每个人都有自己的长处和优点，但是，许多人习惯以一己之长来比他人之短，满足于自己的现状，时常瞧不起其他人。久而久之，别人都有了进步，可他依然在原地踏步。如果你想充实自己，不断地取得进步，就应该多学习别人的优点，学习别人的长处，正视自己的短处，再以他人之长来弥补自己的不足。

博士约翰被分到一家研究所，是那里学历最高的。有一天，他到单位后面的小池塘去钓鱼，恰巧正副所长在他的一左一右，也在钓鱼。约翰立马觉得自己高人一等，他只是微微点了点头，心想他们虽然是正副所长，却只是两个本科生，有什么可聊的？没过多久，正所长放下钓鱼竿，伸伸懒腰，噌噌噌从水面上飞到对面上厕所。看着这一幕，博士惊呆了。难道这就是传说中的水上漂？可是，这是现实生活，不是电视剧啊！他正在思考这个问题的时候，正所长又噌噌噌地从水上漂回来了。怎么回事？约翰又不好意思去问，毕竟自己是博士生啊！过一会儿，副所长也站起来，走几步，噌噌噌地飘过水面上厕所。这下子约翰差点昏倒：不会吧，到了一个江湖高手集中的地方？约翰也内急了。

这个池塘两边有围墙，要到对面上厕所非得绕十分钟的路，而回单位上厕

所又太远，怎么办？约翰也不愿意去问两位所长，憋了半天后，也起身往水里跨：我就不信本科生能过的水面，我博士生不能过。只听“咚”的一声，约翰栽到了水里。两位所长将他拉了出来，问他为什么要下水，他问：“为什么你们可以走过去呢？”两所长相视一笑：“这池塘里有两排木桩子，由于这两天下雨涨水正好在水面下。我们都知道这木桩的位置，所以可以踩着桩子过去。你怎么不问一声呢？”听了这番话，约翰囧了。

在这个故事里，约翰自以为很了不起，他看不起学历不如自己的两位同事。即使在看到自己很不解的一幕时，他也不愿意虚心请教，而是表现得非常自大。于是，他自作聪明地从水面上过去，谁料一头栽到水里，让两位同事看了笑话。最终，约翰为自己的无知与骄傲付出了代价。

古人云：“三人行，必有我师焉。”哪怕对方只有一个人，也许，他身上也有值得我们学习的地方，这样“择其善者而从之”，会让我们变短处为长处，从而在人生的道路上取得成功。在生活中，我们要善于剖析自身的不足，向他人学习，以他人之长比己之短，不满足一知半解，乐于虚心向他人请教。当你真正做到学他人之长，补己之短，一定会成长得更快！

★……巴菲特的忠告……★

在生活中，巴菲特总是告诫孩子，时刻保持谦虚的态度，多向身边的人学习，这样自己才能更有把握去做那些想做的事情。水因为太满会溢出来，人也如此，若一个人太自负，只会令你丧失原有的价值，成功也会离你越来越远。孔子是伟大的圣人，他也提倡“不耻下问”，以此来弥补自己某些方面的不足，更何况我们这些普通人呢？我们常说：“骄傲使人落后，虚心使人进步。”所以，无论你处于一个什么样的位置，都要学会“取长补短”，促使自己不断地进步，最终获得成功。

1.多看多问，多学习

在现实生活中，有许多这样的人，他们常常自恃学历很高，看不起身边的人，不屑与那些低等学历的人为伍。实际上，学历只代表过去，只有具备学习的能力才能代表将来。所以，即使面对那些比你学历低的人，也要学会尊重，这样你才有可能从他们身上学习一些经验，少走弯路。

2.借他人之长，补己之短

古人云："弟子不必不如师，师不必贤于第子。"一个人有了道德就可以作为典范，一个人有了一技之长就可以作为老师。虽然我们身边并没有十全十美的人，但我们只需要从每一个身上学得一些长处，那么，自己就会变得更完善。学习是永无止境的，在学习的过程中，我们要善于借他人之长，补己之短，这才是终身学习的方法。要知道，风筝本来没有翅膀，却借东风之力飞上了天。在学习的过程中，不必拘泥于自己的想法和偏见，一意孤行，而要多学习别人的长处，这样你才会有所进步。而那些总以己之长比他人之短的人，最终只会在原地踏步。

阅读书籍、拓展视野

巴菲特常常说："对我来说，自己收益最高的投资是学习。"谈到自己的学习，他忍不住骄傲地说："这笔财富已经创造的物质以及它本身都在随着时间的推移而不断地增长，因此，可以说它是我最成功最漂亮的一次投资了。"在投资市场中，巴菲特制胜的法宝就是知识。在实际投资过程中，他曾无数次运用自己所学的股票知识赚取丰厚的利润。学习，是我们每个人都应该养成的良好习惯。一个人若是养成爱学习的习惯，他就能够把握住人生的方向。

著名的芝加哥商人杰克曾说："我常常需要花一个星期的时间去拜访国内的各同行商店，彼此交换对经营的看法，每年总要外出旅行一次，去考察各家

著名商店的管理与经营。我觉得，要使自己站在广阔、不偏的视野上观察自己的素养，要保持自己的事业永不衰败，这种旅行是绝对的必需。”

在每一次拜访与旅行中，杰克不断地完善自己，努力使自己的商店更好一点，对此，杰克说：“这样的学习已经成为一种习惯了。”如果杰克从来不出店门，不与其他商人交流，那么，他所经营的商店就不会获得进步，有可能永远在原地踏步。

美国心理学巨匠威廉·詹姆斯曾说：“播下一种习惯，收获一种性格；播下一种性格，收获一种命运。”在现实生活中，许多人知识匮乏，能力不足，碌碌无为，有的人甚至步入歧途，这是为什么呢？其实，一个很重要的原因就是他们不能自觉、持续地学习。有的人从来不把学习当作乐趣，而是把学习当做一种负担；有的人说起学习来头头是道，却缺少实际行动。他们不学习的原因并不是“学习枯燥乏味”“太忙没时间”，关键在于他们没有养成良好的学习习惯。

海伦·凯勒，美国著名的女学者，她在一岁半时就因患病成为一个盲聋哑人。后来，在家庭教师沙利文的热情关照下，她凭着自己顽强的毅力，学习了数学、自然、法语、德语，最后，以优异的成绩考取了哈佛大学女子学院。因其知识渊博，她完成了14部著作，并把自己的一生献给了盲人福利和教育世界。知识，改变了她的一生。

第一次接触知识的时候，老师带着海伦走到喷水池边，要海伦把小手放在喷水孔下，让清凉的泉水溅到海伦的手上，接着，老师在海伦的手心写下了“water”这个词。那是海伦第一次感受到知识的力量，后来，海伦回忆说：“不知怎的，语言的秘密突然被揭开了，我终于知道水就是流过我手心的一种物质。这个词唤醒了我的灵魂，给我以光明、希望、快乐。”

后来，海伦·凯勒进入了位于马萨诸塞州的剑桥女子学校，在1900年秋季，海伦又申请进入哈佛大学拉德克利夫学院就读，这对于一个失明和失聪的女人而言，难度可想而知。在哈佛学习四年之后，她以优异的成绩获得了文学学士，成了首位毕业于高等院校的聋哑人。

海伦·凯勒养成了学习的好习惯，而知识成就了她的一生。在她获得成功之后，她没有忘记那些生活在无声世界或黑暗世界中的孩子。她用自己一生所学得的知识致力于盲人福利和教育，她希望更多的盲人孩子能感受到知识带来的快乐。对此，有人曾这样评价她："海伦·凯勒是人类的骄傲，是我们学习的榜样，是人类善良的表现，相信她的事迹能成为后世的典范。"

★……巴菲特的忠告……★

在巴菲特迄今为止所进行的投资中，受益最高的一次应该是一个泛黄的笔记本，那个笔记本一直被巴菲特珍藏在抽屉里。当所有人都感到惊奇的时候，巴菲特却说："这是真的，这个笔记本是我小时候买的，现在它已经成了我最珍贵的财富。"原来，在那个看似不起眼的笔记本中，记载了巴菲特平时的学习心得，以及一些投资想法和投资经历。

1.不能缺少"知识"的养分

一个人的成长并不只是身体的成长，心灵也应该得到相应的充盈，如此，你的外在和内在才能得到较好的统一。在生活中，有的人一大把年纪了，但是，他的修养与内涵却甚是欠缺，这样的人，他们的心灵是空虚的。只有不断学习，用知识充实自己，人生才更丰富。

2.让学习相伴终生

这是一个知识型社会，无论你毕业于哪所大学，从你踏入这个社会开始，你就必须学习；无论你有多大的本事，你都有学习的必要性，至少你不会无所不能，甚至，学习将伴随着我们的一生，你是否好学，将直接决定你未来能走多远。一个人最大的缺陷并不是没有接受过教育，而是他放弃了学习的机会。

责任心的培养尤其重要

巴菲特从开始上学就养成了一个好习惯，那就是每天放学后阅读股票指南和图表以及《华尔街日报》。在巴菲特19岁那年，他用一年的时间完成了14门课程的学习，从内布拉斯加大学毕业。离开学校之后，他经常去奥马哈公共图书馆借阅有关商业方面的书籍，这些读书的经历为他日后投资股票奠定了基础。巴菲特在内布拉斯加州大学读三年级的时候，读到了格雷厄姆的《聪明的投资者》这本书，从而对投资产生了浓厚的兴趣，如果说之前是在投资行业逛逛，那之后他的人生就与投资紧紧联系在一起了。关于《聪明的投资者》这本书对自己的影响，巴菲特这样说道："对我而言，这本书对我就好像是去往大马士革的路上遇到使徒保罗一样。"

有人说："杰奎琳的第一个魅力是深不可测的智慧美。"认识杰奎琳的人都知道她有一个特别的爱好，那就是读书。可以说，她是一个典型的书迷，对书本的痴迷程度简直令人费解。就连身为丈夫的肯尼迪也曾说过："我无法理解她为什么那么喜欢看书。"

杰奎琳几乎可以说博览群书，不论什么书，她都会认真阅读，特别喜欢诗集、历史书籍或关于艺术的书籍。随着自己社会地位的升高，她更喜欢读书，因为只有在书里才能看到自己的进步，才能不断地提高自己。书带给她很大的影响，以至于她在离开白宫之后，成了一个更有影响力的女人。

杰奎琳的公寓和别墅里，桌子上下、沙发和椅子等处都堆满了书，整个别墅就相当于图书馆。她经常指导朋友希拉里"做一个读很多很多书的女人"。在杰奎琳看来，要想成为一个传奇女人，其中的奥秘就是书和学习。

莱因霍尔德曾这样说："杰奎琳在社会学和神学上表现出的智慧感动了我，我被杰奎琳感动以后，便下决心支持她的丈夫。"戴高乐在见识过杰奎琳的智慧之后，这样说道：“杰奎琳女士对法国历史的了解程度远远超过了法国本土的妇女们，她并不介入政治，但又给自己的丈夫赋予艺术和文学支持者的名声，自从认识过杰奎琳以后，我对美国更加信任了。”

杰奎琳非凡的智慧当然应该归功于读书，即使在自己地位和名声提高的时候，她也不放弃阅读的机会，甚至，变得更加勤奋地读书，并通过学习来提升自己的文化修养。这位伟大的第一夫人已经将阅读当成了一种习惯，当成了自己生命的一部分。

我们如果想做一个内外兼修的人，就要学会读书，尽可能地多读好书。书是人类实现从洪荒到启蒙的捷径，书也是改变一个人最有效的力量之一。一个人由内而外散发出来的气质、智慧、修养，都是与书分不开的，想要做一个有魅力的成功者，就要尽可能地多读书。

★……巴菲特的忠告……★

巴菲特最爱阅读的就是《华尔街日报》，他曾经请求奥马哈邮局的工作人员，每天半夜报纸到邮局的时候就在他们家的窗台上放一份，他甚至在半夜起来等着看第二天的报纸。巴菲特是一个喜欢阅读的人，从来不放弃任何可以阅读的机会，即便坐飞机，从飞机起飞到降落这个过程中他一直都在阅读。不仅如此，巴菲特还鼓励孩子们认真读书，多储备知识，这样才能更好地开拓未来。

1.多读书会改变我们的一生

你听说过犹太人的故事吗？据说，每个犹太人平均一年要看三百多本书，因为从书中学到了许多知识，也因为拥有了知识，这个民族被世界公认为“最有创造力的民族”。他们对于孩子的教育也是很有启发性的，父母会在书本上滴上蜂蜜，让刚出生的孩子吃，他们通过这样的方式告诉孩子“读书就跟吃蜂蜜一样甜”。

2.读书可以让我们获取更多的知识

读书是提高学习成绩的最好途径，我们可以从书本上获取很多知识。成功从来不属于那些好逸恶劳的人，只有读书，我们的生命之树才会结满丰硕的果实；也只有读书，我们才有足够的力量朝着目标靠近。知识是石，能敲出生命之火；知识是火，能点燃生命之灯；知识是灯，能为我们照亮生命之路。如果你总是一种散漫的状态，那么，只会留下“白了少年头，空悲切”的遗憾。要记住，只有知识和学习才能帮助我们顺利到达成功的彼岸。

第02章　职业归宿，去为那个你最仰慕的人工作

哈佛的一些大学生问我，我该去为谁工作？我回答，去为那个你最仰慕的人工作。两周后，我接到一个来自该校教务长的电话。他说，你对孩子们说了些什么？他们都成了自我雇佣者。

——巴菲特

从事自己喜欢的工作

俗话说，兴趣是最好的老师，一个人只有在他的兴趣范围之内做事，才能充满热情，才会认真，才更容易成功。巴菲特喜欢数字，因此他成了最成功的投资家。当我们做自己喜欢的事情时，就会带着极度的兴奋和长久的兴趣沉醉其中，为了做好这件事，我们甚至茶饭不思，夜不能寐，那是因为我们愿意为它投入许多的时间和精力，这样一来，自然容易成功，而且我们也可以从中体会到快乐和满足。反之，假如你做一件毫无兴趣的事情，你会感到时间过得很慢，你不愿意为了做好这件事而去学习和努力，即便你凭借自己的能力完成了，也绝不会激发出你内在的潜能，最后，你自然不容易获得成功。

动手能力很强的丹利和巴菲特是好朋友，他什么机械都愿意摆弄一下，什么都能修好，好像与生俱来就拥有这种能力一样，但是巴菲特则不喜欢做任何的技术活，而且也没有丹利做得好，他只喜欢读书，而且过目不忘。在高中毕

业前，他就阅读了关于商业的书籍约100本，当丹利修车的时候，他就在边上朗读这些书籍。因为各有所长，所以他们都很佩服彼此。

一次，丹利报出20个两位数来求总和，当他在纸上演算的时候，巴菲特则已经给出了答案，和丹利笔算出来的完全一样。大学毕业后，他们因为各自的特长都取得了成功，丹利成了公司的技术总监，而巴菲特则成了一名投资大师。

如果他们从事与自己特长相反的工作的话，那么，他们都不会成功。所以，取得成功的关键，不是你拥有了多少特长，而是你是否把你的特长发挥到了最高水平。事业的成功不在于你有多少种熟知的技艺，而在于你能否把你最精通的技艺发挥到极致，这样你才能取得最后的成功。如果你仅仅每一种技艺都沾点边，那无疑很难取得成功，而且在奔向成功的路上你也会走得异常艰难。

★……巴菲特的忠告……★

好多人都想不到，巴菲特小时候其实是一个内向而敏感的人，不管在学习还是生活中，他都和别人一样，甚至有的地方还不如其他的孩子。当别人都嘲笑他时，巴菲特则发现这些缺点给自己带来最大的好处是培养了自己的耐心，而且他发现自己从小就对数字充满了兴趣。在巴菲特27岁前，他做过很多不同的工作，如销售、法律顾问，甚至管理过一家小厂，可是，当他发现自己对数字异常敏感，并且有很好的耐心时，“投资家”就是他为自己今后的职业所作的定义。

1.找出自己显著的优点

静下心来，看看自己有哪些个人资产。比如，朋友喜欢与你相处吗？你总是对周围的环境保持好奇心吗？你总是乐意帮助别人吗？你可以针对自己的特质，列出至少5个优点。如果你认为自己没什么特长，那就尽可能地多地给自己一些机会去接触最多的选择，比如去了解不同的行业，然后从中挑选出自己的兴趣，或者通过图书馆、网络等方式寻找特长爱好。只有接触你才会尝试，只有尝试你才能找到自己的特长。

2.找出自己的天赋

你需要找出自己所具备的天生的特质或你这一生所展现的才华。比如，是否有强健的体魄？是否可以承受艰苦的劳动？是否有艺术天赋？是否具有音乐才华？是否擅长文字写作？是否有满脑子的创意？有时候，之所以你对任何事情都没有兴趣，那是因为你接触不够广泛，对许多事情还不了解，在发现自己的天赋之后，还需要不断地开拓自己的视野。

热爱你的工作

巴菲特说："每天早上去办公室，我感觉我正要去教堂，去画壁画。"巴菲特的兴趣爱好之一就是绘画，从这句话中，可以看出他有多么喜欢自己的工作。对于自己的职业选择，兴趣当然是第一位，你只有对一项工作感兴趣，你才能把它做好，并从中发现工作的快乐，从而获得一种成就感和满足感。若是自己不喜欢的工作，那只能给自己带来痛苦和烦闷，到最后你只为工作而工作，难以获得一种成就感，更无法完善和提升自己。世界上最伟大的科学家爱因斯坦曾收过这样一封信，信中邀请他去以色列当总统，面对如此"高官厚禄"的诱惑，让人大跌眼镜的是爱因斯坦竟婉言谢绝了，他在回信中说："我整个一生都在同客观物质打交道，因而缺乏天生的才智，也缺乏经验来处理行政事务及正确对待他人。所以，本人不适合如此高官重任。"如今看来，爱因斯坦当初的决定是明智的，因为他所感兴趣的是数学和分子物理学，而不是政治。

巴菲特进入证券投资行业时，整个股市都很低迷，而他说："我很幸运，很早就知道自己喜欢做的事情是什么。"当然，在巴菲特很小的时候，他就经常到当股票经纪人的父亲的办公室去玩耍，闲来无事的时候，父亲书架上的证券投资书籍则是他翻看的东西了，从那时开始，他对投资产生了兴趣。对此，他说："我非常幸运，我非常幸运，我很早就开始接触投资了，我小时候父亲正好在投资行业工作，因此我可以周六去他的办公室。7岁左右我就开始阅读父亲办公室里和投资有关的书籍。我很早就知道我真正想要的是什么，这是一个巨大的优势。"

由于从小接触投资行业，而且他一直投资股票，所以他为了听取证券分析之父格雷厄姆的投资课程，而专门报读了哥伦比亚大学商学院的研究生。不过，当他毕业的时候，整个股市行业还是一片低迷。他说："1951年的华尔街根本不是一个毕业生工作的热门选择，道琼指数当时只有200点，而且从1945年到1949年基本上一路下跌，最高大约为190点，最低大约为160点。我毕业的时候，人们对"二战"后的经济发展充满了疑虑，大家都认为美国将再次面临一轮经济大萧条。华尔街当时并非一个挣大钱的工作地点，当时的华尔街是一个和现在完全不一样的世界。"

可是，巴菲特还是不顾他的父亲和导师格雷厄姆的劝阻，依然坚持自己喜欢的工作。其实，当时巴菲特想给他的老师当一名免费的助手，可是导师拒绝了，因此巴菲特回到了父亲的身边，在父亲的一个小投资公司里做了一名投资经纪人。

当然，结果是他成功了。

1975年获得诺贝尔奖的美国生物学家戴维·巴尔德摩曾说过："一个人的成功是可以看他是否对他从事的行业感兴趣而预测出来的。"药理学家吉尔曼也曾说过："我回想我所经历过的，我体会最深的是如果你想把一件事情做好，那么你就必须喜欢这件事情，你才能在你做的过程中体会到快乐。"

或许，在现实生活中，并非每个人都可能成为科学家，但如果我们选择自己喜欢的工作，然后朝着这个方向发展，他日一定会有所成就。

★……巴菲特的忠告……★

巴菲特在大学毕业后选择自己喜欢的工作，不是为了钱，而是为了做自己喜欢的事情，因此他并没有像其他同学一样，在公司做管理工作。巴菲特说：“为了钱做自己不喜欢的工作，就好像为了钱和你不爱的人结婚一样，我认为，为了钱和你不爱的人结婚过一辈子，这绝对是疯了。在某些情况下可能是不得已而为之，但你已经相当富有了，还需要这样去做，那你绝对是一个发了疯的傻瓜。”

1.选择自己喜欢的工作更容易成功

做自己喜欢的工作，在自己擅长的领域里，我们才能做得更出色，才能取得好成绩。在大多数情况下，选择自己喜欢的工作，可以发挥出自己的潜能，这样我们工作起来也更容易取得成功。假如你现在所做的工作并非自己喜欢的，那这份工作就会成为我们身上的一份苦役，我们没办法将全部的精力投入到工作中去，反而感到枯燥无味，这样也就很难享受工作中的乐趣。

2.让自己喜欢正在做的这份工作

当然，一开始我们并不是每个人都能很幸运地选择到自己喜欢的工作，因为社会这个大环境对我们而言，完全是陌生的。我们首先在社会上站稳脚跟才是重要的，这个时候所选择的工作大部分不是我们所喜欢的。即便这样，我们也不能以敷衍的态度对待，而要学会喜欢自己所做的工作。因为快乐之道并不在于做自己喜欢的事情，而在于喜爱自己不得不做的事情，假如我们没办法去改变工作，那至少我们可以改变自己，让自己喜欢正在做的工作。

从工作中感受到乐趣

巴菲特对自己的投资工作充满了激情，当有学生请巴菲特指示方向的时候，他总是这样回答："我和你没什么差别，如果你一定要找一个差别，那可能就是我每天都充满激情地做我的工作。如果你要我给你忠告，这就是我能给你的最好的忠告了。"激情，其实就是以最大的热忱投入到工作中去。拿破仑·希尔说："热忱是一种意识状态，能够鼓舞及激励一个人对手中的工作采取行动。"其实，不仅如此，热忱还具有极强的感染力，不仅仅对怀着热忱的本人产生重大影响，还会感染所有和他接触的人。热忱是行动的主要推动力，有的人清楚地知道怎样鼓舞追随者发挥出热忱，那么他们最后就成了人类最伟大的领袖，拿破仑就是一位崇尚热忱的卓越领导者。他每次评估一个人，不仅仅考虑到他的才干和能力，而且考虑他的热忱，因为拿破仑·希尔认为，如果你有热忱，几乎就所向无敌了。

一位老妇人在一个雨天走进了匹兹堡的一家百货公司，在公司里漫无目的闲逛着。这个时候，大多数的售货员都自顾自地整理货架上的商品，对老妇人毫不理睬，极力避免她给自己带来麻烦。唯有一位年轻的男店员看到妇人后，马上向她打招呼并且询问她需要什么帮助。"我并没有准备买什么东西，我只是进来避雨的。"老妇人如实地回答道，男店员依然很热情，说道，我们同样欢迎你的到来。男店员为了显示自己的诚意而主动和她聊起天来，并且在老妇人离开的时候，给她打着伞，亲自送她到门口。而老妇人向那位年轻人要了一张名片就离开了。

没过多久，年轻人被老板召到了办公室，并且向他出示了一封当时那位老妇人写的信，她要求百货公司派一名销售员到英格兰接下为一所豪华住宅装潢的工作，而这位老妇人就是钢铁大王卡内基的母亲。

案例中的年轻人得到晋升的机会，而机会的获得与其对工作的激情是分不开的，他用自己的激情投入，为自己创造了机会。激情是一种动力，它会不断促使自己去开拓、成就自己。激情是一股不可抗拒的力量，足以克服一切障碍和不如意。激情是一种工作的精神特质，它代表着一种积极工作的精神力量，当然，这种力量是不稳定的。不同的人，激情程度与表达方式不一样；同一个人，在不同的情况下，激情程度与表达方式也不一样。总而言之，激情是每个人都具有的，只要善于利用，就可以使之化为巨大的能量。

★……巴菲特的忠告……★

巴菲特认为，怀抱热忱的人可以感染别人的情绪，从而使得事情朝着良性方向发展。因此，每个人在做事情的时候，都应该抱着积极、热情、认真的态度，只有这样，才能取得进步和成功。可以说，热忱是比其他因素更为重要的因素，没有热忱就没有创造力。

1.热忱是一种动力

热忱是一个人迈向成功的无限动力。热忱，为我们所做的每件事情都添加了火花与趣味，无论事情多困难，我们都会以不急不躁的态度去完成。只要怀着满腹激情，任何人都会成功。查尔斯·史考伯曾说过：“对任何事都热忱的人，做任何事都会成功。”在日常生活中，即使自己失意了，我们也应该避免失败者的态度，不要认为自己失败了就再也没有办法重新获得成功；相反，我们应该给自己找一个进取的理由，怀着热忱的态度，鼓舞自己和家人，只有充满热忱和希望才能面对未来，才会取得成功。

2.热忱是做事成功的第一要素

麦克阿瑟将军说：“你有信仰就年轻，疑惑就年老；有自信就年轻，畏惧就年老；有希望就年轻，绝望就年老；岁月使你皮肤起皱，但是失去了热忱，就损伤了灵魂。”这几乎是对“热忱”最好的赞美词。事实上，这并不是一段

单纯而美丽的话语，而是迈向成功的必要途径。因为满怀热忱，我们会更容易获得成功。

发挥自己的特长

巴菲特说："我所想要的并非金钱，我觉得赚钱并看着它慢慢增多是一件有意思的事情。"他的母亲的祖父曾经经营过一家报社，巴菲特曾在《华盛顿邮报》做过送报的报童以及在《林肯日报》当过地区发行经理。他最早的大部分收入就是在这家报纸上赚取的，似乎报纸已经融入了他的血液中，对于这种情况，他则说："说实话，报纸和别的行业相比，比如生活联结火车车厢的挂钩，乐趣要多得多。虽然我没有介入我个人拥有的报纸的编辑业务，但我的确非常高兴自己能够成为报纸这个塑造社会的机构的一分子。"巴菲特是一个善于从工作中找到乐趣的人，因为工作带来的乐趣，促使他更加努力去做好自己的工作。

有人认为巴菲特早期从事投资工作是为了挣钱，可他在有了钱之后，依然喜欢投资工作，这是为什么呢？对于自己的投资平台伯克希尔·哈撒韦公司，巴菲特把它当成"我的画布"："我有一块空白的画布，还有很多的颜料，我可以在我的画布上做任何我喜欢的事情。别看我现在有很多的钱，投资的规模和投资的金额比以前大了很多，但是在10年或者20年前，我并没有觉得我当时的乐趣比现在少。"像在西斯廷大教堂画壁画，这是巴菲特对自己每天上班时的感受。

他认为，因为喜欢自己的工作而工作和每天为了挣钱而工作，这是两种不一样的感觉，而自己觉得最快乐的事情就是投资工作。而对于自己的工作状态，他是这样阐述的："我在工作时就像在跳踢踏舞一样让自己感到开心快乐，从通过工作谋生的角度来说，我是世界上最幸福的人，因为我能通过自己的努力来赚钱而且越赚越多，而且没有人能够让我去做我不喜欢或者我不想做的事情。我猜想，即便特德·威廉姆斯拿的是棒球运动员中最高的薪水，而他的击球成功率只有0.22，他仍然不会感到幸福快乐的。而如果他拿的是棒球运动员中最低的薪水，而他的击球成功率却高达0.4，他仍然会感到非常幸福快乐。我做这个工作的感觉和他完全是一样的。金钱只是我把我喜欢的事情做得特别好的一个副产品。我喜欢整个过程远远大于结果，尽管我已经学会了如何过好这种具有巨额财富的生活。”

我们要学会享受工作乐趣，对工作充满热爱之情，把工作看做一种自我满足，把自己的热忱、兴趣、精力都投入到工作中去，全身心地投入并从中获得快乐。在管理学中有这样一句名言：“如果你对工作充满热情，真正让敬业融入血液，那从事任何行业都容易成功。”或许，我们对目前所从事的工作并不是很满意，或许这份工作并不是自己所喜欢的，但你也没必要把这份工作看做一种折磨，而是需要从中寻找到乐趣。就算你有很大的抱负和梦想，也需要做好当下的工作。享受工作中的乐趣，成就事业的辉煌，对人生来说何尝不是一件幸事呢?

★……巴菲特的忠告……★

巴菲特说：“我是一个真正的现实主义者，我一直非常清楚，我真的喜欢我正在做的工作。哦，成为一个职业棒球联盟的球星也许非常棒，但这个时候，你就需要现实主义了。”巴菲特经常受邀去参加政府官员的竞选，对于这种情况，他则说：“政治生活或者其他的工作都不能来交换我现在所从事的工作。”“你是一个极端狂热的人吗？”这是巴菲特在招聘经理人时间的一个问题，因为在他看来，对自己的事情极端狂热的人才有可能成为一个最好的经理人。

1.保持乐观心态，享受工作乐趣

心态决定状态。如果心态不好，又怎么能享受到工作中的乐趣呢？如果你每天给工作一个笑脸，那工作自然会给你一份惊喜。做每一件事情，都给它一个快乐的思想，就像把一盏盏灯点亮。

2.常怀感恩之心

享受工作中的乐趣，我们要常怀感恩之心。有时候，取得这样的成就，并非我们一个人的努力成果，而最重要的是团队的鼎力帮助。在更多的时候，工作的意义不是获得报酬，而是从中获得某种乐趣。我们可以没有金钱和地位，但不能失去快乐。

将你的热忱投入到工作中

威廉·费尔波非常热爱自己的工作，他是耶鲁最著名且深受欢迎的教授之一，对于自己的工作，他说道："我对于教书的热爱就像画家爱好绘画，歌手爱好唱歌，诗人爱好写诗一样，如果有热忱这一回事的话，那么教书就是我最热忱的事情了，有关学生的事情是我每天早上起来能想到的事情……对自己每天的工作抱有热爱的态度是人这一生能成功的重要因素。"世界最成功的投资家巴菲特也是一样，他对自己工作的专注精神以及敬业精神，都是值得我们每个人学习的。

山姆·沃尔顿，这位沃尔玛商业的创始人肯定热情在工作中的重要性，他要求每一位员工都热爱自己的工作，假如你没有热情了，那么抱歉，只有让你走人了。

当你进入沃尔玛商场的时候，在30秒内就会有人对你亲切地问候，如果职员在为别人的顾客服务，那么职员会对正在服务的顾客说道："对不起，我去跟那位顾客打个招呼请他稍等片刻，您不会介意吧？”而这样说通常都会得到顾客的原谅和好感。

当职员问候完新客户后总会说：“感谢您的耐心，很快将会有人来为你服务。”对此不管是刚到的顾客还是已到的顾客都会因为受到热情的接待而感到非常满意。

因此，沃尔玛商场每一个职员都非常热爱自己的工作，将每位顾客都当成上帝一样对待，并因为这种洋溢在整个商场的热情而得到回报。10年以前，美国最大的零售商：排名第一位的是西尔斯；第二位的是蒙哥马利中心；第三位是彭尼零售店。今天，西尔斯依然是世界上最大的零售商，其次是K商场，第三是沃尔玛商场。

巴菲特认为，同样一份工作，一个人是否热爱自己的工作，效果是截然不同的。热爱自己的工作，会让员工变得十分有活力，工作干得有声有色，创造出许多辉煌的成绩；而不热爱自己的工作，则会让员工变得懒散，对工作冷漠处之，当然就不会有什么发明创造，也会影响其潜在能力的发挥。作为一个工作人员，你不关心别人，别人也不会关心你；你垂头丧气，别人自然对你丧失信心；你成为这个职业群里一个容易被忽视的人，那你就等于取消了自己继续从事这份工作的资格。

★……巴菲特的忠告……★

在巴菲特看来，当一个人总是保持神采奕奕的状态时，那他干什么事情都会坚持到底，而绝不会半途而废。当然，所谓的活力是源于内心的热忱，因此活力具有强烈的感染力，所有和它接触过的人都会受其影响。对艺术保持足够的活力，不放弃，不半途而废，就可以成就旷世杰作和伟大艺术家；对商业保持绝对的活力，就可以获得丰厚的利润，甚至缔造商业帝国。活力，会让我们对某件事坚持到底，而这样的品质正是成功所必需的。

1.认真对待自己的本职工作

曾有一项这样的调查：在平时的工作中，把工作当成苦役，想马上摆脱这个工作的枷锁的人占到了82%；而抱着无所谓的态度，并不喜欢自己的工作的人占到18%；唯有2%的人是真心喜欢自己的工作，为了工作会付出自己的全部热情，最后这部分人才能成为公司真正的精英。当工作遇见挫折的时候，我们总喜欢以竞争太激烈等客观理由为自己开脱，很少问问是否喜欢自己的工作，从自身找原因。当我们总是磨磨蹭蹭地去上班的时候，只会让老板下定辞退你的决心。

2.从不放弃自己的本职工作

不管有钱还是没钱，巴菲特从来没有放弃自己的投资工作，因此他成功了。

乔·吉拉德就是一个全身充满活力的人，并且他把这种活力带到了工作中，而他也成为全美的汽车销售冠军。他曾说过："我在汽车销售行业工作这么多年，发现对工作保持热爱充满活力的人，他们的业绩总是成倍地增加。相反，对工作没有热情的人总是很快走到了尽头，所以我一直相信，成功推销的最重要因素就是要保持活力。"因为一个人只有对工作充满激情，才会保持活力，才不会轻易地放弃，坚持到底。

第03章 砥砺人格，作为人敬重的人

要赢得好的声誉需要20年，而要毁掉它，5分钟就够。如果明白了这一点，你做起事来就会不同了。

——巴菲特

不尊重他人，何来他人的尊重

巴菲特说：“如果你能在周围人里头做得最好，那你就是天才，这与智商无关，与你看待时间以及他人的态度有关。”巴菲特的儿子彼得组建了一支自己的乐队，然而，大凡从事艺术的人性情都是特别明显的，因此他们在合作的时候，难免会出现一些摩擦。有一次，彼得因为一件小事跟同事生气，最后被巴菲特知道了。对此，作为父亲的巴菲特告诫儿子：“要尊重身边的每一个人。”在巴菲特看来，彼得不应该将自己的情绪强加给他人，同事就是朋友，那应该是一起吃苦、一起创造未来的人。对这样的人，应该尊重他们，而不是对他们乱发脾气。对此，巴菲特给儿子留下了这样的忠告：尊重他人就是尊重自己。

2009年，伯克希尔·哈撒韦公司的股东大会比2008年的31万人整整多出了4万人，连主席台的背面都坐满了人。而且，微软董事局主席比尔·盖茨也以特邀嘉宾的身份参加了这次的股东大会。与此同时，巴菲特开放了视频室为没有位置的股东提供方便。这次大会从早上的8：30开始，9：30就进入了会议的

主题部分，直到下午3点，除去午餐时间，整个会议都是在股东与公司管理层的问答中进行的。从这里我们可以看出，即使当时巴菲特享有盛誉，但是对股东还是很尊重的，而且以这种“尊重”来争取股东对自己的支持与信任。

巴菲特一直奉行的原则就是：尊重身边的每一个人就是尊重上帝。巴菲特告诉儿子：每个人在人格上都是平等的，他们是上帝安排在你身边的天使，不要因为自己是乐队的组建者，就目中无人居高临下，就把身边的人当成是自己的员工，强迫他们听从于自己。当然，任何时候，只要我们心中有尊重的理念，我们就能真正做到尊重他人。

有一位商人在路上看见一个穿着邋遢的铅笔推销员，于是，他产生了怜悯之情，毫不犹豫地将10元钱塞到推销员手中，立马扭头就走，可是当他没有走几步，突然觉得这样做很不妥当，于是他连忙返回并歉意地说自己忙着赶路忘了拿铅笔，希望对方不要在意，并且他很认真地对推销员说：“您和我一样，都是一名商人。”一年后，在一次商务活动中，一位穿着西装，风度翩翩的推销员走向这位商人，十分感激地自我介绍道：“您可能已经记不起我了，而且我也不知道您的名字，可是我永远也不会忘记您让我重新拾起自尊和自信。直到遇见您，您亲切地对我说我和您一样是商人的时候，我才觉得自己不再是一个推销铅笔的乞丐。”

商人一句尊重的话，竟然促使一个自卑的人树立了自尊，让一个处境窘迫的人找回了自信，让他看到了自己的价值和优势。假如当初没有那一句充满尊重的鼓励话语，即便给他再多的钱也无济于事，自然不会出现从甘愿是乞丐到自信自强的巨大转变。或许，这就是尊重的力量。生活在这个世界上，每个人都不可能是一座孤岛，我们需要与他人相处，对此，我们希望被人尊重和欢迎；但是，如果我们想要成为这样的人，首先就要学会尊重他人。

★……巴菲特的忠告……★

对于儿子彼得所做出的行为，巴菲特意识到，儿子并不是一个完全没有爱心的人。因为日常生活中的彼得根本不缺爱，他对周围的亲人一直这样和善。这样的人爱心不比任何人少，所以，他对乐队成员发脾气不过是一时冲动。即便这样，彼得的行为还是不妥当的。对此，巴菲特在听说了这件事以后，就让儿子彼得跟同事道歉，并为自己的鲁莽作出解释。那个被彼得训斥过的同事依然成了彼得的朋友。巴菲特认为，敢于承认自己的错误，而且向对方真诚地道歉，这也是尊重他人的一种行为。

1.你的尊重将换来他人的尊重

尊重他人，就是对他人的负责，也是对自己的一种尊重，这可以换来别人对自己的尊重。当然，所谓的尊重与虚伪的吹捧和无原则的假意奉承是有区别的，前者是一种人格上的平等和独立；而后者则是丧失人格尊严、对他人有所企图的行为。假如你的尊重只是对他人低三下四、靠贩卖价廉的恭维以博取好感，那你就是轻视自己的人格，这样的你想换来别人的尊重恐怕就困难了。

2.尊重他人是一种高贵的品格

尊重，就好像一缕春风，给人温暖，可以催人奋进，成为密切人际关系的黏合剂。当我们给成功者以尊重，表明了自己对他人的敬佩、赞美和追求；如果给失败者以尊重，则表明了自己的同情、安慰和鼓励。在生活中，我们每个人所从事的职业只有分工的不同，从来没有高低贵贱之分，因此，我们没有任何理由也没有任何资格去轻视他们、嘲笑他人。

有主见，别人云亦云

巴菲特经常这样告诫孩子：“做人要像将军一样有主见。”在巴菲特看来，决策者如果想做好生意，那么就应该尊重其他人的意见。而一个好的公司

总会为我们的好建议提供一个积极的环境。在平时，我们也应该保持这样积极的态度，而且要常常告诉自己："要想成为一个成功的人，就要保持积极的热情，当遇到困难时，我们不应该只说'不'，而应该努力地去寻找可行的办法。"巴菲特是一位非常坚持己见的人，他很擅长说"不"，虽然自己是一个很有主见的人，但他还是喜欢与有主见的人一起共事。芒格比巴菲特更擅长说"不"，对此，巴菲特给芒格取了一个"令人讨厌的不先生"的绰号。

艾尔弗雷德常常这样教育女儿："玛格丽特，要打定主意做你自己的事情，并且想办法说服别人遵循你的方式行事，而不是去做那些人们早已经做过的平常的事情。"正是因为父亲的教育，玛格丽特从小就敢于坚持自己，并慢慢成长成为一个有主见的人。

玛格丽特在凯蒂文中学时，就表露出了自己与众不同的性格。当时，她有了自己的想法：一个人要相信自己的观点，这样才能有自己的判断力，当你背叛了自己的观点就是在欺骗自己，要想走向成功，就要坚持自己，要充分地利用自己的权利，不能随波逐流。

1943年，以候补身份通过牛津大学入学考试的玛格丽特被牛津大学索寞维尔学院录取。牛津大学因具有孕育政治家的独特传统，而成就了很多的英国政治家。玛格丽特进入牛津大学则是她人生中一次重要的转折点。她大学毕业取得了化学学士学位，在父亲的影响下，她没有回到家乡工作，而是以政治为自己的终生职业。她先进入一家塑料公司工作以维持自己的生活，尽管这不是自己所喜欢的工作。后来，她很快加入了当地的保守党协会。

1950年，24岁的玛格丽特因参加达德福特区的竞选而成为当时最年轻的候选人。在竞选失败后，她辞去了自己的工作，并且跳槽到了一家冰淇淋公司。第二年继续竞选议员，即使再一次失败了，她还是以政治家为自己的终生职业。

为了完成自己的最终职业，成为一个政治家，她学习了法律，并且在1953

年通过了考试，成了一名律师，而且在多家事务所里工作。通过法律的工作经历，让玛格丽特的社交、政治职业和思想都发生了很大的改变，而她在这段时间里，成了撒切尔夫人。

即使结婚了，成为职业政治家的理想还是没有改变，玛格丽特始终认为要想走向国家的政治中心，唯有成为议员才有机会。因此，在她生完孩子的第二年，她又参加了竞选。经过后来的屡败屡战，终于在1959年，年仅32岁的撒切尔夫人成了芬奇莱区议员，这意味着她已经是一名职业政治家了。

因为始终坚持自己，撒切尔夫人最后实现了自己的夙愿。在这个漫长的追寻过程中，或许在外界一片质疑声中，她完全可以听从别人的意见，或者改变自己的理想，但是，她没有，她始终坚持自己，在人生方向上，她始终持有自己的想法。最终，因为坚定的信念，她实现了自己毕生的梦想。

★……巴菲特的忠告……★

巴菲特的父亲对他的影响是巨大的，对于巴菲特的任何决定，父亲都采取支持态度。这潜移默化地培养了巴菲特独立的人格，他总是很有主见，不会轻易改变。这样独立的性格运用于自己的投资，使得巴菲特获益匪浅，尤其是面对股市里的激流，他每次的果断决定，避免了大崩溃带来的巨大损失。

1.增长自己的见识

我们需要扩大自己的知识面，这样我们所说的话才有分量，才能得到别人的认可。有时候，坚持自己、有主见其实就是有知识、有见地，如果你没什么知识，是不是觉得心里很没底，遇事也不敢处理？这就是所谓的没主见。

2.相信自己

大凡能够坚持自己的人，其心理都是很成熟的。成熟是经验的积累，并不是年龄的递增。当一个人有了相对程度的经验积累，那么，在待人处事时就会从多方面看问题，这样自然就会体现出更大的成熟。积累经验不是说一个人随

着年龄的增长经验也随之增长，而是需要在社会长期地和不同的人接触，这样才能令我们变得成熟，更加坚定自己。

苦难是一所人格修养的学校

巴菲特这样告诫孩子："苦难即是财富。"经得起生活磨难的历练，经得起失败，才能成大事。一个有追求、有抱负的人，总是把挫折看成是自己成功路上的动力，有句话说得好："能受天磨真铁汉，不遭人嫉是庸才。"由此可以看出，生活中的历练、失败在成功者的眼中就是通往成功的跳板，是一笔宝贵的财富。而对于失败，它就是使之坚强的臂力器。磨难是一所大学，能让我们学到许许多多的知识。曾有人说：成功的人生是痛苦与失败的交织，是磨难与顺利的交替。卓越的人生从卓越的目标开始，卓越目标的背后必然是充满荆棘和坎坷的路。经受了荆棘的刺痛和坎坷的摔打，追求成功的意志才会坚强起来，历练是人生不可多得的宝贵财富，拥有了这笔财富，就没有什么困难不能克服，没有什么曲折能把人击倒。

德国前总理格哈德·施罗德是我们都熟悉的一个名字，他能成为德国总理与他幼年时的远大理想是分不开的。

1944年4月7日，施罗德出生在北威州德特摩尔市莫森贝格镇的一个普通的工人家庭，父亲早逝，兄妹五人则是在母亲改嫁后靠社会救济长大的，童年的心酸、生活的艰辛让施罗德从小就养成了自立、自强的性格。

当时正值"二战"后的饥荒，他们一家人居住在一个临时搭建的收容所里，即使母亲每天工作14小时也不能满足生活的必要开支，常常揭不开锅。当母亲与几个孩子抱头痛哭的时候，仅仅6岁的施罗德在母亲边上，安慰着："别着急，妈妈，总有一天我会开着奔驰车来接你！"正是这句话注定了他要坐上德国总理的宝座。

在成长的日子里，施罗德经历了很多挫折，然而他却一路披荆斩棘，终于走向了人生的辉煌。

1958年，他进入瓷器店当学徒。1961年在零售店当学徒。1963年加入社会民主党。1966~1976年，他用10年时间读完夜校和中学，之后到格丁根上夜大学，攻读法律，并先后通过第一次和第二次国家考试，获得律师资格，成为一名律师。1969年他当选为社民党格廷根地区青年社会主义者联合会主席。1978年又当选为青年社会民主党主席。36岁时开始任联邦议院议员。1984年起任社民党下萨克森州主席。1986~1990年任下萨克森州社民党议会党团主席。46岁那年，施罗德再次竞选成功，当选为下萨克森州州长。就在这一年，施罗德终于实现了他幼年时候的愿望——他开着银灰色的奔驰轿车，从帕德博因一套三居室公寓里把母亲接走，来到当地十分体面的鹿跳饭店，为这位老妇人庆祝80岁生日。这就是施罗德献给自己母亲的最好生日礼物！

正是自己幼年时的寒酸经历，使施罗德在人生路上不敢懈怠，一晃8年过去了，他再接再厉，在德国第14届联邦议院选举中，一举击败了连续执政16年之久的科尔，当选为德国新总理。次年，他把自己的理想推向了更加完美的极致，正式当选为社民党战后第八位党主席。

虽然施罗德是一位成功者，一位社会名人，但是他也有不少缺陷，甚至有时候产生矛盾：他有十足的信心但又有很强的同情心，虽然多愁善感但是意志坚强，虽然他性格和孤僻，却并不影响他的交际，而且施罗德也清楚地知道，并且毫不犹豫地指出自己的缺点：“我总是喜欢打断别人的说话，总是想压倒别人，对人毫不留情，这是我最让人感到讨厌的地方。”这就是一个合格的政治家所应有的独特魅力——为了追求自己的理想，在追求的过程中，要压倒别人，抹杀别人取得胜利的渴望。

★……巴菲特的忠告……★

巴菲特认为：人在面对压力时会激发出巨大的潜能，因此，我们不必因惧怕逆境和挫折而当温室里的花朵。温室里的花朵固然可以安全舒适地生活，但人生不可能一帆风顺，一旦逆境来临，首先被摧毁的就是意志力，经常接受磨炼的人却能创造出崭新的天地，这就是所谓的“置之死地而后生”。

1.最苦难之日就是离成功不远之日

“此路艰辛而泥泞。我一只脚滑了一下，另一只脚也因而站不稳；但我缓口气，告诉自己‘这不过是滑一跤，并不是死去而爬不起来’。”这是亚伯拉罕·林肯在竞选参议员失败后说的一句话。的确，一次失败并不会让你一无所有，相反，你却得到了宝贵的经验重新开始。

2.苦难远比它本身有意义

曾国藩说：“吾平生长进，全在受挫受辱之时，打掉门牙之时多矣，无一不和血一块吞下。”受不了苦海中的历练，经不起挫折考验的人，永无希望，永无前途。命运赐给我们机遇和幸福，同时也给我们缺憾和苦难，我们没有必要畏缩自卑，更没有必要怨天尤人，用坚强的意志和刚毅的态度对待磨难，用豁达的心态对待生活，就会多一些希望，多几分幸福。

遇到坎坷的人生路，坚强应对

巴菲特很感谢他曾经历的那些苦难，因为他从中学到很多东西，从而更懂得如何经营自己的事业和生活。对于生活中的苦难，我们要学会感恩，因为它可以磨炼我们的心智，激发我们的斗志，强化我们的毅力。在这个世界上，每一个人都有自己的优势或劣势，抱怨者总是看到自己的劣势，感恩者却着眼于自己的优势，所以，抱怨者成为了失败者，而感恩者却成功地登上了山顶。那些取得巨大成就的人，从来不会抱怨，不向命运妥协，相反，他们最大限度地发挥了自己的潜能与优势。其实，生活中的悲伤、抱怨只不过是调味剂，试着用一颗感恩的心去看待，把每一次的失败看作上天的考验。因为悲伤，我们才会变得更坚强、成熟；因为悲伤，我们的潜力才能被挖掘，从而离成功更近。

一个很想学习柔道的男孩在他10岁的时候因为一场车祸失去了左臂，后来，男孩拜了一位日本柔道大师并且开始学习柔道。开始他学得很不错，可是3个月里，师傅只教了他一招，男孩感到很困惑，终于有一天，他忍不住问师傅："我能不能学习其他的招式？"师傅对他说："不用了，就这一招就足够了。"男孩不明白，但是他十分相信师傅的话，所以还是像以前一样继续练习这一招。

几个月后，小男孩跟着师傅去参加比赛，让人意想不到的是，小男孩很轻松地赢了前两轮。第三轮虽然有点难度，但是小男孩还是使出了那一招，并且进入了决赛。决赛时，小男孩的对手是一个比他更高大、更强壮的人，小男孩经过一番纠缠，有点招架不住了。裁判因为担心小男孩会受伤，就叫了暂停，并且准备终止比赛，可是师傅却让他坚持下去！就这样比赛再次开始了，对手渐渐对只有右臂的小男孩放松了警惕。小男孩还是使用之前的那招，结果又一次胜利了，获得了冠军。

在回去的路上，小男孩终于鼓起勇气问出心中的疑惑："师傅，我就会一招，怎么仅靠这一招，我就得了冠军呢？"师傅说道："只有两个原因，一是那招是柔道中最难的，而你却学会了；二是在我看来，对付那一招唯一的办法就是让对方抓住你的左臂。"

失去了左臂对于小男孩来说，或许是身体的缺陷，然而，在比赛中，缺陷却成了一种优势。对此，小男孩心怀感恩，感恩自己失去的那只左臂，这看似的缺陷不仅没有给他带来更多的磨难，反而成为一种优势，以优势击败对手，

赢得了冠军。其实，幸运和不幸只是两种方式，它们之间并没有明确的界限，幸运既可以化为不幸，反之，不幸也可以转化为幸运。如果拥有是既定的结果，那么，失去之后也不要叹息，忘记过去，直面未来，即使没能获得成功，我们也应该感谢生活，因为它帮助我们成长。

★……巴菲特的忠告……★

巴菲特认为，生活中，有许多东西我们都无法改变，但我们却可以改变自己，增加心灵的重量，在一次次失败中吸取经验与教训，不断地成长。在人生道路上，我们可以不成功，但不能不成长。只有不断地成长，增加自身的价值，我们才能稳稳地立于这个世界，守护着那个属于自己的位置。

1.感恩苦难

科学家爱因斯坦感言：“我每天上百次地提醒自己，我的精神生活和物质生活都是依靠别人的劳动，我必须尽力以同样的分量来报偿我领受了的和至今还在领受的东西。我强烈地向往着简朴的生活，并且常为感觉自己占有了同胞们过多的劳动而难以忍受。”这是一段多么感人的话，善待生活就是善待自己，只要心怀感恩，我们依然可以善待人生中的每一次苦难。

2.感谢挫折

温特·菲利说过：“失败，是走向更高位置的开始。”有一位溜冰选手，当记者请教他是如何学会溜冰的，他却给出了这样的答案：“哦，就是跌倒了爬起来，爬起来再跌倒，然后再爬起来，就学会了。”屡战屡败，屡败屡战，于是，他赢得了最后的胜利。那些没有经历过失败的人，永远尝不到成功的滋味，或许，人生太顺利，也是一种折磨。人生，本是由成功和失败组成的，我们需要做的是，感谢每一次挫折，然后从每一次失败中积累经验与智慧，这样，我们才能拥有足够的力量去获得成功。

坐拥财富，也要勤俭节约

巴菲特在全球富人排行榜上总是名列前茅，这应该归功于其长时间以来卓越的投资管理能力。不过，他个人却始终崇尚勤俭的习惯，至今，他依然住在1958年花3.15万美元买下的位于奥马哈市的住所里。巴菲特坦言：我喜欢麦当劳的汉堡和可乐，对高科技类产品没什么兴趣，包括电脑和奢侈品牌汽车。他在接受CNBC访问时说："成功，就是每天都可以做自己喜欢的事情，并且把它做好，我认为的成功，就是这么简单。生活水准，并不等同于生活成本，能够每天做自己喜欢的事情，这本身就是一件很奢侈的事情。"对于每一个普通人而言，巴菲特几亿美元的资产仿佛需要很多年才能达到，而他如此勤俭的生活习惯似乎也离我们很远。保持勤俭的习惯，不仅仅是巴菲特投资理财的一种方式，同时也表明了这位亿万富豪简单的心境。

2006年8月30日，巴菲特在76岁生日的时候迎娶了前妻介绍给自己的并且同居了28年的新娘艾丝翠·孟克斯。当时，这位世界第二富豪和等待了28年的女友的婚礼出乎了很多人的意料，整个婚礼只有15分钟，由女儿主持，受邀前来的宾客很少，整个婚礼异常低调。

巴菲特和60岁的新娘都穿得很普通，婚礼结束后，他们和来宾只在附近的海鲜餐馆吃饭，并且没有蜜月。第二天，巴菲特准时出现在了公司，更让人吃惊的是，巴菲特为这位新娘准备的漂亮钻戒则是在婚礼前几天由女儿陪伴，在一家自己能享受折扣的珠宝店里选购的。

巴菲特工作起来非常勤劳，每周都会工作60~70小时。他还非常节约，甚至达到小气的程度，整个公司里只有一个办公室，而且面积非常小，大约只有网球场的一半。巴菲特尽量少买办公用品，连买可口可乐都是一次买上几箱，仅仅为了每瓶少点钱。有一次，机场有个记者要借巴菲特10美分打电话，巴

菲特只有25美分硬币，于是巴菲特想把25美分找开，换成10美分的硬币再借给她。巴菲特吃饭也很省钱，一顿饭仅几美元而已。巴菲特的住所几十年从未换过，没有买别墅，更没有买游艇。

这样一位亿万富豪，生活却如此勤俭，这足以证明他所说过的“我所想要的并非金钱，我觉得赚钱并看着它慢慢增多是一件有意思的事”。

★……巴菲特的忠告……★

巴菲特总是说：“没有什么事比经营Berkshire Hathaway 更能带给我快乐了。”因为工作可以带给他许多快乐，所以他根本不需要花钱购买奢侈品、旅游等来放松心情。同时，他对自己的生活标准感到非常满意，不追求大豪宅，对新款手机、电脑、汽车也没什么兴趣，对私人岛屿和社会地位这些虚幻的东西更不感兴趣，他崇尚最简单的生活，并以此为乐。

1.改变自己的消费观念

如果一个人没有什么积蓄，又无法控制自己的消费行为，那么即使他收入不菲，最后他的收入所能产生的效用还是降低。其实我们都知道，适度的节俭是前提，如果你每天花得很少，那么最后你也会花一笔很大的开销。人其实是感性的，不能因为思维里或者是正确的，就降低生存的乐趣，其实重要的是改变自己的消费行为意识，即使用少的钱，也要生活得像富人一样。

2.生活简单就好

现代社会日新月异，高科技产品发展相当迅速，假如我们在这样一个潮流中迷失了自己，整天追逐新产品，买奢侈品，那我们就会出现负资产。生活自然简单就好，你越是过分地追求一些物质上的东西，越会导致自己养成铺张浪费的坏习惯。

做一个善解人意的倾听者

巴菲特本人不怎么喜欢闲聊，但他却是个性坦率、容易接近的人。芒格说："他和你说话时，就像是在和一位邻居交谈一样随和、亲切。"儿子彼得是一个十分有个性的人，他一直坚持自我，不管是学业还是工作，在巴菲特看来，儿子这样的个性是不行的，很少顾忌身边的人，不管是说话还是做事。在说话方面，巴菲特注意到，彼得总在不经意间说出一些让别人郁闷或难堪的话来，这样经常引起误会，也给他的工作带来许多麻烦。于是，巴菲特告诫儿子，要收敛自己的个性，多说别人喜欢听的话，倾听是很重要的，做一个会说话的人。

有一次，乔·吉拉德拜访了一个有趣的客户，一开始，客户就喋喋不休地谈论自己的儿子，他十分自豪地说："我的儿子要当医生了。"乔·吉拉德惊叹道："是吗？那太棒了！"客户继续说："我的孩子很聪明吧，在他还是婴儿的时候，我就发现他相当聪明。"乔·吉拉德点点头，回应道："我想，他的成绩非常不错。"客户回答说："当然，他是他们班上最棒的。"乔·吉拉德笑了，问道："那他高中毕业打算干什么呢？"客户回答："他在密歇根大学学医，这孩子，我最喜欢他了……"话匣子一打开，客户就聊起了儿子小学、中学、大学的趣事。

第二天，当乔·吉拉德再次打电话给那位客户时，却被告知决定从自己手里买车，而客户的原因很简单，他说："当我提起我的儿子吉米有多骄傲的时候，他是多么认真地听。"

认真地倾听，使得乔·吉拉德打动了顾客，赢得了一份订单，如此看来，"倾听"确实是一个讨人喜欢的行为。在日常交际中，我们习惯用语言来交流思想，用心来沟通感情，但是，沟通与交流仅仅需要语言吗？这是否定的。很

多时候，我们都忽视了耳朵的作用，也就是倾听。倾听是一种交流，更是一种亲近的态度，只有倾听才能领略别样的风景，只有倾听才能真正地走进对方的心里。

约翰是一个很受欢迎的人，他常常接到不同的邀请，而在各种社交场合，他都能和大家打成一片。朋友杰克十分敬佩他，不过，他始终没能找到约翰的秘诀。

有一天晚上，杰克参加一个小型的社交活动，一到场他就看见了约翰和一个气质高雅的女士坐在角落里。杰克发现，那位年轻的女士一直在说，而自己的朋友约翰好像一句话也没说，只是偶尔笑一笑，点点头。回家的路上，杰克忍不住问约翰："刚才，那位年轻的女士好像完全被你吸引住了，你是怎么做到的？"约翰笑着说："刚开始我只是问她，你的肤色看起来真健康，去哪里度假了吗？她就告诉我去了夏威夷，还不断称赞那里的阳光、沙滩；之后，她就开始讲起了那次旅行，接下来的两个小时她一直在谈夏威夷；最后，她觉得和我聊天很愉快，事实上，我并没有说几句。"

看完了这个故事，我们应该清楚约翰为什么那么受欢迎了吧？是的，原因就是认真地倾听。其实，在沟通过程中，倾听是对谈话者最基本的尊重，同时，也是有效沟通的前提。懂得倾听，认真地倾听，让对方感受到你的注意力，让他觉得你对他所谈的内容很感兴趣，那么，你和他的心理距离就会缩短。在这样友好的氛围中，对方更容易对你产生好感，自然很容易被你所打动。

★……巴菲特的忠告……★

巴菲特说："我的父母告诉过我，如果我对一个人说不出什么美好的话，那就什么也别说，我相信父母的教导。"对于儿子彼得，巴菲特有这样的忠告："一个领导者首先要懂得倾听，尽可能让下属多说。大多数人都会解决自己的问题，给自己一个答案，而不是让你给他们每个人都指出解决问题的途径。那样你就不是在管理一个团队，而是在与几十甚至上百只鸭子交流，累的就是你自己。”

1.倾听也是需要技巧的

倾听也是有技巧的，除了听之外，需要适时地重复对方话语中的关键字眼。当然，倾听比说话更需要毅力和耐心，如果你只是埋头玩自己的手机，或者把头瞥向一边，这样无疑会打击说话者的积极性。

2.少说多听，使你受益无穷

布里德奇说：“学会了如何倾听，你甚至能从谈吐笨拙的人那里得到收益。”倾听并不是没有任何意义的随声附和，一个优秀的倾听者可以从说话者那里获取大量的信息，赢得对方的喜欢，同时也彰显自己的高贵品质。

3.倾听是沟通的前提

一个人只有听懂了别人表达的意思才能沟通得更好，倾听是说话的前提，先听懂别人的意思，再表达出自己的想法和观点，才能更有效地沟通。此外，听懂了别人的意思，我们才有机会掌握沟通的主动权，也更容易赢得他人的支持与信任。

第04章　成功路上只做自己，不做复制品

事实在于人们充满了贪婪和恐惧或者愚蠢的念头，这一点是可以预测的，但这些念头导致的结果却是不可预测的。

——巴菲特

要有正确的财富观

巴菲特被美国人称为“除了父亲之外最值得尊敬的男人”，这是为什么呢？是因为巴菲特擅长挣钱吗？理由当然不是这个，真正的理由在于巴菲特热衷于慈善事业。巴菲特对于财富始终有一个概念，那就是：财富来自哪里，就应该回归哪里。一个人不仅仅重视物质财富，更需要注重自己的精神财富，做好事可以丰富自己的内心，同时提高自身修养，帮助了他人，于人于己都是很有好处的。为富者，仁为重，富者欲仁于贫，心勿以为己富，平等相待，如此，你的身心才能达到更高的境界。在现实社会中，许多所谓的富人，却体现出这样的现象来：越是有钱，越自私。那些家财万贯的人，不仅不能向贫困的人施恩情，甚至，他们几乎到了一毛不拔的地步。就这样，物质上的丰富，使得他们的精神越来越贫瘠，而其未来的道路也越走越窄，最后，只能将自己埋葬在财富之中。

钱对于巴菲特来说，只是一个数字。2006年6月26日，年满75岁的巴菲特

在纽约图书馆宣布将捐出375亿美元用作慈善事业。他当时说："我不是对王朝财富的热衷者，特别是当世界上有60亿人比我们还要穷得多的时候。"375亿美元，这算是人类历史上最大的一笔善款了，甚至超过了世界上许多国家的国内生产总值。更让人敬佩的是，巴菲特并没有成立与自己名字有关的基金会，而是把钱捐给了比尔·盖茨夫妇的基金会，因为他觉得盖茨能更好地运用这笔款项。虽然巴菲特挣钱的方法有很多，却对名利看得很淡。

当有人说巴菲特是因为生病了才做出这样的决定的时候，巴菲特当时就反驳："我没有任何的病，我很健康，去年10月我去医院检查时，医生也说我的身体很好。"巴菲特年薪只有5万美元，即使日后涨到了10万美元，也还是全球大企业中年薪最低的CEO，而那些华尔街所谓的精英，比如福尔德、维拉姆斯塔德则都是数千万美元，因此，我们知道为什么巴菲特被视为美国商界的"良心"。

巴菲特对金钱看得很开。在2010年的股东大会上，他就鼓励各个股东"逃税"，而方法就是把自己的财富捐献出去。他说："我总是对伯克希尔哈撒韦公司股东说，我在公司的财富将最终归于慈善，虽然这样的举动会让一些人感到惊奇，但对我来说，就好像什么也没发生。"慈善家特纳是巴菲特很崇拜的对象之一，不过，特纳曾说："当我签署10亿美元的善款捐赠时，我的手在发抖。"对此，巴菲特在接受《财富》杂志专访的时候，说："哦，我的颤抖感觉是零。对我来说，根本就没有任何负面的感觉。"而当他就此捐赠意向征询子女意见的时候，他们都表示十分支持。因此，这也令巴菲特感动和骄傲。

对于自己的慈善事业，巴菲特这样说："我希望自己的举动，能带动更多的富豪作出类似的慷慨捐献。"

李嘉诚说："对其他需要你帮助的人有贡献，这就是内心的财富，是真财富。如果是金钱的财富，你今天可能涨，明天又可能掉下去。但你帮助了人

家，这个是真财富，任何人都拿不走。”在现实生活中，许多人总是“利”字当头无仁义，其实，如果以仁义作为做人的基调，那么，你的未来之路将会走得越来越顺畅。

★……巴菲特的忠告……★

在美国，慈善是一种传统。许多富豪都认同卡耐基的一句名言：“在巨富中死去，是一种耻辱。”他们都把回馈社会、帮助穷人作为自己的一项义务和道德要求。巴菲特捐出的375亿美元，可以说，超过了他在金融危机中投资的总和，这说明他并不在乎钱，但在乎投资的成果。

1.乐善好施

所谓“种瓜得瓜，种豆得豆”，如果你想被人帮助，就应该学会帮助他人。反之，如果你一味地接受别人的帮助，那么，对方也会减少对你的帮助。在生活中，人与人之间的帮助是相互的，只想获得，不想付出，这是不现实的。我们首先要学会帮助别人，哪怕你有万贯家财，也不要忘记帮助他人，只有常常为自己积累良好的关系与乐善好施的口碑，日后，当你需要帮助的时候，才会有人帮助你。

2.为富更仁

胡雪岩说，“我最大的乐趣就是看到一个人被钱难倒，自己从口袋里掏出一把来递过去：‘拿去，够不够？’”他极其简单的话语却道出了他那侠义的热心肠。说到商人，我们会联想到“为富不仁”，然而，许多成功的商人却不这样。一直以来，他们以“仁义”二字作为经商的核心，乐善好施，还博得了美誉。那些成功的商人，总是以善念来莹润内心，不断修炼自己，也正因为此，促成了他生意场上的辉煌成就。

舍得舍得，不必太看重

巴菲特本人是一个不计较得失的人，在投资的过程中，经常会有财富的流失，对于这些事情，巴菲特从来都是笑着应对，对他而言，有舍才有得。人生总是有无法填满的空白，还有一些无法挽留的遗憾，是不可能完美无缺的。纵然皎洁的明月也有阴晴圆缺，更何况是人生呢？当你明白了这样的道理，就不会在乎所失去的。真正掌控自己人生的人，知道什么东西值得自己执著地坚守，什么东西应该勇敢地舍弃。当然，每一次放弃都是需要权衡的，这样的舍弃才会有价值，有些东西之所以选择舍弃，是因为还有那些更有价值的东西值得你去追求，而只有当你懂得了舍弃，才会真正地获得。

七八月份的时候，北极的冰雪开始融化，气温也随之回升，因此常出现短暂的春天景象，然而，当气温越来越高的时候，大量的蚊虫也开始滋生。由于北极物种很稀少，所以蚊虫总是飞到人类居住的地方，依靠吸食人们的血液来维持自己的生命。可是，让人觉得奇怪的是，当地的人们对这些蚊虫非常慈善，而且从来不轻易地消灭它们，甚至当游客拿出杀虫剂时，也会制止他们，这让人百思不得其解。

原来，在当地的冬天，人们主要食用一种叫驯鹿的肉，可是，当天气暖和的时候，驯鹿就会大批地向低纬度迁移，因为那里有大量的水草能食用。可是，当冬季来临时，驯鹿并不会主动地回到北极来，如果单靠人力去驱赶，那是不可能实现的，这时，蚊虫就有用武之地了。蚊虫是驯鹿无法抵抗的天敌，蚊虫也会向低纬度迁移，而当两者不期而遇的时候，驯鹿不适合那边的气候，走投无路只有往回走，这样的结局，就是人们设计好的。

印第安人掌握了自然界的规律，所以为了长久地生存，宁愿忍受蚊虫吸食的痛苦。在他们眼中，为了长远的打算，不能在乎眼前的得失，这是一个

智慧者所拥有的生存之道。所以，当他们被蚊虫叮咬的时候，不会过多地埋怨，因为他们知道，有了这些蚊虫，就不用为冬天的食物发愁了，这样才能生存下去。

生命如舟，载不动太多的物欲和虚荣，如果你不想生命之舟搁浅或者沉没，那就勇敢地放弃一些东西。在印度热带丛林中，人们是这样捕捉猴子的：在一个固定的小木盒子里面放入坚果，再把盒子打开一个小口，刚好够猴子的前爪伸进去。猴子为了取得盒子里的坚果，爪子就抽不出来了。人们用这种方式来捕捉猴子，几乎每一次都能获得成功，因为猴子有个习性，那就是不肯放下已经到手的东西。也许，你会嘲笑猴子的愚笨，事实上，我们有时候也像猴子一样，不肯舍弃手中的那些东西，唯恐失去，所以不得不承受痛苦。

★……巴菲特的忠告……★

巴菲特认为，在人生的路上，有太多的得，也有太多的失，许多人一直都在计较得与失，所以，每天都在抱怨、懊悔中度过，在他们漫长的人生中，没有哪一天是真正快乐的。有时候，无声的年华岁月将我们带走，看尽了繁华落尽，我们才会感叹：这一路走来，自己竟然忽视了那么多的美好风景，以前一味地拼命计较得失，然而现在已经没有什么可失去的了，却从来没有得到过什么。

1.做一个乐观豁达的人

豁达乐观的人，并不把眼前的得失放在心上，他们坚信：只要拥有一份良好的心态，那些失去的会再回来，那些不想得到的会主动离开。所以，他们怡然自得，坐在院子里闲看花开花落、云卷云舒，细细数走过来的日子，有那么一大片美好，此生足矣。

2.必要的舍弃是为了更好地获得

某些时候，坚持只是自我设定的死胡同，找不到任何出路，更何况条条大路通罗马，没有必要一条路走到黑，直到头撞南墙才回头。所以，学会舍弃一些东西吧，重新开辟出新的天地，获得成功的机会。

开拓属于自己的人生

巴菲特告诫所有的年轻人："给自己的人生绘画出一张蓝图，然后努力去开拓。"在这个世界上，还有许多未知的领域，那些人们尚未触碰到的地方，其实就是展现自我的平台。不要总觉得自己是微不足道的，不要总觉得自己一无是处，只要我们保持斗争，我们是可以开拓出属于自己的一片天地的。因为一切都是我们的，只等着我们去开拓。巴菲特相信自己一定可以成为一个投资家，结果他得偿所愿。

2011年10月5日，苹果公司的创始人史蒂夫·乔布斯在家人的陪同下走完了他这传奇的一生。当年那个发誓要成为"颠覆宇宙"的人，后来真的做到了，而他则说："我就是人生的开拓者。"

乔布斯于1976年创办了苹果公司，并且创造出了世界首台个人电脑"苹果Ⅰ"，开启了个人电脑的革命。而1977年他又发布了"苹果Ⅱ"，是当时影响最大的一套个人电脑。

他真正颠覆计算机行业是在1984年，直接用鼠标在操作面上操作的新系统便是由苹果推出的。乔布斯不仅在科技行业取得了巨大的成就，而且改变了人们的娱乐方式。从2001年第一代iPod到2003年的itunes，都能直接从itunes商店付钱下载音乐，这也使苹果成为全球最大的音乐零售商，而乔布斯这种做法也改变了唱片业当时的生存状态，并且人们通过这一做法，衍生到音乐、电视剧、电影和图书的消费方式。

在超过30年的职业中，乔布斯改变了硅谷。他把硅谷这一气氛慵懒的"大

农村”变为科技行业的创新中心。可以说，乔布斯奠定了当代科技行业的基础。乔布斯很好地证明了，产品的良好设计比技术本身更重要，他改变了笔记本电脑、消费电子和数字媒体行业。他通过出众的广告宣传和独特的零售商店来推广以及销售产品，与此同时，苹果成为流行文化的偶像。

乔布斯是世界著名苹果电子公司的CEO，多次被评选为《时代》杂志的封面人物。如果问他身上哪点最令人佩服的话，那就是创新与不断开拓进取的精神。从平板电脑到液晶电脑，从iPod系列再到如今的iPhone系列，这一切都是他不断实践与创新的结果。这一切改变了世界，使整个世界真正地走向了电子化，使信息实现全球化，方便了人与人之间的沟通与交流。

我们所生活的世界是多姿多彩的，每时每刻都在发生改变。在远古时代，由于原始人类发明了甲骨文，人类进入了文明时代。在我国的东汉时期，因为蔡伦对造纸术的改进，使得世界范围内的信息得以传播。20世纪80年代，由于互联网的发现，使得世界变得更小了。

★……巴菲特的忠告……★

巴菲特说：也许，就在下一刻，世界或许会因为你我的发现而发生翻天覆地的变化。这是丝毫不用怀疑的。如果我们都怀着一颗富有创新精神与坚持不懈的心，善于发现身边的新事物，那么世界将会因为我们而发生变化。

1.相信自己可以改变世界

世界的车轮每时每刻都在向前滚动着，世界每一秒都在运动与变化中，只要你我拥有不断开拓进取与坚持不懈的精神，善于发现新事物，那么世界便等着你我去改变。在人生的旅途中，我们要相信，即便自己是一个毫不起眼的小人物，也可以改变世界，哪怕是一点点的改变，我们也应该感到知足。

2.开拓属于自己的世界

做人要有自己的主见，还要有充分的自信，相信自己的判断力，不要轻而易举地听从他人的意见，而改变自己的主张。每个人的使命终究还要靠自己来完成，你人生的目标，是独一无二的，专属于你自己的。它神秘而又绚烂，值得你用一生去开拓。一切都是我们的，只等着我们去开拓，如果我们一味地遵循他人的思想，不敢面对自己，那这样的人生是悲哀的。

你的人生你自己选择

在人生的道路上，选择真的很重要。巴菲特说："什么样的选择，什么样的人生。"当初，原本心系哈佛的巴菲特却意外落选，这对于当时的他而言或许是一种损失，不过，现在来看，当初没上哈佛乃是巴菲特的幸事。孟子曰："鱼，我所欲也；熊掌，亦我所欲也。二者不可得兼，舍鱼而取熊掌也。生，我所欲也；义，亦我所欲也。二者不可得兼，舍生而取义也。"在人生的道路上，我们总会面临各种各样的选择，它们就像生死兄弟，但是我们只能选择其中的一个，有失必有得，有得必有失，这就是其中的意义。其实，我们每次的选择都伴随着我们的思考，融入了我们的智慧，如果我们不思考，那么将会失去更多。

一天，智者和他的学生在外面边散步边讨论，他们不知不觉就走到了一个很贫穷的地方，并且看见了一对夫妇和三个孩子住在一所很破烂的房子里面，一家人的衣服都很破旧，而且没有穿鞋，家里除了几件破家具，就没有任何东西了。智者问那位孩子的父亲："在这个没有商业更没有任何工作机会的地方，你们一家人是怎么生活的呢？"男人回答道："我们家里有一头小奶牛，可以用牛奶去附近的城镇换一些生活必需品，而剩下的可以做成奶酪和酸奶，我们生活的依靠就是这头小奶牛。"智者笑了笑，并没有说什么，只是看了看房子四周就带学生离开了。

智者走后，就对他的学生说道："我必须回去，并且把那头奶牛扔下悬崖。"学生听了大急道:"那头奶牛是他们一家人的生活来源啊，如果奶牛没有了，那么这个家庭就毁了。"智者却没有继续听下去，而是独自离开了，学生看劝不回来老师，只有追上去，并且帮他把奶牛扔下了悬崖。

虽然事情过去很久了，可是那个画面还是让学生难以接受，他想回去看看那个家庭，想给他们提供一些帮助，那样自己的心里会好受点。可是当他回到以前那个贫穷的地方时，才发现那里不再贫穷，而是到处一副富裕的情景，但是学生并不觉得好受，他认为肯定是那家人失去了生活的保障而离开了这个地方。可是，当学生走到以前那个地方的时候却发现以前那座烂房子已经被一座豪华的楼房取代，突然，学生认出了在门口站着的那个人，正是当年的那位父亲。学生马上过去问道，"这几年你们家是怎样过来的？"那位父亲说道："奶牛被摔死的那阵儿，我们不知所措，可是为了生活下去，我们只有另外寻找生活的方法，就这样，我们富裕了起来。现在看来，奶牛并不是我们的全部，失去了奶牛，我们却得到了更多。"

其实，有的时候失去并不是一种遗憾，有可能是一个新的开始。当我们失去了某种东西的时候，我们才有更好的选择，也会抓住改变一切的机会。在生活中，我们面临着许多失去，其实，失去只是为了迎接另一个新事物的出现。如果我们什么都不想失去，一直握在手里，那么，我们就永远不会有任何新的收获。

★……巴菲特的忠告……★

在巴菲特看来，失去某种东西对于我们来说可能是一种遗憾，然而，这却是对人生的一种体验，只有失去才能获得一种体验，这样想来，失去何尝不是一种获得呢？学会选择，懂得在失去中寻找，在失去中体验，在失去中获得，这样，会让我们的内心更加丰富和充实，难道这不是一种收获吗？即使同一件事情，有人会觉得是一种失去，而有人则觉得是一种收获。之所以产生这样的差别，是因为我们的选择有所不同。

1.每一个决定都是重要的

在巴菲特看来，人生的每一个决定都是重要的，因此，对于这些决定，我们应该慎重考虑，切不可以轻易做决定，或者随便地付诸行动，否则后果是不堪设想的。在生活中，我们对于每一个决定都需要仔细斟酌，努力辨清其中的利弊，然后再付诸行动。

2.既然决定了，就坚持到底

巴菲特刚开始做投资的时候，正是华尔街最不景气的那几年。虽然身边的人都劝他不要做投资了，但巴菲特还是义无反顾地坚持了下去，事实证明他选择的路是很有前途的，是正确的。所以，当我们做好了决定，就不要犹豫不决，而应咬紧牙关，坚持到底，这样我们才能有所收获。

自己的人生路自己走

巴菲特始终相信这样一句话："自己的人生，走自己的路。"曾有一名助理教授常常鼓励学生们要勇于做自己命运的主宰者，他总说要把对他人善意的"忠告"全当耳旁风，他的成功学就是"充耳不闻"。其实，我们每个人小时候总是幻想以后要当一个伟人，或者世界首富等。然而，现实总是残酷的，随着年龄的增长，各种各样的压力接踵而至，而我们的耳边总是充斥着"不实际、愚蠢、白日做梦"等嘲笑。确实，人们的建议会有一些合理的成分，但自己的人生之路还是需要自己去走，这可不能倚仗别人的帮助。

一群蛤蟆比赛看谁先到一座高塔的顶端，而它们周围则有一大群蛤蟆在观看，可是看的不是比赛，而是它们的笑话。比赛还没有开始，就嘘声一片：

“太难为它们了，它们不管怎么样都不会成功的……”参赛的蛤蟆听后，都开始泄气了，可还是有些蛤蟆不为所动地向高塔爬去。

比赛进行中，一只只蛤蟆在别人的嘲笑声中放弃了比赛，可是唯有一只蛤蟆好像什么都听不见，一如既往地向前爬着。比赛结束时，只有它以惊人的毅力坚持到最后。

其他的蛤蟆都很好奇，想知道它是怎么做到的，可是当它们围过去后才发现，原来这只成功的蛤蟆是聋子。

巴菲特认为，之所以要走自己的路，完全是因为我们每个人都是独特的——永远不要忘记这一点！尽管每一枚雪花都是六角形的，却没有完全相同的两片雪花；我们人也一样，尽管人海茫茫，但谁也找不到两个外貌、个性和特长一样的人。

一个双目失明的大学毕业生，经过了不为人知的努力后才找到了一份调琴师的工作。可是，当他准备回去和亲人说的时候，并没有想象中的祝福，只有冷漠的嘲讽，“你的眼睛都瞎了，并不适合做这一行，你看，用不了多久，你的老板就会把你炒掉。”可是大学生还是坚信自己，他总是对亲人们说：“我虽然眼睛瞎了，但是我的耳朵还是好的，而且很灵敏，我相信我能做好这个工作。”

亲人们看劝慰毫无效果，只能任他去，因为他们都认为，他做不了多久就会被老板炒掉，到时候还会回来的。然而，那位大学生很清楚自己的实际情况，所以他比其他人更努力、更吃苦；而老板被他的精神所感动了，经常指点他，就这样他的能力提高得很快，一直被老板重用。最后，他经过自己的努力，成了一个专业的调琴大师，没多久就开了一家属于自己的调琴公司。

如果那位大学生没有坚持到最后，又怎么取得如此辉煌的成就呢？其实，很多时候，过多地注重别人的意见是不可取的，因为这样会使我们动摇，而只有下定决心走下去才会收获成功。

★……巴菲特的忠告……★

在巴菲特看来，不管我们在一个国家还是一个集体里，都不是无人可替的。现在是一个日新月异的社会，每时每刻都充满了竞争，我们要想在这个社会里一直保持优势，是很困难的。因此，我们不用等到所以人都仰视自己的时候才快乐，我们应该记住，快乐是自己的，人生也是自己的。

1.我们的人生是独一无二的

尽管有的时候我们做着同一件事情，我们每个人总会有或多或少的相同之处，但是要知道，自己就是自己，每个人都是一道不可或缺的风景线。可能我们的工作别人也能做，但是，你要知道，正是因为我们都是不同的个体，都有自己独特的思想，所以我们做的事情还是有自己的独特之处。

2.坚持自己的意见

人的一生总是活在流言蜚语中，当我们得意时会誉满天下，而当我们失意时，又会被斥责。我们从小就被灌输固定的思维模式，非对即错，世界就是最简单的黑白颜色，我们所做的事情也会十分简单，对错鲜明，不管我们做了什么事情，总有人说三道四，指手画脚。如果我们仅仅因这样几句话就自乱阵脚，那只能说明我们的自信心不足，不管对方说什么，只要我们的决定或意见是经过认真思考的，就应该坚持下去，毫不动摇。

与人为善，不做孤僻者

与人为善，于己积恩，这是巴菲特投资的真谛所在。在巴菲特看来，人与人之间，就应该互相帮助，这样才能达到双赢，否则，只会落得个孤家寡人的

下扬。巴菲特在投资成功后，处处与人为善，从而积攒了更多的人脉资源，而人脉即财脉，有了丰富的人脉资源，财力自然随之增长了。在这一方面，巴菲特做得十分漂亮，因为与人为善，他结交了许多投资界的精英，从而更有利于自己的投资事业。

在美国，很多人知道希尔顿首任经理的故事：

在一个漆黑的夜里，一对夫人走进了一家旅馆，他们想要一个房间，前台侍者回答说："不好意思，我们旅馆已经客满了，一间房间也没有了。"但是，当他看见老人疲惫的眼神，心里很同情，于是说道："不过请稍等一会儿，让我想想办法……"没有多久，侍者领着老人来到了一个房间，侍者不好意思地说："这里可能不是最好的，但是现在这种情况，我只能做到这样了。"老人看到房间很一般，但没有说什么，于是和老伴一起住了下来。

第二天，当老人去结账的时候，侍者则说："不用了，其实那是我休息的房间，我只是借给你们住了一晚上，没有什么困难，所以不用了，祝你们旅途愉快！"老人听了很感动，对侍者说："孩子，你是我见过所有旅店经营者中最好的，你会得到报答的。"而侍者则笑着说："这不算什么的。"他将老人送出门后就回到旅店做自己的事情了。

没有多久，侍者收到了一封信件，里面只有一张去纽约的单程机票，信上则短暂写着：希望聘请他去做另外一份工作。当侍者乘坐飞机来到纽约，并且根据信中的提示找到那个地方的时候，出现在自己面前的是一家大酒店。原来，那个老人是一位亿万富翁，因为老人相信侍者是一个很好的酒店经营者，所以买下了这家酒店让他经营。而这位侍者就是希尔顿酒店的首位经理。

爱因斯坦说："对我来说，生命的意义在于设身处地替人着想，忧他人之忧，乐他人之乐。"侍者懂得与人为善，最终得到了丰厚的回报。当然，我们在帮助别人的时候，是不应该计较有无回报的。毕竟，善念由心生，善行不过是遵从于内心的选择罢了。

★……巴菲特的忠告……★

巴菲特的与人为善，并非为求利，而是本性使然。他天性就比较善良，所此才会在投资成功后到处施善。与人为善是一种高尚的行为，乐于帮助他人的人，心地很善良，这样的人也会被别人帮助。帮人即是帮己，不要放过任何帮助别人的机会，善念在哪里都能开花，并终究有一天会在那里结出果实。

1.如何与人为善

如何才能做到与人为善？其实，你只需要记住四句话：把自己当成别人；把别人当成自己；把别人当成别人；把自己当成自己。在现实生活中，人与人之间总是有差异的，所以，不可避免地会出现摩擦与矛盾，这是很正常的事情。但是，如果你能记住这四句话，多理解、包容、设身处地地为对方着想，就不会因与他人见解不同而产生矛盾了。与人为善，于己积恩。很多时候，善待他人就是善待自己。

2.善由心生

善是一种心境，也是快乐的源泉，我们的心境如何，决定着我们对这个世界的看法。只要我们以善良、友爱的眼光去看待这个世界，而不去计较那些得失，我们就会得到快乐。我们的快乐不是别人给的，而是我们给自己的，只要我们处处与人为善，我们的心也会因此而轻松畅快。

第05章　目光放在远处，在不断思考中前行

假如你能从根本上把问题所在弄清楚并思考它，你永远也不会把事情搞得一团糟！

——巴菲特

失败了，多想想为什么

“股神”巴菲特也是凡人，在金融危机冲击全球股市的情况下，他的投资出现败绩其实也是很正常的。不过，值得我们学习的是，巴菲特对自己的失败有一定的思考，而不是寻找借口来推卸责任，这是巴菲特对股东负责的一种表现，也是巴菲特值得人们尊敬的地方。2008年，可以说是巴菲特最失败的一年，伯克希尔公司在2月28日公布的年报显示：2007年第四季度的投资收益下降96%；2008年，公司的净利润比前一年下降了62%，净资产缩水115亿美元，这是巴菲特接手伯克希尔公司以来最糟糕的记录。然而，对于巴菲特本人而言，这一年却是值得思考的一年，既然有赚钱的时候，那肯定会有亏损的时候，就好像他那宝贵的成功投资经验一样，在2008年巴菲特吸取了一个投资失败的教训。即便像巴菲特这样了不起的人物都可以思考自己的失败，我们又何尝不可呢？

卡耐基的课程受到了广泛的欢迎，也赢得了很高的声誉。但是，并不是所

有人都认为卡耐基的课程是有十分有效的、实用的，在卡耐基课程不断发展的同时，也遭到了一些人的非议和责难。

戴尔·卡耐基在青年会夜校的课程非常紧张，他开心兼顾自身外的所有事情，哪怕是路边的一个行人。于是，卡耐基把自己的全部精力都投入到夜校里的“卡耐基课堂”，为了使自己的课堂有所创新，使自己的课程形成一个比较清晰的内容体系，他开始着手策划，实在很忙，所以有一个晚上就停课了。当时那些学生就不满了，闹到青年会新主任那里。那位中年妇女主任，毫不客气地教育卡耐基：“先生，你必须记着，‘你的课程，学生们并不怎么满意。你不能如此懒惰，不要以为你现在能拿到三十美元一个晚上就很了不起！’明天，我就可以让你永远告别青年会。如果你不能勤奋地工作的话！”

面对这样的警告，卡耐基并没有生气。他只是平静地接受了因自己不上课导致学生不满的事实，他明白问题出在哪里，明白应该怎么办。当他再一次踏进教室开始讲课时，有学生公然指出：“戴尔·卡耐基先生，你说的一切都与怎样演说无关，我们不需要心理医生，我们只要一位充满机智的教师，而不是像你这样只会胡说八道。”下面的学生也开始吹口哨，不断地拍桌子闹了起来。卡耐基手足无措地站在那里，这时那位妇女主任来了，喝令卡耐基结束了青年会的授课。于是，卡耐基狼狈地离开了青年会，他清楚除了接受既成事实以外，没有别的办法。可是他不甘心自己所试图创立的事业如此半途夭折。他开始到图书馆查阅一些资料，为自己的课程做些准备，后来他在一位朋友的帮助下重新开始了卡耐基课程。

当卡耐基失败时，他想起了曾经令奥斯勒终身受益的一句名言：“我们最重要的工作，并非在眺望遥远的、朦胧的事物，而是实行切近的、明确的工作。”虽然，卡耐基因为课程遭到非议，最终离开了青年会，但是，卡耐基用自己的能力克服了暂时的失败，他开始思考自己哪里做得不好，然后继续通过自己的课程确立了自己的事业，而且越干越好，最终走向成功。

《哈里·波特》的作者J. K·罗琳在接受哈佛大学荣誉博士学位时说："人们有一个共识，那就是人可以从挫折中变得聪明更强大，这句话意味着人从此对自己的生存能力有了更好的把握。如果没有苦难来考验你，那么你从来都不会真正懂得自己，懂得你处理各种关系的力量有多大。"面对困难，不同的人有不同的感受：敢于冒险、意志坚强的人越遭受挫折的打击，表现得越坚强；而内心畏惧、怯于冒险的人，越遭受困难的打击，表现得越怯弱，似乎困难变得更大了。其实，在这种情况下，困难并没有改变，而是我们自己不敢冒险，被眼前的困难吓倒了，才会从主观上夸大困难的程度。

★……巴菲特的忠告……★

巴菲特曾说："从现在的社会来看，困境已经是一个常态。任何一个人都容易掉进失败的陷阱里，即便你现在还是一个成功者。不过，你要知道，当许多成功者走在一起的时候，在他们之间必然会发生一次搏斗，而市场中的黑马层出不穷，也许失败就潜伏在争取成功的努力之中。"

1.从失败走向成功

有人说，人生是由幸福和痛苦组成的一串珍珠。谁也无法回避四季的风雨冰霜。失败只能使成功者受到历练，除此不会有任何伤害。我们要有一种战胜失败的信心和勇气，因为失败能够锻炼人的品质，磨砺人的意志，激发人的智能，增长人的才干，显露人的本色。在生活中，只要我们有信心战胜失败，就一定能拥抱成功。

2.不要和失败较劲

遭遇失败时，如果我们总是与失败较劲，不断地抱怨，是无济于事的，不仅解决不了问题，反而会让自己心情变得更糟糕。在失败面前，如果暂时不能战胜它，那就思考失败的原因，找到失败的原因，从而有利于找到解决的办法。

关注细节，成功才有可能万无一失

巴菲特说："成功不可漏掉细节。"米开朗基罗曾说："在艺术的世界里，细节就是上帝。"西点人认为，细节决定成败，只有关注细节，才能走向成功。如果我们想成就一番事业，那么必须从简单的事情做起，从细微之处入手，一点一滴养成注重细节的好习惯。在生活中，许多人知道细节的重要性，却不愿意注意细节，因为他们习惯于高调地生活。而只有那些安静做事的人，才会安心、踏实地强调细节，因为他们已经认识到，注重细节是一种好习惯。

巴菲特在耶鲁大学读书的时候，有一位同学曾问他要花多少时间准备才能去考试。不过，巴菲特并没有回答他这个问题，而是说："我也不知道我到底花了多少时间来准备，我只知道我一直都在看书，一直都在温习。"其实，一直以来，巴菲特就觉得自己是从一个很偏远小镇来的高中生，和别人相比，自己没有多大的优势，他为了获得成功，一直在努力，所以，巴菲特常常说："我一直在看书，在我的印象里，并没有'我已经准备好了'这回事。"

而在给女儿苏西的信中，他更是说到了这个"细节"：如果你喜欢上了自己所做的事情，并且全心全意地关心，那么你就会把这件事情做到最好。其实，投资和生活是一样的，细节注重得多少，直接关系到了成功或是失败。所以，不管你做什么事情，都不要忽略细节。每个细节，每个关键处，都不能掉以轻心。当你拿不准或者觉得不安的时候，你就必须找出问题，并且解决它，那么，你的这些作为，将会成为你战胜别人的最大优势。

有时候，有些人往往由于细节上的失误，影响了整个大局，甚至是生死。细节决定成败，这话说得一点儿都没错。手表若是少了一个齿轮还会转吗？电

脑若是少了一个零件还能启动吗？火箭若是少了一枚螺丝还能升天吗？细节往往被我们忽视，但就是这样一个小小的细节却决定了成与败、生与死。

玛丽大学毕业后，非常幸运地进入了一家中等规模的证券公司工作，为此，她非常高兴，常常憧憬着自己将在那里大展身手。可是，真正到了那里，她却失望了，公司并没有安排很多实际工作给她这样的新人，他们做得最多的就是发报纸、复印、整理文件等。

一同来的新人都觉得让自己做这些感到很丢脸，往往找借口推脱。玛丽也很委屈，所以她回家后就和自己的中国母亲说了公司的事情，而她的母亲却说："小事不做，焉能做大事。你要知道，细微处才能见到真品性。"

于是，玛丽不再抱怨了，而是用心地做自己的事情。别人不愿意做的琐事，她也接过来，有时候甚至要加班。一同进公司的新人都不懂她，往往嘲笑她，觉得她爱表现，可是，不管别人怎么说，她只是笑一笑，并不说什么，继续做自己的事情。

其实玛丽做的一切，并不是只有那些新人能看见，那些部门主管也看得见，渐渐地，玛丽开始做一些专业的工作，而公司的老员工也喜欢这个勤快的"傻女生"，都愿意和她交流，开始把自己的心得教给她。就这样，在领导的扶持下，同事的帮助下，玛丽的工作越做越顺手，最后，她是他们那一批新人里第一个转正的，玛丽终于可以在自己的专业里大展身手了。

在日常工作中，我们有没有认认真真地做好每一件事情呢？有时候，一个注重细节的习惯就可以改变我们的人生。如果我们想过一种美满幸福的生活，就必须做事精益求精，力求完善。当一个人把事情处理得顺顺当当、无可挑剔的时候，其内心的愉悦感是无法形容的。在生活中，许多人往往不肯把事情做得尽善尽美，只用"足够了""差不多"来敷衍了事，结果没把根基打牢，没过多久，就像一间不稳定的房屋一样倒塌了，而失败的祸根，就是他们养成了不注重细节的习惯。

★……巴菲特的忠告……★

巴菲特说："假如你追求一样东西，包括投资在内，那么你千万不要低估勤劳的价值。仔细研读每一份你能拿到的财务报表，包括上面附加的细节注解；认真求证每一份报表的正确性，以及最高管理阶层预估的这家公司的未来走向、未来产值。努力找出他们的顾客、生产商、竞争对手，以及任何可能影响这个公司营运的人，问他们细节以求证报表的真实性。除非你有把握比华尔街百分之九十八的投资分析家更了解这家公司，否则不要轻易把钱投进去。没有额外的努力与付出，成功是不会落在你身上的。"

1.养成注重细节的习惯

养成注重细节的好习惯，不仅能够帮助我们快速进步，还能大大地影响你的性格、品行和自尊心。不管我们走到哪里，注重细节，总是受人欢迎的。在生活中，我们应该努力把每一个细节都处理得尽善尽美，对于每一件事，我们都需要倾注全部精力去做。

2.不要忽视细节的力量

从古至今，有多少人因忽视细节而错失良机，与成功失之交臂。一个铁钉可以毁掉一个王朝，一个小数点也可以造成一艘飞船失事等，那些我们看似微不足道的细节，其实经过一些变化之后，它所爆发出来的破坏力是惊人的。小事成就大事，细节成就完美，生命因为有了细节，才充满了惊喜。在生活中，我们要积累细节，重视细节，如此我们的人生才能更充实、更完美。

永远相信梦想的力量

2008年，当所有人都在嘲笑巴菲特的投资策略过时时，巴菲特本人却不为所动，他依然坚持持有可口可乐等传统行业的股票。2000~2003年，美国股市

持续下跌，累计跌幅超过一半，而巴菲特的股票却上涨了10%以上，并以60%的优势大幅度战胜市场。对于巴菲特来说，总是能够坚持投资的梦想，而且让它伴随自己一生。美国著名作家杜鲁门·卡波特说："梦是心灵的思想，是我们的秘密真情。"梦想对于每个人来说，都有一种巨大的魔力，能够不断地召唤着我们前进。无论自己的梦想多么模糊，不管自己的梦想多么不可思议，我们都要听从心中梦想的召唤，紧紧跟随它，坚持不懈地走下去，那么，梦想就会变成现实。"永不放弃"是梦想成真的信念，只有不懈地坚持，梦想才能成就辉煌。

赛尼·史密斯6岁的时候，在威灵顿小学读一年级。一天，老师玛丽·安小姐给学生们布置作业，让大家说出自己未来的梦想，班上同学十分踊跃，纷纷说出自己的梦想。特别是赛尼，他一口气说出了两个梦想：拥有一头属于自己的小母牛和去埃及旅行。但是，班里有一个叫杰米的男孩子一下子没想出自己未来的梦想，因为他能想到的，别人都已经说了。为了让杰米拥有一个自己的梦想，玛丽·安小姐建议杰米向同学购买一个，在老师的见证下，杰米花了3美分向赛尼购买了一个梦想，也就是"去埃及旅行"。

40年过去了，赛尼·史密斯已人到中年，在过去的日子里，赛尼去过许多国家，如丹麦、希腊、中国、日本，然而，他从来没有去过埃及。难道赛尼不想去埃及吗？赛尼说："自从我卖掉去埃及的梦想之后，我就从来没有忘记过这个梦想。但是，作为一个虔诚的基督教徒，我不能去埃及，因为我已经把这个梦想卖掉了。"带着强烈的愿望，赛尼决定赎回自己的梦想，因为他觉得只有这样，才能心安理得地踏上那片土地。但是，赛尼·史密斯没能如愿以偿，因为联邦法院认定，那个梦想现在已经价值3000万美元了。

而作为梦想购买者杰米，在这40年里，他怀揣着梦想考上了华盛顿大学，鼓励儿子考入了斯坦福大学。在梦想的感召下，杰米的人生获得了极大的成功，他在芝加哥拥有6家超市，总价值超过了2500万美元。杰米说："如果我没有那个去埃及旅行的梦想，我是绝对不会拥有这些财富的。”梦想对于杰米而言，已经成为生命里不可分割的一部分。

花上3000万美元赎回一个以3美分卖出去的梦想，这在许多人看来都是不可思议的。但是，对于赛尼来说，即使倾家荡产，自己也要赎回那个梦想，因为他知道，人的一生中最珍贵的东西就是梦想。也许，我们每个人也有这样或那样的梦想，然而，在追逐梦想的过程中，挫折与困难无所不在，我们很容易放弃，最终与梦想失之交臂。

有一队人马在没有人烟的沙漠中艰难地跋涉，他们在沙漠里已经走了很久很久。太阳肆无忌惮地释放着光和热，他们随身带的水已经不多了，随时都会有生命的危险。走了很久，大家都走不动了。这时，领队的老人从自己背上解下一只水桶，对大家说：“现在只剩下一桶水了，我们要等到最后一刻再喝，不然大家都会没命的。”

于是，他们继续着无比艰难的旅程，而那桶水成了他们心中唯一的希望，望着那沉甸甸的水桶，每个身体疲惫的人心中都有了对生命的一种信念：一定要坚持到旅程的最后一刻。但是，天气太炎热了，一个小伙子实在撑不下去了，他向老人乞求：“老伯，让我喝口水吧。”老人生气地回答：“不行，这水要等到最艰难的时候才能喝，你现在还可以坚持一会儿。”就这样，老人坚决地回绝了每一个想喝水的人。

眼看到了黄昏，大家发现领队的老人不见了，只有那只水桶孤零零地“躺”在前面的沙漠中，在沙地上写着一行字：“我不行了，你们带上这桶水走吧，要记住，在走出沙漠之前，谁也不能喝这桶水，这是我最后的命令。”每个人抑制内心那份悲痛，继续向前出发了，而那只沉甸甸的水桶在每个人手里依次传递着，谁也舍不得喝上一口，因为他们清楚这是老人用自己的生命换来的。终于，他们走出了沙漠，喜极而泣之余，他们想到老人留下的那桶水，然而，打开桶盖后，却从里面流出了沙子。

也许，我们每个人都有这样或那样的梦想，然而，在追逐梦想的过程中，挫折与困难无所不在，我们很容易放弃，最终与梦想失之交臂。其实，梦想是我们生命中最珍贵的一部分，永不放弃自己的梦想，用心飞到梦想之地，让生命绽放别样的光彩。

★……巴菲特的忠告……★

巴菲特总是教育孩子：做任何事情都要坚持到底，不要轻易放弃。当自己遇到困难与挫折时多想想解决的办法，坚持下去就会成功。小儿子彼得离开斯坦福大学，开始踏上自己的音乐之路。不过，所有的事情并不像自己想得那么简单，在很长一段时间里，为了省钱买音乐设备，彼得过着十分拮据的生活，他住在很简陋的公寓里。不过，即便在这样糟糕的情况下，在父亲巴菲特的鼓励下，彼得从来没有放弃过自己的梦想。

1.即使失败，也不要放弃

中国探险家余纯顺在临行罗布波时曾说：“我也许真的会失败，但我不能放弃这个梦想，就是失败，我也要当失败的英雄。”梦想是我们未来的目标，是我们不懈奋斗的动力。在这个世界上，我们身在何处并不重要，重要的是我们应该朝着什么样的方向前进，一旦放弃了梦想，就意味着放弃了前进的方向。所以，坚定自己的梦想，不要放弃，让人生之路开满成功之花。

2.相信梦想成真

每个人都有自己的梦想和目标，但不一定都能实现，只有坚持梦想成真的人，才会实现自己的梦想。面临困难与挫折，不要沮丧，不要放弃，我们应该更加坚定自己的梦想，努力实现梦想，一旦机遇来临，我们就能实现它。人生不可能没有梦想，梦想是与成功接轨的桥梁，而坚定的信念就是实现梦想源源不断的精神动力。

看准人生长期的目标

巴菲特在童年时期就开始思考自己的目标，那就是要赚很多的钱，拥有很多的财富。尽管小巴菲特思考前进目标时并不知道该怎样实现目标，不过，值得确信的是，正是他善于思考和分析自己的目标，才引导他一步步前进，最终成为拥有亿万资产的世界“股神”。对于目标，巴菲特是这样思考的：“确立目标必须经过严谨的思考和精密的打算，当目标确立后，绝不轻易放弃或改变，尤其是核心目标。”因此，巴菲特在确定任何目标之前，都需要对实现目标的可能性做十分严谨的思考，只有对实现目标有绝对成功的把握，他才会放手去做。

在美国的一个小镇上，住着一位84岁的智者。一天，一位中年人来拜访这位智者，在智者狭窄的房间里，中年人倾诉了内心的困惑。智者说：“你应该抓紧现在和未来的日子。”中年人回答说：“是的，我在努力，但是，我已经浪费了几十年。”智者说：“达尔文说自己贪睡，把时间浪费了，却写出了《物竞天择论》；海明威说自己打猎、钓鱼，把时间浪费了，最终他却获得了诺贝尔奖；居里夫人说自己为孩子和家务，浪费了时间，但是，她却发现了镭，而且把孩子也培养成了一名科学家。”中年人大喊：“这些人都是天才，我只是个平凡人，愚蠢的平凡人！”智者说：“你有权评定自己是愚蠢的平凡人，但是我说只要有一定的信念，在任何时候做任何事，都不会妨碍思考和研究，甚至有助于思考和研究，他们都以为自己浪费了时间，实际上并没有浪费。”

中年人说：“但是，我年纪大了。”智者说：“在我70岁那年，我准备完成一个需要10年才能完成的研究计划，当时我向一位30多岁的朋友谈到这个计划，他笑了笑，我知道他为什么笑，因为在他看来，70岁的老人，已经时日不

多了，还能做些什么呢？但是，10年过去了，我的工作已经完成了，现在我依然在实验室里忙碌着。”中年人好奇地问：“你那位年轻的朋友呢？”智者笑着说：“依旧庸庸碌碌地生活，10年一眨眼就过去了。”

巴菲特说：“也许你现在与别人差距不大，那是因为你们距离起跑线不远，而不是你比别人聪明，或者说上天眷顾你，你是属于那10%、60%还是剩下的部分，只有你自己最清楚，不过，希望你能努力成为那10%的目标清晰的人。”

有人这样回忆：

当我读小学六年级的时候，因为我考试得了第一名，所以我的老师送了我一本世界地图，我简直爱不释手，回到家后，立马翻看。但是，那天正好轮到我给家人烧洗澡水，所以，我就一边烧水，一边看。正当我看到埃及时，我被里面的金字塔、尼罗河、法老王以及那些我没有见过的东西深深吸引住了。连爸爸走到我的面前都不知道，他当时大声地说道：“你在干什么？这么不专心。”我说：“我在看地图。”爸爸直接给了我两耳光，并且说道：“我保证，你这一辈子也去不了那么远的地方，还看什么看，赶快烧火！”

我当时呆住了，什么也没有说，只是一遍一遍地回想爸爸说的话，直到20年后我第一次出国就去了埃及，朋友们都不解我为什么去埃及，我解释道，我的生命不要被保证，我要证明他是错的。当我站在埃及金字塔前，我买了张明信片寄给爸爸：“爸爸，我正在你保证我来不了的埃及金字塔前给你写信，记得当时你给了我两个耳光，还说我这辈子都不会到达这里吗？”

人生的精彩源于梦想的精彩，目标的高度将决定成就的高度，其实，我们都是各自命运的设计师。哈佛告诉我们：人生的道路该如何去走，向着什么方向去走，最终要达到什么样的目标……所有这些问题都应该是我们自己的立场，而不需要被别人保证。如果我们失去了自己的立场与目标，那么一生也不会有什么大作为。

★……巴菲特的忠告……★

巴菲特说："如果我们有坚定的长期投资期望，那么短时间的价格波动对我们来说就毫无意义，除非它们能够让我们有机会以更便宜的价格增加股份。"由此不难发现，巴菲特一直在思考前进的目标，一旦确定了目标就毫不犹豫地去实现它，而且不要轻易地改变自己的目标。巴菲特当然知道目标对于人生的意义，当孩子们说想放弃学业去做农民、当音乐家的时候，他并没有反对，而是和他们进行了一次沟通。当巴菲特了解到，孩子们认真思考了自己的人生目标时，他尊重了他们的选择，同时也尊重了他们为自己选择的目标。

1.努力激发"目标效应"

一个濒临死亡的人，为了见儿子最后一面，因这个心理作用可能会推迟他的死亡时间，这就是目标效应起到的作用，为了达到一个目标而产生的意志力量，这就是目标效应。其实，当我们确定了一个目标时，就应该不断地向这个目标前进，不管中途遇到什么，都不要轻易地放弃，直到这个目标最后得以实现。

2.有目标才有方向

每个人的行为特点都是有目的性的行为，一般来说，没有目的性的行为是很难成功的。或许你想成为一名政治家，想成为一名流行歌手，想成为一名将军……但是，生活中没有目标的人就是可怜的糊涂虫，他们永远没有办法找到成功的途径。车尔尼雪夫斯基曾说："一个没有受到献身热情所鼓舞的人，永远不会做出什么伟大的事情。"一旦我们失去了目标，就意味着失去了人生的推动力，必将失败。

第06章　专注于手头事，业精于勤荒于嬉

人不是天生就具有这种才能的，即始终能知道一切。但是那些努力工作的人有这样的才能，他们寻找和精选世界上被错误定价的赌注。当世界提供这种机会时，聪明人会敏锐地看到这种赌注；当他们有机会时，他们就投下大赌注，其余时间不下注，事情就这么简单。

——巴菲特

一屋不扫，何以扫天下

巴菲特是一个勤勉的人。童年的时候，他每天走遍五条街并送出500份的报纸，为此，他5：20就要出发，因为巴菲特当时的追求是成为一个勤劳的报童。有几次，巴菲特生病了，而他的母亲不得不代替他去送，他的母亲回忆道："那时候，取报纸、送报纸对他来说是那么重要的事情，任何人都碰不到他放钱的那个抽屉，甚至连一个硬币也不能动。"成年后当巴菲特再次回忆自己送报纸的经历时，他这样说："如果当年我不能成为一个勤勉的报童，又怎么会成为最成功的投资家呢？"中国有句古话："一屋不扫，何以扫天下？"与巴菲特所说的话是一样的道理，如果我们不能勤勉地工作，又怎么会为日后的成功打下基础呢？那些"一屋不扫"的懒惰者，最终会被埋葬在一屋子的灰尘中，再也发不出闪亮的光芒。

阿尔伯特·哈伯德出生于美国伊利诺伊州的布鲁明顿，他的父亲不仅是一个农场主，还是一位乡村医生。年轻的哈伯德在巴夫洛公司是一名成功的肥皂经销商，但是，他却对自己的现状很不满。1892年，哈伯德放弃了自己成功的经销商事业而进入了哈佛大学学习，可是没过多久，他又辍学开始徒步在英国旅行。在遇见威廉·莫瑞斯后，他喜欢上了莫瑞斯的艺术与手工业出版社。

回到美国后，哈伯德准备将自己的自传体《短暂的旅行》交给出版社来发行，可是，在当时，并没有任何一家出版社愿意为他出版，于是，他建立了罗依科罗斯特出版社。哈伯德的书一经出版，立即畅销起来，随着他的名气越来越大，出版社的规模也越来越大，因此慕名而来的人也越来越多。由于出版社周围的旅馆都住满了人，哈伯德抓住商机，立马建了一座旅馆，而在装修的时候，哈伯德让工人直接做了一种非常简单的直线型家具，而这种家具一出现，立刻受到了游客们的喜欢，于是，哈伯德又做起了家具创造业。而在哈伯德公司业绩大幅上升时，他的出版社又出版了《菲仕利人》和《兄弟》两份月刊，而使哈伯德的影响力达到顶峰的则是他的《致加西亚的信》的出版。

阿尔伯特·哈伯德的一生充满传奇色彩。他从不懒惰，始终保持着勤勉的个性，总是朝着自己一个又一个的目标努力，正是由于他的坚持不懈、勤奋努力，他才取得了最后的成功。

有人甚至给那些懒惰的人下定义为：把不愉快或成为负担的事情抛掷脑后，或许推迟做。如果你是一个懒惰的人，那生活中的大部分时间，你都无所事事，即便做一件事情，也是担心这个担心那个，或者找借口推迟行动，结果往往错失了机会和灵感，不停地抱怨上天的不公平。正所谓“天道酬勤”，克制自己内心的惰性，当自己想偷懒的时候，鼓励自己再坚持一下，这样我们就可以如期完成目标了。

★……巴菲特的忠告……★

巴菲特认为，懒惰不仅是一个人成功的大敌，而且，它还是我们不良情绪的源头。在充满困难与挫折的人生道路上，懒惰的人过着极为单调的生活，在他们的生活里，只习惯于等、靠、要，从来不想发现、拼搏、创造，最终，他们不仅错过了多姿多彩的生活，而且一事无成。

1.拒绝懒惰

在《致加西亚的信》中，阿尔伯特·哈伯德讲述了罗文送信的情节。“美国总统将一封写给加西亚的信交给了罗文，罗文接过信以后，并没有问：‘他在哪里？’而是立即出发。”拖沓、懒散的生活态度，对许多人来说已经是一种常态，要想成为罗文这样的人，我们就应该克服惰性，努力让自己变得勤勉起来。

2.不要把昨天的活儿拖到今天来干

上天总是偏爱那些勤奋的人，多一份耕耘，就多一分收获，你付出得越多，一定会得到更多的回报。换句话说，机遇和灵感只会垂青那些孜孜以求的勤勉者。这个道理启示我们：在通往成功的路途中，我们需要克服自己的惰性，努力让自己变得勤奋起来。曾有人问一个懒惰的人：“你一天的活儿是怎么干完的？”这个人回答说：“那很简单，我就把它当做昨天的活儿。”这就是惰性使然。

每天结束时问问自己是否已经拼尽全力

成功是建立在全力以赴、尽职尽责做好日常工作的基础之上的。千万不要小看一些细节，因为它往往是决定成败的关键。每一次做投资，巴菲特都是全力以赴、尽职尽责，当他完成一项投资工作的时候，不管结果怎么样，总是先问自己：在做这件事情的时候，是否考虑全面了，是否竭尽全力了？这是巴菲特通常的习惯，也正因为坚持这个习惯，使得巴菲特在每一次投资中总能收获很多，因为每一个细节他都考虑到了，他做事从来不会半途而废。

有一只猎狗在主人的训练下，长得十分壮硕，而且捕猎的速度很快，就像熟练的渔夫能轻松地捕鱼一样。

有一次，主人带着猎狗出去狩猎，当主人射一只狐狸的时候，因为不够准，使狐狸跑掉了，于是，听到主人一声令下，猎狗开始了自己的拿手好戏，在森林里拼命地追逐那只狐狸。

狐狸因为熟悉森林里的情况，东跑西跳，猎狗则十分狼狈，甚至身上也因为自己的不小心被擦破了，它一边舔着伤口，一边想：我都追了这么久还没有追到，追不到，我也不会饿肚子，干吗弄得自己这么累。当猎狗闪过这个念头时，那狐狸又跑远了。

猎狗这时又想，算了，反正主人看不到了，不追了吧，于是它放缓了自己的速度。就这样，狐狸越跑越远，最后消失于森林中。

一个人做任何事情，心中的意图强烈与否会大大影响最终的结果。猎狗没有饿肚子的疑虑，因此放弃的念头轻易闪现，总想着自己的退路，所以它很容易就放弃了。而狐狸呢？对它而言却是一场生死竞赛，跑慢了就会没命，所以它不敢偷懒，因为没有退路了，只有不断向前跑，才能活命。做任何事情都是一样的道理，当我们全力以赴，破釜沉舟时，就一定能成功。假如我们预先找好退路，那么成功就比较困难。

巴菲特经常讲述关于比尔·盖茨的一个故事：

戴尔·泰勒是美国西雅图一所著名教堂里德高望重的牧师。有一天，他向教会学校一个班的学生讲了下面这个故事：

那一年冬天，猎人带着猎狗去打猎。猎人因为打偏了准心，只打到了兔子的后腿，受伤的兔子拼命地逃生，而猎狗穷追不舍。可是追了一阵子，兔子跑得越来越远，猎狗实在追不上了，只好悻悻地回到了猎人身边。

猎人气急败坏地说："你真没用，连一只受伤的兔子都追不到！"猎狗听

了很不服气地辩解道："我已经尽力而为了呀！"再说兔子带着枪伤成功地逃回了家，它的兄弟们都围过来惊讶地问它："那只猎狗很凶啊，你又受了伤，是怎么甩掉它的呢？"

兔子说："它只是尽力而为，而我是竭尽全力呀！它没追上我，最多挨一顿骂，我若不竭尽全力地跑，被它抓住了我的命可就没有了！"

泰勒牧师讲完故事，接着向全班郑重承诺：如果你们当中谁能背出《圣经——马太福音》中第五章到第七章的全部内容，我就邀请他去西雅图的"太空针"高塔餐厅参加免费聚餐会。当然，《圣经——马太福音》中第五章到第七章的内容光字数就有几万，而且全不押韵，要背诵其全文有相当大的难度。尽管参加免费聚餐会是许多学生梦寐以求的，但是几乎所有人只是试了一下，就放弃了。

几天后，班中唯有一个11岁的男孩儿，他胸有成竹地来到泰勒牧师面前，从头到尾地按要求背了下来，竟然一字不漏，没出一点差错，而且到了最后，简直成了他独自声情并茂的朗诵表演。

泰勒牧师其实比别人更清楚，就算成年的信徒，能背诵这些篇幅也是罕见的，何况是一个孩子？泰勒牧师在赞叹男孩惊人记忆力的同时，不禁好奇地问："你为什么能背下这么长的文字？"

这个男孩不假思索地回答说："我是竭尽全力地在背诵。"16年后，这个男孩成了世界著名软件公司的老板，他就是比尔·盖茨。

巴菲特认为，当我们毫无保留，竭尽全力地去做一件事情的时候，结果往往是成功的。在生活中，这样的例子不胜枚举。有些事情从表面上看是极其困难的，但只要我们全力以赴，不保留、不妥协，不总想着自己还有退路，我们最终是可以成功的。很多时候，我们之所以失败了，不是因为路途太艰难，而是我们丧失了继续前进的勇气，也就是说，我们没有竭尽全力。

★……巴菲特的忠告……★

巴菲特认为，每个人都有极大的潜能，通常情况下，一般人的潜能只开发了2%~8%，即便像爱因斯坦那样伟大的科学家，也只开发了12%左右。有人为此得出了这样一个结论：一个人假如开发了50%的潜能，脑子里就可能装下400本教科书，可以学完十几所大学的课程，还可以掌握二十多种不同国家的语言。如果我们还在努力辩解说“我已经努力了”，那只能说你这样的辩解是苍白的，因为仅仅努力还不够，必须全力以赴才行。

1.不要总想着退路

只有不留退路，才更容易找到出路，反之，如果你总想着退路，那么就很难获得成功。一个人若太纵容自己的懒惰和欲望，就很容易迷失方向。或许，有人会说，不留退路是不明智的，有了退路，才能在危险的浪潮中获得更多的生存机会。然而，对于大多数人而言，退路往往是诱惑人、蒙蔽人的因子，只要想到了退路，就不会全力以赴，从而导致成功往往与我们失之交臂。

2.再苦再累也要支撑下去

眼前的苦与累又算得了什么呢？再苦再累，那只是暂时的，只要熬过了这段时间，未来的日子是值得期待的，因为苦尽甘来。在我们尝到快乐与幸福的滋味之前，上帝总是习惯性地给我们一些考验，即便这个考验的过程是又苦又累的，但只要我们全力以赴，努力支撑，那我们就一定能品尝到成功的滋味。

付出血泪的，一定会有所收获

巴菲特认为一个人的成功是与他是否勤勉有重要关系的。如果一个人是勤奋的，那么他就拥有了成功的机会；如果一个人是懒惰的，那么他就一定不会成功。他们通常认为，勤勉和成功是互相制约的，经常会有很多人因为自己

的勤勉而成功，却很少有人因为懒惰而成功。虽然你的勤劳并不一定会给你带来成功，但是无论如何，每个人都要辛勤工作，因为这是走向成功的最基本条件。《圣经》中有两句话："流泪撒种的，必欢呼收割。""那流着泪出去的，必要欢欢乐乐地带禾捆回来。"远古时代，犹太人为了生火，就要花很长的时间去摩擦木头或者石头；要吃果实，就要爬到很高的树上去摘。如果能够成功地生起一堆火，能够成功地摘得果实，那么成功背后一定有辛苦。

一天，罗马皇帝哈德良看见一个老人正在种植一株无花果树。于是，他问道："你希望能享用到自己种的果实吗？"

老人回答："我当然希望，如果我吃不到，我的孩子们也能吃到，或者上帝就会原谅我让我吃到。"

"如果你得到了上帝的原谅，那么请你在吃这果实的时候，也请告诉我。"皇帝对他说道。

无花果树终于在老人的有生之年结果了，老人装了满满的一袋，带到皇帝面前说道："皇帝陛下，我就是那个种无花果树的人，现在无花果成熟了，而我篮子里装的就是结出来的果实。"

皇帝听后，让老人坐在自己的金椅子上，并且在篮子里装满了黄金。可是，皇帝身边的仆人则反对道："您给这个老犹太人的荣誉是不是太多了？"

皇帝则说："上帝都能给勤劳的人荣誉，难道我就不能做同样的事情吗？"

皇帝说得很对，上帝和人们通常会把奖赏给那些勤勉的人。因为老人的勤劳，所以他得到了上帝的特赦，在自己的有生之年吃到了无花果。在犹太人看来，懒惰会使一个人一事无成，所以他们选择了勤勉，只有勤勉的人才会尝到胜利的果实。

犹太大亨洛克菲勒是一个对工作非常勤奋的人，他勤奋到什么程度呢？一天24小时中，他有十五六小时都在工作，有时候，甚至工作十八九个小时。有人曾经给他算过，他的一生平均每周要工作76小时，经常别人都下班了，他还在工作，而他认为，如果一个人希望什么事情都不做，那么只要上8小时就足够了；但是，当你想做某件事情的时候，那么24小时都不够。在别人的眼里，他总是忙碌着，于是，认识他的人都说，洛克菲勒除了睡觉和吃饭，其他时间都在工作。正是因为这位世界级的大富翁这样紧张而勤奋地工作，他才取得了举世瞩目的成就。

洛克菲勒之所以能够获得成功，就在于他始终如一地保持勤勉的态度。他的勤勉已经成了顽强的奋斗，在他的眼里，一天24小时已经不够用了，他希望能在一天内工作更长时间。其实，巴菲特一直把洛克菲勒当做自己勤勉工作的偶像，他认为只有勤勉的人才能够尝到胜利的果实，只有勤勉的人才能够得到命运的眷顾。所以，不管是洛克菲勒还是巴菲特，他们都用自己的实际行动证明了这样一个道理：如果你是一个做事勤勉的人，那么成功就离你不远了。

★……巴菲特的忠告……★

《羊皮卷》这样劝告世人：“最难受的工作是无所事事，最愉快的工作是人们忙于工作。”巴菲特崇尚工作，他十分讨厌整天无所事事，到处游走，那是他觉得很难受的事情，而整天勤勉甚至紧张的工作才是他所喜欢的。巴菲特的成功秘诀之一就是努力培养自己勤勉的习惯，这是成功的关键，正是这种“成事在于勤，谋事须忌堕”的精神成就了巴菲特。

1.勤勉是成功之本

巴菲特在孩子们很小的时候就开始培养勤勉的习惯，这有利于孩子们更早地意识到勤勉的重要性。他们会明白，如果你很懒惰，那么什么也得不到；如果勤奋，就能够得到奖赏。因为从小树立勤勉的观念，孩子们更懂得如何认真地去做每一件事。

2.成事在勤，谋事忌惰

韩愈曾说：“业精于勤荒于嬉，行成于思毁于随。”一个人要想成就一

番事业，一定要守住“勤”字，忌掉“惰”字。对于生活或者事业，你怎样付出，就会得到相应的回报。如果你以勤付出，回报你的，必将是丰厚的硕果。相反，那些懒惰的人，生活是不会赐予他们任何东西的。懒惰的人是思想上的巨人，行动上的矮子。如果你懒惰地面对你的人生，那么就是把自己的生命一点点葬于虚无。一个成功的人，是不会给懒惰任何机会的。

脚踏实地才是唯一的出路

巴菲特经常告诫孩子们：“别想一下就造出大海，必须先由小河川开始。”在巴菲特的思想里，世界上没有一步登天的奇迹，所以他恪守自己“脚踏实地”的原则，做任何事情都是循序渐进，就好比投资。巴菲特说，如果要想获得成功，就必须从一件小事做起，哪怕是一件微不足道的小事。他只专注于现在的工作，巴菲特用自己投资的经历告诉人们：用投机取巧的方法来获得成功，那是永远不可取的。可能你在短时期内能获得一两次成功，却不能获得长久的成功。巴菲特更愿意通过添加一砖一瓦，踏踏实实地坚守自己的位置，最后建造出属于自己的美丽城堡。

1872年，只有24岁的哈同独自来到中国的上海谋生，而他只是一个年轻力壮的青年人，除了自己身上的衣服，其他别无一物，更没有资本，也没有专业的技术，但是他为了在中国赚到钱，就结合自身的情况给自己决定了一个立足点。

他的第一份工作就是给一家洋行看门，他并没有觉得这份工作很丢人，因为这也是自己劳动赚来的钱，他希望通过自己的努力，在以后找到更多的赚钱方法。

哈同对于自己的这份工作很认真，晚上休息的时候，他则开始看一些经济和财务方面的书，来提高自己。当时他的老板发现了哈同这位出色的员工，于是把他调到了业务部门当一名办事员。哈同并没有改变什么，还是一如既往地工作，随着他的业绩越来越好，他被提升领班，与此同时，哈同等待遇有了很大的提高。可是他并没有满足于现状，他想拥有自己的事业，后来，他借故离开了自己的工作岗位，并且开始了自己的创业。

哈同辞职后开办了一家专门卖洋货的“哈同洋行”，因为他独特的眼光，在当时中国是没有多少地方卖洋货的，所以前来的消费者也越来越多。因此，他的商行也越办越大。

哈同能够从一名看门工成长为商行的老板，体现了他“脚踏实地”的做人智慧。一个看门工，可能是大多数人都瞧不起的岗位，很多人是不愿意干的，他们觉得自己相貌堂堂，年轻高大，怎么能屈于当站门雇员？可是哈同不这么认为，他认为这是他成功的一个起点。我们从哈同的工作历程，发现了他成功的秘诀，那就是“脚踏实地，循序渐进”。他对自己的每一份工作都勤勤勉勉，忠于职守，并且不急于求成，而是循序渐进，慢慢登上成功的宝座。

★……巴菲特的忠告……★

巴菲特认为，人就应该从基础工作做起，认真完成每一项工作。人们应该通过认真工作来提升自己的能力，切勿好高骛远，而要坚守脚踏实地的工作态度，这样才能逐渐地积累自己丰富的阅历和宝贵的工作经验，而这对于以后从事富有挑战性的工作是基础。当他们面对比较复杂的工作的时候，依然能够胸有成竹地去完成它。巴菲特经常告诫孩子们“工作无大小”，任何一件工作都需要我们认真去对待。只有你用心了，才能够认真处理每一件事情，从而为自己积累更多的经验，顺利完成领导交给我们的任务。

1.罗马城不是一天建成的

巴菲特经常对孩子们说：“罗马不是一天建成的。”而巴菲特本人也正是坚信这个道理，以至于在世界享有盛名。中国也有句相似的格言“千里之行始

于足下”，它们所表达是同一个意思。我们在做任何一件事情的时候，都要脚踏实地，循序渐进，这样才能获得最后的成功。正所谓“一屋不扫，何以扫天下”。凡成大事者都需要从小事做起，踏踏实实地做好每一件事，小事做多了就成大事了。

2.从最底层做起

犹太巨商中的大多数都是通过白手起家来达到成功的。在创业之初，他们一般都是从事最底层的工作，但是他们并没有为自己位于底层而气馁；相反，他们把底层作为他们展现自己的平台，也是成功的开端。无论他们的工作多么平凡，多么不起眼，他们都能够将那些看似普通而又细微的工作干得很出色。

快人一步，先获得成功

巴菲特认为，行动的天敌常常是人们的拖延，而能够制止拖延的最好办法就是马上付诸行动。犹太人只占全世界人口的百分之一，但全球百分之七的财富都掌握在他们手中。这其中的一个重要原因，就是犹太人学会做行动的主人。犹太人做任何事情都尽自己最大的努力，从来不把今天的事拖到明天，时刻谨记“今日事，今日毕”。巴菲特的时间观念很强，所以他绝不会拖延时间，也不会浪费时间，他总是致力于把一件事做好。如果他认定今天必须完成的事情，他就会竭尽全力，哪怕别人都下班了，他还是坚持把事情做完才下班。这就使得他养成了做事严谨、珍惜时间的习惯，这也是他之所以成功的一个重要条件。

马克·吐温曾经说过：“如果你每天早上醒来之后所做的第一件事情是吃掉一只活青蛙的话，那么你就会欣喜地发现，在接下来的这一天里，再没有什么比这个更糟糕的事情了。”由此引申出了“青蛙”规则，对每一个人而言，

“青蛙”就是最重要的任务，如果我们现在对它不采取行动的话，就很可能因为它而耽误时间，从而对自己的生活产生极大影响。

有人引申出了“吃青蛙”的两个规则：一是如果你必须吃掉两只青蛙，那么要先吃那只长得更丑陋的。简单地说，假如在一天里我们面临两项重要的任务，那么我们应该先处理更重要的那一项，即使重要的任务总是棘手的，但我们也要吃掉那只最丑陋的青蛙。养成这样的习惯，而且坚持到底，完成一个目标再开始另外一个目标。

二是如果你必须吃掉一只活的青蛙，那么即使你一直坐在那里并盯着它看，也无济于事。摆在面前的即使是一项非常艰难的任务，我们也需要立即行动，你漫无目的地思索，以及任由内心惰性的滋长只会浪费更多的时间，这样有助于我们养成不假思索、立即行动的勤勉习惯。

为了完成既定目标，提高自己的工作效率，要立即行动，即“吃掉那只青蛙”所阐发出来的理论：每天早上要做的第一件事情，就是对你来说最重要的那件事情，并使之成为一种习惯。这样时间久了，自然就能养成“今日事，今日毕”的好习惯。通过大量的研究表明，那些成功人士身上最显著的共性就是“说做就做”。一旦他们有了明确的目标，就会立即展开行动，一心一意、持之以恒地完成这项工作，直到完成任务为止。

★……巴菲特的忠告……★

如果你走进巴菲特的办公室，你是看不见有“未决”的文件的。巴菲特的时间观念极强，他绝对不会愿意浪费时间。在他“今天的事情今天完成”的观念里，积压文件的做法是非常不可取的。因为一旦发现办公桌上有待批的文件，里面就可能有一批是极其重要的。如果没有按时处理，就有可能耽误重大的事情，而这是变相地浪费时间。

1.珍惜时间

金钱能够储蓄，而时间不能储蓄。金钱可以从别人那里借，而时间不能借。人生这个银行里还剩下多少时间无人知道。因此，时间更重要。巴菲特用投资来做比喻，投入多少不能用金钱来衡量，而是用时间来计算。他觉得，在时间和金钱这两项资产中，时间显得更为重要。只有时间才是最宝贵的，他还认为一个人从你认识到时间宝贵的那一刻开始，你就会变得富有。对于时间观念极强的犹太人而言，无论是在生活中，还是在工作中，都极为珍惜时间。所以他们做任何事情的原则就是今天能完成的事情绝对不会拖到明天。

2.看谁跑得快

懒惰是借口的来源，如果我们不想为自己找借口，就必须让自己变得勤奋起来。生活给我们每个人同样的平台，谁跑得快，谁就能第一个站在台上接受鲜花和掌声。假如你跑得慢，就只能在后面忍受别人的讥讽。因此，跑得慢的人比别人更勤奋一些。懒惰是一种习惯，勤奋也是一种习惯，既然都是习惯，为什么不变得勤奋一些呢?

第07章　戒骄戒躁，别为一时的成就骄傲自大

我有一块黑色的画布，我还有许许多多的颜料，我得到我所想要的。现在我拥有较大数目的财富，但是，在多年以前，当金钱的数目较少时，我也拥有同样多的乐趣。因为我深知，我想做的事情必定会达成。

——巴菲特

内心淡定，从容前行

吕坤在《呻吟语》中这样写道："在遭遇困难的时候，内心却居于安乐；在地位贫贱的时候，内心却居于高贵；在受冤屈而不得伸的时候，内心却居于广大宽敞，就会无往而不泰然处之。把康庄大道视为山谷深渊，把强壮健康视为疾病缠身，把平安无事视为不测之祸，那么你在哪里都不会不安稳。"从容是人生的真正态度，一个人如果时刻从容，不大悲大喜，那么，无论遇到什么事情，他都能泰然处之。得意的时候，淡然坦荡；失意的时候，泰之若素，这就是巴菲特的做人风格。在巴菲特几十年的投资中，有成功的喜悦，亦有失败的痛楚，然而，不管是喜悦还是痛苦，似乎都不能影响巴菲特的个人情绪。

那一年金融海啸，他辛辛苦苦花了二十年经营的公司倒下了。整整一个晚上，他没有睡觉，只是一根烟接着一根烟地抽，他想起了很多事情：想起了儿时告别家乡独自上路的情景，想起了自己寄人篱下的辛酸，想起了自己获得人

生第一桶金时的喜悦，想起了自己创办公司那天的灿烂阳光……

苦想了那么久，他百思不得其解，为什么那么辛苦创办的公司会在一夜之间化为乌有？早晨，当第一缕阳光照进屋里的时候，他想起了老母亲，想起了母亲经常对自己说的一句话："孩子，命里有时终须有，命里无时莫强求，对自己，不要太苛刻了。"一瞬间，他想明白了，既然失去了那就失去吧，任何的抱怨、痛苦都无济于事。

那天早上，他笑容满面地遣散了公司员工，大家不无担心地看着他，他很安静，反而安慰下属说："没事，当年我也是一无所有。其实，我不是不在乎公司的失去，但是，我知道，我做任何事情也挽回不了，不妨淡定一些，这样，我的心里也会好过一些。"

在现实生活中，往往有许多不尽如人意的地方，所谓"世事常难遂人愿"。有时候，我们会遇到挫折、困难，会陷入各种各样的困惑之中。达到成功的巅峰，满心欢喜；一旦失意，则会在失落中彷徨，陷入惆怅中。虽然，我们所处的环境对自己的一生有着不可割裂的关系，但是，根源在于只要我们保持从容的心态，就能坦然面对生活本身，就能在失意时不被击倒，在得意时不至于沉迷巅峰。以一颗平常心，保持从容，切莫大喜大悲。

王太太曾经过着风光无限的生活，住洋房，开跑车，有英俊潇洒的丈夫，乖巧懂事的女儿，那时候的她是最幸福的。可现在一切都变了，只源于那次车祸。5年前，王太太一家人自驾旅游，在细雨纷飞中，由于路面湿滑，酿成了严重的交通事故。在事故中，只有王太太一个人活了下来，当得知丈夫和女儿都已离去的时候，她竭尽全力朝墙壁撞去，心里不断地问老天："为什么不带我一起走？为什么？这究竟是为什么？"摸着头上的血，她笑了，对身边的护士说："上天不让我离去，肯定有理由，就让我代替他们活下去吧。"

康复后的王太太租了一间小屋，虽然感觉身习疲惫，但王太太还是坚强地活了下来。找工作、交房租、买菜、做饭，生活中的每一件事都做得一丝不苟，那么从容。昔日的好友走进了她的家门，惊讶："以前你过惯了锦衣玉食的生活，可如今，你是怎么活下来的？"王太太笑了笑，望着窗外，说道："人生的大悲大喜，我都经历过了，对于我来说，还有什么可怕的呢？以后的我，需要这样从容地活下去，不悲不喜，品尝最平淡的生活。"

有人说："一个拥有从容心态的人，他没有不满，没有怀疑，没有嫉妒，没有牢骚，没有抱怨，没有恐惧，不悲不喜。"很多时候，我们感觉太累与不快乐是因为自己拥有的东西太少，而奢望太多。得意时的轻狂，失意时的沮丧，常常令我们陷入悲与喜的纠葛之中。人生在世，保持一颗平常心，从容不迫，在沉迷时清醒，在贪求时淡泊，对任何事情，拿得起，放得下，宠辱不惊，看庭前花开花落。

★……巴菲特的忠告……★

淡定是一种阳光的心态，即使面对致命的诱惑，也能以平和、不急不躁、不卑不亢的心态来面对，浅尝生命的酒酿，忘记心中的烦恼。心境淡定从容，不以物喜，不以己悲，心境永远不会因人生境遇而大起大落。对于人生中的幸福安乐，荣华富贵，能够看得淡、看得透，不会痴迷其中。保持淡定的心，那些人生境遇对你来说不过是过眼云烟。纵然岁月无情地流逝，青丝变成了白发，从容淡定的人总能够找到生活的乐趣，总会发现生活中飘逸的美。

1.拿得起，放得下

人生道路上有鲜花、有掌声，有多少人能等闲视之；人生路上也有坎坷泥泞、有满地荆棘，又有多少人能以平常心视之。"宠辱不惊，闲看庭前花开花落；去留无意，漫随天外云卷云舒。"对于人生中的种种，我们要拿得起、放得下，既来之，则安之，保持淡定的心态，一花一草便是一世界。

2.保持淡定的心境

心境淡定，不要为自己的平凡而叹息；心境淡定，不要为了争强好胜而绞尽脑汁。也许，我们经历了一次又一次的悲痛，在人生的路途上一次又一次地遭遇挫折与困难，但是，淡定的心境让我们依然笑对生活，依然从容淡定地看“花开花落、云卷云舒”。

拥有财富，更要崇尚简单

巴菲特虽然是亿万富翁，但他的生活却是极其简单的，用他自己的话来说，就是财富越多，生活越简单。在人生的旅途中，除了沿途的美丽风景，还有很多繁复的诱惑。在每个人的心里都住着一个魔鬼，那就是欲望，诱惑越是繁复，他们越难以自拔，甚至奋不顾身、倾尽一生。每个人都有这样或那样的欲望，有的人喜欢权力，有的人喜欢金钱，有的人喜欢名利。欲望本身的特点就是难以被满足，喜欢权力的人当上了小科长，这或许算是美事一桩，但他觉得自己晋升的空间还很大，当了科长想当经理，当了经理想当总裁，就这样欲望不断膨胀，扭曲了内心，他成了欲望的奴隶。被欲望腐蚀的心灵是空洞的，它们难以体会到简单的快乐，那些被欲望缠身的人，其实是最痛苦的人。于是，与巴菲特不同的是，有的人财富越多，生活反而越痛苦。

她和男友谈了四年的恋爱，却在大学毕业之际分手了。她提出了分手，理由就是：“我不想和你回到那个小镇上去，我喜欢都市的繁荣，我是属于这里的。”男友在心痛之余还是尊重了她的决定。

大学毕业后，她与一位中年商人相识，并很快结婚了。商人年近40，离过两次婚，他贪图她的青春与美丽，而她只想过奢华的生活，她觉得这样的交易很公平。

她终于过上了她想要的生活，从衣服到化妆品她用的全是名牌，一双鞋或一件衣服常常成千上万元，追求奢侈成了她的快乐。她的丈夫常常很晚才回家，有时甚至彻夜不回，他的解释永远都是忙。有一天，她在商场看见丈夫与一位年轻女子勾肩搭背，她很生气，晚上回到家，她质问丈夫却被一把推开并恹恹地说："你做好你的太太就行了，别的事最好少插手。你当初同我结婚还不是看上我的钱，想过富裕的生活。"说完他摔门而去，许多天都没有回来。

原来，她在丈夫眼里不过是个寄生虫而已，回忆起过往，她只有苦笑。

也许，有的人会把金钱看做一种幸福，以为有钱了就可以穿名牌、坐豪车、住洋房，这样的金钱观是极其错误的。一个人即便富可敌国，但他的精神世界是空虚的，或者是不自由的，那么他也不会幸福，甚至感到很痛苦。

在宏村，有一位德高望重的老人，他还是一位医术精湛的老中医。他行医的宗旨是悬壶济世，解人疾苦。对于那些贫困的病人，他不仅免费医治，还给予精神安慰和金钱上的帮助。他在家乡行医几十年，积蓄颇为丰厚，于是开办了一所济老院，收留那些晚年生活无依无靠的老人，这个济老院完全是慈善性质的。

虽然，老人花了大笔的钱来办济老院，但他自己的生活却坚持一切从简的原则。在宏村行走，他常年穿戴的都是旧而干净的布衣布帽布鞋，这些衣物的历史都在30年以上，宏村的人们很少见他添置新的衣帽；平时家里人给他置办新的衣服，他也不穿，而是将这些崭新的衣服送给那些缺穿的人。在饮食上，他更主张粗茶淡饭，以素食为主。生活如此之简单，但老人却生活得异常快乐，他闲来无事时就去济老院陪那些老头老太太唠家常、叙往事。在老人70岁的时候，他在济老院的前后种植了大片竹子；等到他101岁逝世时，竹子已经郁郁葱葱，蔚然成林了。

后来，宏村的人为了纪念这位老人，专门在竹林前立碑，除了记述老人的

生平事迹以外，还为这片竹林题下了“慈竹林”三个大字。

简单的生活，首先应该有简单的心态。老中医舍得花大笔的钱来办济老院，做慈善事业，但并不意味着他在自己的生活中也是大手大脚，甚为讲究。相反，他自己的生活却是一切从简，一点也不烦琐。恰恰是因为拥有这种简单的心态，他更容易获得快乐，从而延年益寿。

★……巴菲特的忠告……★

巴菲特有多少财富呢？我们只能从那惊人的数字中感受得到。或许，许多人都在想，像巴菲特这样的富翁肯定过着极其奢侈的生活。是这样吗？不管是人前还是人后，巴菲特都崇尚简单的生活，他看上去就像一个热衷于投资游戏的老人，简单而宁静，慈祥而温暖。他那庞大的财富，以及简单的心境才是最值得我们推崇的。

1.在财富的诱惑面前，放下欲望

人类是欲望的产物，而生命则是欲望的延续，人不可能没有欲望。欲望是无止境的，它会伴随着人的一生。欲望的存在是无可厚非的，但是，人类是高级动物，可以控制自己的欲望，甚至放下自己的欲望，这也是可以做到的。一个人就像一条欲望的溪流，它流淌的不是溪水，而是人的各种欲望。生活中，在繁复的诱惑面前，我们要学会放下各种欲望，让自己轻松前行，方能体会人生中的快乐。

2.简单的，就是快乐的

生命之舟若是太过繁重，生命就不再是一个蓬勃向上和快乐进取的过程，而是一个痛苦无奈的延续，而一个在痛苦中挣扎的生命，即使拥有的东西再多，也会黯淡无光。就像古人所说“大道至简”，其实，真正快乐的生活应该也是简单的，或者说，最简单的生活才是最实际的，才是最快乐的。

看淡名利，活得更轻松

在巴菲特投资成功之后，不少政府官员邀请他从政，巴菲特都拒绝了，他坦言自己只喜欢投资这份工作，对名利没有任何兴趣。人生之名利如猛兽，生不带来死不带去，看透说不透才是真正的智者。佛家说：“打透生死关，生来也罢，死来也罢；参破名利场，得了也好，失了也好。”名利，说白了，不过是身外之物。一个人从呱呱坠地到长大成人，他追逐名利的思想就不断膨胀。从古至今，人们无时无刻不在为名利而追逐，尔虞我诈，不惜血本，有的甚至以牺牲生命为代价。有的人为了一时的既得利益，竟然违背自己的良心，这种对名利的追逐其实就是一种人生的痛苦与悲哀。佛家说，假如真的能看透生与死，那就看透了人们的生死虚妄。一个人，得名利时，如果十分欣喜，那就是一种生，也是一种死；一个人，失去名利时，如果痛苦万分，同样是一种生，也是一种死。追逐和争夺名利的人，他们永远在名利的挣扎中痛苦着、流转着。

（原文）庄子钓于濮水，楚王使大夫二人往先焉，曰：“愿以境内累矣！”庄子持竿不顾，曰：“吾闻楚有神龟，死已三千岁矣，王巾笥而藏之庙堂之上。此龟者，宁其死为留骨而贵乎？宁其生而曳尾于涂中乎？”二大夫曰：“宁生而曳尾涂中。”庄子曰：“往矣，吾将曳尾于涂中。”

（解析）此时的庄子面临着这样的选择：前面是清波粼粼的濮水以及水中从容不迫的游鱼，背后则是楚国的官位——两者巨大的差距使这道选择题看起来十分简单。不过，大概楚威王了解庄子的脾气，所以用了“累”字，但对于庄子而言，自己到底要不要这种“累”呢？

濮水的清波吸引了庄子，他已经没有时间回头看身后的权势。他那么不经意地推掉了在俗人看来千载难逢的发达机遇。他把这看成了无聊的打扰。他只

问了两位衣着锦绣的大夫一个似乎毫不相关的问题："楚国水田里的乌龟，它们是愿意到楚王那里，让楚王用精致的竹箱装着它，用丝绸的巾饰覆盖它，珍藏在宗庙里，用死来换取'留骨而贵'呢，还是愿意拖着尾巴在泥水里自由自在地活着呢？"两位大夫回答说："宁愿拖着尾巴在泥水中活着。"庄子曰："往矣！吾将曳尾于涂中。"

这个故事反映了庄子的真实感受，庄子对于抛弃名利的坚持，让我们深知精神可以达到这样的境界。实际上，庄子的行为，确实使一代代"学而优则仕"的读书人，在赢得世俗的成功的同时，内心总会有一种秘而不宣的羞耻感，还有一种受名利驱使的无奈感。下面举一下出自《红与黑》一书的例子：

于连出生在小城维立叶尔郊区的一个锯木厂家庭，从小身体瘦弱，在家中被看做"不会挣钱"的无用之人，经常遭到父兄的打骂和奚落。卑贱的出身使他常常受到社会的歧视。因此，从小就聪明好学的他，在拿破仑时代一位老军医的影响下，崇拜拿破仑，幻想通过"入军界、穿军装、走一条红"的道路来建功立业、飞黄腾达。

14岁时，于连想借助革命建功立业的幻想破灭了。他不得不选择"黑"的道路，幻想进入修道院，穿起教士黑袍，希望自己成为一名"年俸十万法郎的大主教"。18岁时，于连到了市长家中担任家庭教师，而市长只将他看作拿工钱的奴仆。在名利的诱惑下，他开始接触市长夫人，并成了市长夫人的情人。

于连与市长夫人的关系暴露之后，他托关系进入了贝尚松神学院，投靠了院长，当上了神学院的讲师。不过，没多久，因教会内部的派系斗争，于连所仰仗的院长也被驱逐出去了，他只好跟随院长来到了巴黎，成了极端保皇党领袖木尔侯爵的私人秘书。于连本人是沉静的、聪明的，而且他善于拍马屁，很快就赢得了木尔侯爵的喜欢，同时，他以自己渊博的学识赢得了侯爵女儿马蒂尔小姐的爱慕。虽然于连本人并不爱马蒂尔小姐，但他为了跻身上流社会，竟然使用诡计占有了马蒂尔小姐。侯爵得知女儿怀孕后，不得不同意这门婚事。婚后，于连获得一个骑士称号，一份田产和一个骠骑兵中尉的军衔。于连通过虚伪的手段获得了暂时的成功。尽管他为了跻身上层社会用尽心机，不择手段，然而最终功亏一篑，付出了生命的代价。

有人说，于连身上有着两面性的性格特征。于连最后在狱中也承认自己身上实际有两个我：一个我是“追逐耀眼的东西”，另一个我则表现出“质朴的品质”。在追逐名利的过程中，真实的于连与虚伪的于连互相争斗，当然，他本人内心也是异常痛苦的。最终，因不断地追求名利，让自己心力交瘁。

★……巴菲特的忠告……★

巴菲特可以说名利双收，但他本人却不被名利所累，这又是巴菲特的过人之处。其实，人生的道路本来很宽阔，如果我们把眼光尽放在名利上面，那只会使我们的道路越走越狭窄。我们只有抛下名利，才能活得真实自在。

1.淡泊名利

一个人假如具备抛弃名利的人生态度，那面对生活，他就会比常人更容易找到乐观的一面。他所看到的就是生活的美好，他不再对那些可望而不可即的空中楼阁感兴趣。在纷繁的世界中，不计较真名利的争夺，在自己的内心，构筑一片宁静的田园，你自然会体验到简单的快乐。

2.简单的快乐源自名利之外

陶渊明伴着“庄生晓梦迷蝴蝶”中翩翩起舞的蝴蝶，在东篱之下悠然采菊，面对南山，陶渊明选择忘记，遗忘那些官场中的丑恶与仕途的不顺，清新淡雅，与世无争，为自己寻找一方心灵的净土。超脱于名利之外，活得一身轻松。

名利乃身外物，不必追逐

巴菲特的成功，意味着他所收获的不仅仅是利益，还有名声。虽然，巴菲特曾说名声对一个人而言是重要的，但他更强调，名声的光环只是一时的光景。其实，名声与身份、地位是相关联的，它只是一种象征，是一种隐语。

维尔伯·莱特和奥维尔·莱特被称为莱特兄弟，他们是美国著名的发明家。1903年，莱特兄弟成功地完成了首次飞行试验，兄弟俩便出名了。尽管他们成了世界知名的人物，但是，他们却完全没把自己得到的名誉放在心上，他们只是默默地工作，从来不写自传，也不参加那些毫无意义的聚会，更不接待新闻记者。

有一次，一位记者请哥哥维尔伯说几句话，维尔伯这样回答："先生，你知道吗？鹦鹉喜欢叫得呱呱响，不过它却怎么样也飞不高。"还有一次，弟弟奥维尔与姐姐一起用餐，吃到一半的时候，奥维尔顺手从兜里掏出一条红丝带擦嘴，姐姐见了问道："哪里来的手帕，这样漂亮？"奥维尔很简单地回答："哦，这是法国政府发给我的荣誉奖章，刚刚嘴巴沾油没手帕用，我就拿来擦嘴了。"

不可否认，名誉是对一个人成功的奖赏，对其本人而言，应该值得回味。但与此同时，名誉也是一个休止符，如果你满足于目前所获得的名誉，不再奋斗，甚至将所有的心思都花在了如何保持自己的名誉上，这样只会停滞不前。

居里夫人可以说是一位杰出的科学家，生前曾两次荣获诺贝尔奖金，107次获得名誉头衔。不过，居里夫人本人是一个淡泊名利的人，就好像爱因斯坦对她的评价一样："在所有的著名人物中，居里夫人是唯一不为名誉所腐蚀的人。"

有一次，居里夫人的一个朋友来她家做客，竟然看见她的小女儿正拿着英国皇家学会刚颁给她的一枚金质奖章玩耍，朋友惊讶极了，说道："居里夫人，你怎么可以将如此高的荣誉给孩子玩呢？”居里夫人笑了笑，说道：“我是想让孩子从小就知道，名誉就像玩具，只能玩玩而已，绝不能永远守着它，否则将一事无成。”

1910年，法国政府为了表示对居里夫人的尊崇，决定授予她骑士十字勋章，不过，居里夫人拒绝了。几个月后，居里夫人与著名的物理学家、天主教徒布朗利一起竞选科学院院士。当时，许多人都认为居里夫人能够当选，却因一票之差落败了。当这个消息传来时，居里夫人的助手们心里很难受，他们想，居里夫人能接受这个结果吗？于是，许多人开始思考一些安慰的话，希望可以给落选的居里夫人一些安慰。

但是，令大家意外的是，居里夫人就好像什么事情也没发生一样，她微笑着从实验室走出来，显得很平静，看不出丝毫的遗憾。于是，那些助手更加佩服这位将名利看得淡如水的女科学家。

两次获得诺贝尔奖金，这对于普通人而言，是何等殊荣？但对居里夫人而言，却是：“我是想让孩子从小就知道，名誉就像玩具，只能玩玩而已，绝不能永远守着它，否则将一事无成。”名誉只是暂时的，它所闪耀的光环也是一时的，如果你依靠名誉过日子，最后，可能连最初那点光环也会渐渐地褪去。

★……巴菲特的忠告……★

巴菲特的孩子们在接受记者访问的时候坦言，他们从来不知道自己与世界第二富豪生活在一起，因为父亲从来不说这些。在孩子们面前，巴菲特只是一名普通的证券投资家，他身上所笼罩的名誉并没有影响到家里人。巴菲特经常对孩子说，看淡名利，那不过是一个光环，只是暂时的，不是永久的。

1.看淡名利

因为放不下名利，一些人一味地追求虚名与浮利，紧张忙碌，疲于奔命，最后在周围的喧嚣中迷失自己。因为放不下名利，他们害怕受打击，墨守成

规，小心翼翼，满足于自己目前所取得的成绩；因为放不下名利，他们东奔西跑，请客送礼，只为保住自己的名利，但最终与他们所得的名利背道而驰、渐行渐远。

2.正确看待名誉

其实，名誉本身无所谓好坏，最关键的在于你如何看待。人们往往容易忘却过去的失意愁苦，却不肯放弃那些名誉产生的耀眼光环。殊不知，只有告别过去，我们才能重新创造生活。学会看淡名誉，轻松前行，我们将会走得更远。

第08章　自信为人，失败了爬起来路还在脚下

假如你缺乏自信，心虚与恐惧会导致你投资惨败。缺乏自信的投资人容易紧张，而且经常会在股价下跌时卖出股票，然而这种行为简直形同疯狂，就如你刚花了10万美元买了一栋房子，然后立即告诉经纪人，只要有人出价8万美元就卖了。

——巴菲特

千万不要看不起你自己

在巴菲特尚未成功的时候，他是一个再普通不过的男子，然而，他却从来不小瞧自己，他总是坚信：“我始终知道我会富有，对此我不曾有一丝一毫的怀疑。”生活在这个世界，许多人都认为自己是渺小的、容易被忽视的。他们常常这样想：我不过就是一个小人物，又能有多大的作为呢？在这样的心理作用下，他们变得越来越自卑，不敢相信自己，甚至，否定自己的能力与学识。其实，谁不是渺小的呢？但是，我们更应该记住，即使再渺小的人和事，都有着不可替代的功用。哪怕路边一丛不起眼的小草，它们也为这个世界增添了一抹动人的绿意。或许，它们在你眼里是极其渺小的，甚至，可以忽略不计的。但是，它们对于这个世界，依然有点缀的作用。更何况我们是人类，拥有生命，我们对于这个世界更有着不可替代的作用。

有一天，著名的成功学家安东尼·罗宾接待了一个走投无路的人。那人一进门就对安东尼说："我来这里就是想见见写这本书的人。"说完，他从口袋里掏出了一本《自信心》，那本书是安东尼多年以前写的。那人十分激动地说："是上天将这本书放入了我的口袋里，因为我已经决定去自杀了，我对这个世界很绝望，我看不到任何的希望。不过，当我无意中发现口袋里的这本书时，我的内心开始发生变化了，我似乎看到了生活的希望。当我阅读这本书的时候，我就下决定一定要见见这本书的作者，我希望你可以帮助我找回以前的自己。"听完流浪者的话，安东尼笑了，又是一个对自己失去信心的人。

安东尼对流浪者说："尽管我没有办法帮助你，不过你愿意的话，我可以介绍你去见本大楼的一个人，他可以帮助你东山再起，重新赢回属于你的一切。"听了安东尼的话，流浪者十分紧张，他一把抓住安东尼的手，说："那就请你带我去见那个人吧。"于是，安东尼将流浪者带到一间心理实验室，面对着一块看起来像是挂在门口的窗帘布，安东尼将窗帘布拉开，露出一面高大的镜子，流浪者看到了自己，安东尼指着镜子说："就是他，在这个世界上，只有他能够让你东山再起，你愿意坐下来好好认识他吗？假如你不愿意，那你去自杀算了；但只要你有勇气有耐心坐下来好好认识这个人，你就会成为你想做的那个人。"

听了安东尼的话，流浪者开始仔细打量自己，低下头，哭泣起来。几天后，安东尼在街上碰到了那个人，他不再是一个流浪汉了，而是成了一名绅士，后来，那个人真的东山再起，成了芝加哥的富翁。

如果你对自己感到失望，失去了继续生活的希望，那么，能够挽救你的也只有你自己。不要幻想上帝会来救赎你，也不要总认为自己被所有人抛弃了。其实，这个世界并没有抛弃你，除非你抛弃了自己。当生活遭遇了不幸，我们所能做的就是相信自己，不要小瞧自己，从而一步步向自己的梦想迈进。你，正如你所思。

他祖宗三代单传，爷爷和父亲都是面朝黄土背朝天的农民，他发誓自己一定要有出息。可是，成绩还不错的他在高考那年落榜了，失望的他偶然听到“自古军营多俊才”，他想：说不定自己到部队还能干出点名堂、混出个模样来。他怀揣着梦想来到了部队，做了一名普通的通信兵。刚开始的时候，他很高兴、自豪，可是，日子久了，整天不是爬杆架线就是打线结，要不就是背着线跑来跑去，他有些犹豫了，当个小卒有啥用？他开始食不甘味，什么也不想干了。

有一次，他与战友下象棋，一开局，他就发起了猛攻，“炮当头”“把马跳”“出车”“走相”，你来我往，各不相让。却没想到，战友将不起眼的小卒用得很好，小卒过河之后，竟撵着他的“车、马”躲躲闪闪，最终他输在了对方的小卒上。“怎么样，小卒子挺厉害吧？”战友面带微笑地望着他。他虽然嘴上说厉害，但心里还是不服，于是他又请对方再来一局，结果他还是输在了小卒上，这下他心服口服了。

原来，那不起眼的小卒也有着不可替代的功用。

“小卒过河赛大车”，小卒，看起来不起眼，但是，它发挥出的作用却是很大的。或许，我们只是平凡岗位上的一名普通职员，不过，即使在最平凡的岗位上，我们依然可以做出不平凡的事情来。无论多么不起眼的工作，你都为这个社会带来了利益，那就是你不可替代的作用。

★……巴菲特的忠告……★

巴菲特常跟孩子们说：永远不要小看自己，当你们看着我的时候，是否会想到这就是名人的长相呢？一个人想要做什么事情，以及能做什么事情，应该取决于内心的自信，而不是外在。当你看轻自己时，其实也丢掉了自信心。

1.小卒过河胜似车

所谓“小卒过河胜似车”，特别是小卒过了河就有万夫不当之勇。在那楚

河汉界，车马炮看见小卒过了河，也不免得心惊肉跳，即便再威武的将军，最后也免不了被小卒吃掉的下场。或许，在生活中，我们就是那不起眼的小卒，可能是街边的清洁工，可能是普通的小职员，可能是一个小士兵，可能是一个普通的服务员。我们既没有显赫的身世，也没有卓越的能力，每天所做的就是安分守己，贡献自己微薄的力量。

2.螺丝钉也有它的用处

也许，我们没有自信的筹码，但是，请别忘记，你依然是他们中的一分子，你的工作、你的事业依然跟所有人是联系在一起的。这就像是一条链子一样，若是少了一个小小的螺丝钉，就会影响到链子的本身。因此，千万不要忽视自己的作用，相信自己，永远不要小瞧自己。

自信，才有可能走向成功

巴菲特从小就坚信自己一定可以成为富翁，而且，他从来都没有放弃过。如果说是一种信念引导他走向成功的，那一定是自信。在《圣经》中有这样一句话："你的成功取决于你的信心。"事实上，自信往往能产生奇迹，相信自己的人，总是充满着极大的热情和力量。简单地说，那些在信心庇护下的人能从束缚、妨碍、缺乏信心的许多担忧和焦虑中解脱出来。自信的人，他有行动的自由，他的能力也能自由发挥，在这种自由下能取得一定的成就。试想，一个人的思想若受到了担忧、焦虑、恐惧或无把握感的束缚和妨碍，他的大脑就不可能有效地指挥自己去完成某些事情。信心是一块伟大的基石，当人们付出努力时，信心往往能造就奇迹。信心使人们的力量倍增，更使人们的才能提高；如果没有信心，你将一事无成。即使一个能力超群的人，一旦他对自己或对自己的才能失去信心，他就会迅速地失去力量，变得不堪一击。

杰克·韦尔奇出生在一个典型的美国中产阶级家庭，父亲在铁路公司工作，每天早出晚归，因而，培养孩子的任务就落在了母亲的身上。与其他母亲不太一样，她更注重提升韦尔奇的能力和意志。母亲十分权威，她总是让韦尔奇觉得自己什么都能干，教会韦尔奇独立学习。每当韦尔奇的行为有所不妥，母亲总是以正面而有建设性的意见唤醒他，促使韦尔奇重新振作，母亲虽然话不是很多，但总令韦尔奇心服口服。

母亲一直抱持着这样的理念：坦率的沟通、面对现实、主宰自己的命运。她将这三门功课教给了韦尔奇，使得韦尔奇终生受益。母亲告诉韦尔奇："要掌握自己的命运就必须树立自信。"韦尔奇成年以后还略带口吃，但是母亲安慰韦尔奇："这算不了什么缺陷，只不过思维比开口快了一些。"正是母亲给予的这份自信，口吃不再成为韦尔奇发展的绊脚石，而成了韦尔奇骄傲的标志。对于命运这样的眷顾，美国全国广播公司新闻部总裁迈克尔对韦尔奇非常敬佩，甚至开玩笑说："他真是有力量，真有效率，我恨不得自己也口吃。"

当年，韦尔奇凭借优异的中学成绩应该可以进美国最好的大学，不过，因为种种原因，他最后只进了麻州大学。一开始，韦尔奇感觉备受打击，不过进入大学不久，他的沮丧变成了兴奋。后来，韦尔奇在回忆自己大学生活时说："如果当时我选择了麻省理工大学，那我就会被昔日的伙伴们打压，永远没有出头的一天，然而，这所较小的州立大学，让我获得了许多自信。我非常相信一个人所经历的一切，都会成为自信的基石，包括母亲的支持、运动、上学，取得学位。"韦尔奇的大学班主任威廉这样评价他："他总是很自信，他痛恨失败，即使在足球比赛中也一样。"1981年，韦尔奇成了历史上最年轻的CEO，他是通用电气公司董事长。而自信成了通用电气的核心价值观之一，韦尔奇这样说："所有的管理都是围绕自信展开的。"

韦尔奇这样解释他的成功："我们所经历的一切都会成为我们信心建立的基石。当你被选为一支球队的队长时，当你在球场中选队员时，你就掌握了这

支队伍，然后事情就这么发生了，渐渐地，你会习惯这些经验，而且人们也会信任你，给予你善意的回应。”其实，在生活中，任何事情本身并不能影响我们，我们只是受某些看法的影响。任何时候，我们都不能将自己看作一个失败者，而要尽量把自己当做一个胜利者。每个人的内心都有一个沉睡的巨人，那就是信心。

有一个人常常出差，却经常买不到对号入座的车票。不过，令人感到奇怪的是，不管是长途还是短途，不管车上多么拥挤，他总能找到一个空位。有人问他这其中有什么奥秘，他回答：“其实奥秘很简单，我就是相信会找到空位，于是我变得很有耐心地一节车厢一节车厢地找，虽然，这个方法有点吃力，而且看起来并不高明，不过，每一次都很有用。因为在开始找空位之前，我已经做好了从第一节车厢走到最后一节车厢的准备，不过，每次都用不着走到最后就找到空位了。”说到这里，他自信地笑了笑，然后说道：“在很多时候，像我这样一定要找到空位的人并不多，常常是我已经坐在位子上了，而我身边还有许多空位，但在某些车厢里，却有许多人宁愿拥挤不堪也不愿去找空位。”

有人问他：“你是怎么找到这个办法的？”他解释说：“许多人很容易被一两节车厢拥挤的表面现象蒙蔽了，不去想火车在途中多次停靠会潜藏着不少座位的机遇；就算他们想到了这一点，许多人依然没有那份寻找座位的耐心。在他们眼里，找到一小块立足之地就已经很满足了，为了一两个座位背着行囊挤来挤去，他们会觉得这样做不值得。甚至，他们担心万一找不到座位，再回来连个落脚的地方都没有了。”听了他的话，有人慢慢理解了他为什么会在事业上取得如此巨大的成功了。

巴菲特经常告诉孩子：自信、执著，会让你拥有一张人生之旅的永远坐票。那些不愿意主动寻找座位，最终只能在上狭小的落脚之处一直站到下车的人，其实就是在生活中安于现状、不思进取、害怕失败的人，最终，他们永远停留在原点。信心是获得成功不可缺少的前提，信心会引导我们走向成功。

★……巴菲特的忠告……★

巴菲特认为，有信心的人遇事不畏缩，不恐惧，即使内心隐隐不安，他们也能勇敢地超越自我。有信心的人浑身上下充满了活力，能解决任何问题，凡事全力以赴，最终他们成了最伟大的胜利者。

1.自信越多，成功的概率越大

戴高乐将军曾说："眼睛所看到的地方，就是你会到达的地方，唯有伟大的人才能成就伟大的事，他们之所以伟大，就是因为他们决心要做出伟大的事。"凡是成功者都具备一个共同特征，那就是对自己有信心，每一次的成功都会使他们很快地树立自信心，成功机会越多，他们的自信心就越强。成功的第一秘诀就是自信心，如果自己都不相信自己，那么别人更不可能相信你。

2.相信自己，你也可以创造奇迹

巴菲特从小幻想自己成为富翁，然而他真的梦想成真了。其实，我们任何人都可以美梦成真，我们要坚信自己一定能成功。我们之所以能开启守卫生命的大门，正是借助于信心，你才能发掘伟大的内在力量。很多时候，你的人生是辉煌还是平庸，是伟大还是渺小，都将与你的信心密切相关。

摒弃自卑是你要学习的第一堂课

童年时期，巴菲特可以说是一个很不起眼的人，在学校连他姐姐都不敢与他走在一起。他有点邋遢，个性比较封闭，看起来就是那种不受欢迎的人。不过，巴菲特并未感到自卑，他从来不自怨自艾，而是逐渐克服自卑。自卑是一种因过多地自我否定而产生的自惭形秽的情绪体验，其实，在生活中，几乎

每个人都会自卑，只是程度不同而已。适度的自卑能够激励人们发奋努力，获得成功；但是，过度的自卑，则会影响一个人的心理、行为，乃至事业成就。那些对自己缺乏信心的人过度关注自己的生理缺陷和能力的不足，导致其心理承受能力十分脆弱，经不起较强的刺激。他们很容易对他人产生猜疑、忌妒心理，行为总是畏首畏尾、瞻前顾后等。

俄国著名戏剧家斯坦尼夫斯基，有一次排演一出话剧，女主角因突然有事不能演出了。斯坦尼夫斯基实在找不到人，只好叫他的大姐担任这个角色。大姐以前只是一个服装道具管理员，现在突然要出演主角，内心极度自卑胆怯，结果，演的效果很差，引起了斯坦尼夫斯基的不满。

有一次，在排练节目的过程中，他突然停下来，说："这场戏是全剧的关键，如果女主角仍然演得这样差劲儿，整部戏就不能再往下排了！"顿时，全场都安静了下来，大姐很长时间没说话，突然，她抬起头来，说："排练！"而后，她一扫内心的自卑、羞怯，演得十分信，十分实。斯坦尼夫斯基高兴地说："我们又发掘了一位新的表演艺术家。"

拿破仑说："只要有信心，你就能移动一座山。只要坚信自己会成功，你就能成功。"可是，在生活中，拥有信心的人并不多。自信本身并不神奇，也不神秘，如果你相信自己确实能够做到，自然就会信心百倍。

有一天，一个非常骄傲的武士去拜访禅宗大师，他本来是一个很有能力且很有威名的武士，不过，当他看到外表英俊的大师，竟然变得不自信起来。对此，他很不理解，对大师说出来了自己的困惑："为什么我会变得自卑呢？仅仅在一分钟之前，我还是那么高傲，不过，当我踏进你的院子，就突然变得自卑起来了。在这以前，我从来没有自卑的感觉，虽然我曾无数次面对死亡，不过从来没觉得可怕，为什么我现在会有恐惧的感觉呢？"

大师笑着说："请你等一下，等这里所有的人都走了之后，我再告诉你答案。"武士只好答应了，没想到前来拜访大师的人很多，来了一个又一个，武士焦急地等待着。到了晚上，武士急不可待地说："现在，你可以告诉我答案了吧？"大师回答说："你跟我到外面来吧。"

武士跟着大师来到院子里，这时一轮明月挂在天空中，发出皎洁的月光。大师看着这一切，说道："你看看这些树，一棵树那么高大，而它旁边的一棵树却不及它的一半高，不过，它们已经在这里很多年了，却从来没发生什么事情。一棵树这样高，一棵树这样矮，为什么我没听见它们抱怨呢？"

武士领悟了，他回答说："因为它们不会比较。"大师回答说："那么你就不需要问我了，你已经知道答案了。"

其实，很多时候，自卑是源于人们内心的比较，越比较越觉得自己处处不如人，结果，越来越自卑。正所谓"天生我材必有用"，上天从来都是公平的，它会眷顾每一个人。当它为你关上一扇门的同时总会为你打开一扇窗户，如果你总是怀着自卑之心，又怎么能得到上天的眷顾呢？自信是一个人跨越成功门槛的动力，丢掉内心的自卑，提升自信，这样，你向前的脚步会变得更加轻盈。

★……巴菲特的忠告……★

或许很多人本可以成为优秀人才，但是，因为自卑，他们看不到自己的特长，不敢发挥自己的优势，最终碌碌无为。自卑，就好似一个陷阱，阻碍人们继续前进。因此，我们必须丢掉自卑，让自信的阳光洒满心房。

1.成为简

读过《简·爱》这本书的人都会被那个自信的女孩所吸引。家财万贯、性格孤僻的庄园主罗杰斯特为什么会爱上地位低下而又其貌不扬的家庭教师呢？答案其实很简单，因为简·爱自信、自尊，富有人格的魅力。正是这种自信的气质与魅力，使她获得了罗杰斯特由衷的敬佩和深深的爱恋。有人在研究当代世界名人的成长经历之后发现，这些名人对自我都有一种积极的认识和评价，表现出相当的自信。坚定的自信心，不仅使人在事业上不断进取，达到既定目

标，而且使人在性格上重塑自我，增添人格魅力。

2.像小草一样自信

一位来自城里的记者询问在夜间忙碌的农民：“为什么要在夜间翻地呢？”农民回答说：“在夜间翻地，野草的生长率会降到2%，如果野草被阳光照射，它们便会快速增长，生长率高达70%呢。”听到这样的回答，记者当时惊呆了，他并不是因为快速生长的野草会影响农作物，而是被野草的生命之美所感动。野草，本来是多少不起眼的小生命啊！但是，因为那一缕阳光的生命力，怀抱自信，带领野草冲破黑暗，沐浴阳光。就连野草这样卑微的生命都对自己充满了信心，而我们又为何要自卑呢？

自负者迟早要摔跟头

虽然，巴菲特已经成为“股神”，但他本人却不是一个自负的人，他自信，但从来不自负，相反，他是一个谦和的老人。在实践投资中，虽然巴菲特对于自己的决策是充满信心的，不过，他总会听取搭档芒格的建议；如果芒格说出一些有价值的观点，巴菲特会采纳，并非坚持自己的观点。作为一个投资家，他如此谦和。在生活中，有的人自恃无所不能，所以在很多场合说话，太过自负，甚至目中无人，丝毫不理会他人的想法。一个人切忌在公共场合说大话，表现得极其自负，这样不仅容易使自己成为不受欢迎的人，而且还极有可能树敌。

三国时期，就在关羽守卫荆州的时候，东吴吕蒙做了大都督，吕蒙一直想夺回荆州，不过，他知道任何的武力占取只会让自己吃亏，于是他想办法从关羽的弱点下手。他打听到关羽并不在荆州，而是带兵攻打樊城去了，吕蒙觉得这是一个难得的机会，他表面上与关羽套近乎，暗中却使诈。

吕蒙谎称自己生病了，让东吴的书生陆逊代替自己都督的职位。陆逊刚上任，就写了一封信，还准备了一份厚礼，去拜见关羽。关羽听说这件事之后，放松了警惕，他还笑道：“孙权见识短浅，竟用孺子为将！”征战无数的关羽显然没将陆逊放在眼里，他认为陆逊不过是一个文弱的书生，基于这种认识，他不仅没有加强荆州的警备，反而从荆州抽兵攻打樊城。

由于对吕蒙疏于防范，只知其然而不知所以然，就在关羽得意的时候，没想到东吴军队却渡江夺取了荆州城。直到荆州失守，关羽仍然不相信这个事实。当军中有人私下传言荆州失守时，关羽反而生气地制止：“此是敌方讹言，以乱我军心！东吴吕蒙病危，孺子陆逊代都督之职，不足为虑！”目空一切的关羽坚信荆州还在自己的掌握之内，直到探马报知实情之后，关羽才相信荆州真的失守了。

惊慌之下，关羽打算投奔荆州属地公安，马上获悉公安也已被吕蒙夺取了。在这进退无路之际，关羽似乎有一丝觉醒，他对身边的司马王甫深深叹道：“悔不听足下之言，今日果有此事！”

太过自负的关羽，当听说吴书生陆逊接替了都督的职位时，他一下子放松下来，还嘲笑孙权：“孙权见识短浅，竟用孺子为将！”这足以看见关羽是极其自负的人。而当荆州失陷消息传回来的时候，关羽对荆州已失守的消息仍不相信，他还十分愤怒地制止道：“此是敌方讹言，以乱我军心！东吴吕蒙病危，孺子陆逊代都督之职，不足为虑！”这是何等的目空一切，关羽最终为自己的自负付出了生命的代价。

在生活中，一个人最忌讳太过自负、目中无人，这样只会使自己陷于孤立无援的境地。人们常说，“一山还有一山高”“强中自有强中手”，不要过分地自负，那样只会自食其果。即使你拥有一些过人的才能，也要放低自己的姿态，对任何人都不能蔑视、轻视，甚至无视。有时候，恰恰是那个你曾经无视的人，在未来的路途上将成为你的劲敌。所以，刚愎自用的领导不要目空一

切，要慎重地看待每一个人，不能只看重自己的能力，而不去详细分析别人的情况，就妄加猜测“不足为虑”，这样只会导致失败。

★……巴菲特的忠告……★

巴菲特说：“在人际交往中，任何人都不应该因为自己拥有的财富比别人多、社会地位比别人高、职业比别人好，而觉得高人一等，做人不能太自负。”在家庭教育中，巴菲特经常教育孩子们，即便你很优秀，但也要保持谦和的态度，太过骄傲自满，只会让你吃尽苦头。

1.自负是成功路上的绊脚石

自信可以引领一个人走向成功，但一个人若是太过自负，就好像一杯水太满而会溢出来。我们可以毫不客气地说，自负是成功路上的绊脚石，它只会让我们原地踏步、妄自尊大、目中无人。因此，努力克制自己内心的自满情绪，去发现自己身上的不足之处，这样我们才有可能赢得成功。

2.保持谦和的态度

战国时期，一位君王曾下过一道求谏旨令：“群臣和百姓能当面指责寡人之过的，受上赏；上书规劝寡人的，受中赏；能在公共场合议论寡人的过失而被我听到的，受下赏。”这道旨令一下，收到了极好的效果。一年之后，人们想再进直言，已无话可说了。而这个国家在很长一段时间内，国泰民安，社会稳定。自古以来，那些太过自负的人必定自食其果。

挖掘出潜藏在内心的潜能

有人告诉过巴菲特你长大后会成为一名投资家吗？没有，那是巴菲特自己认定的事实，当然，最初的时候，巴菲特并不知道自己日后会成为一名投资家，他只知道自己会成为富翁。那是一个梦想，对许多人而言是一个遥不可及的梦想，毕竟，人生不是想怎么样就能怎么样的。不过，巴菲特却用自己的人生证明了这句话是对的。在人生的路途上，他总是在不断地挖掘自己成为富翁的可能，由于从小对数字喜爱，使得他找到了自己热衷的事业——投资。可以说，投资成全了巴菲特，或者说，巴菲特缔造了“投资”这个奇迹，但不管怎么说，巴菲特最终挖掘出了隐藏在自己身上的潜能，而且成功了。巴菲特经常以自己的经历告诉孩子们：你永远比你想象中还要优秀！

1796年的一天，在德国哥廷根大学，19岁的高斯吃完晚饭，开始做导师单独布置给自己的每天例行三道数学题。高斯很快把前两道题做完了，这时，他看到了第三道题：要求只用圆规和一把没有刻度的直尺，画出一个正17边形。高斯感到非常吃力，时间很快过去了，但是，这道题还是没有一点进展，高斯绞尽脑汁，他很快发现似乎自己学过的所有数学知识都不能解答这道题。不过，这反而激起了高斯的斗志，他下决心：我一定要把它做出来！他拿起了圆规和直尺，一边思考一边在纸上画着，尝试用一些常规的思路找出答案。

天快亮了，高斯长舒了一口气，终于解答了这道难题。见到导师，高斯有点内疚：“您给我布置的第三道题，我竟然做了整整一个通宵，我辜负了您对我的栽培……”导师接过作业，当即惊呆了，他用颤抖的声音对高斯说：“这是你自己做出来的吗？”高斯有点疑惑：“是我做的，但是，我花了整整一个通宵。”导师激动地说：“你知不知道，你解开了一道具有两千多年历史的数学题，阿基米德没有解决，牛顿没有解决，你竟然一个晚上就做出来了，你才是真正的天才！”原来，导师误把这道难题交给了高斯，每次高斯回忆起这一幕时，总是说：“如果有人告诉我，这是一道具有两千多年历史的数学难题，我可能永远没有信心将它解出来。”

我们应该永远记住一句话：你比自己想象中更优秀。因为我们每个人所拥

有的潜能都是无穷的，我们所展现出来的只是九牛一毛，还有更多等待我们去挖掘。相信自己，多给自己一份肯定，自己永远比想象中优秀一点，这样，你才会成功地挖掘出自己的潜在价值，从而使自己变得更优秀。

约翰在大学音乐系研修钢琴，他的指导教授是一位有名的音乐大师。第一天，教授递给约翰一份乐谱，说："试试看吧！"由于乐谱的难度比较高，约翰弹的错误百出，教授鼓励他说："还不成熟，回去好好练习！"约翰回家练习了一个星期，打算在第二次课上让教授验收自己的成绩，但是，没想到第二次课上教授又递给自己一份难度更高的乐谱，对他说："试试看吧！"约翰挣扎着应付高难度的挑战，然而，在第三周，更难的乐谱出现了。这种情形不断持续着，约翰每次上课都会被一份全新的、难度较高的乐谱所困扰，他怎么也赶不上进度，往往上周的练习还没有驾轻就熟，而下一次挑战又来了，约翰感到十分沮丧，心中满是失望，甚至觉得自己根本不是学钢琴的料。

这天，他像往常一样走进练琴室，却发现在钢琴上摆着一份全新的乐谱。"超高难度……"约翰翻着乐谱，喃喃自语，他似乎觉得自己的心跌倒了谷底，自己练习钢琴已经三个多月了，每次练习音乐教授都会拿出全新的乐谱，不断地提高难度。约翰勉强打起精神，开始练琴。不一会儿，教授走进了教室，约翰忍不住了，他必须向教授询问为什么这三个月要这么折磨自己。但是，教授并没有说话，而是拿出了最早的那份乐谱，交给约翰："你来弹这份乐谱吧！"不可思议的事情发生了，一曲美妙而精湛的曲子缓缓流出，教授慢慢说道："如果我不这样训练你，可能你现在还在练习最早的那份乐谱，也就不会出现这样的演奏效果……"

每个人的潜能都是永无止境的，它就像一座永远挖不尽的金矿。只要相信自己，你就可以通过潜能来获得所需要的一切，一旦唤醒潜在的巨大力量，我们的生活就会出现奇迹。在每个人的身体里，隐藏着一份潜能，只要我们善于发现并加以利用这份潜在的力量，我们就能够实现自己的梦想。面对困难，我们往往不知所措，其实，我们并不是输给了困难，而是输给了我们自己。有时候，我们会低估自己的能力。

★……巴菲特的忠告……★

巴菲特告诉我们：你比你想象的更优秀。在现实生活中，也许我们会遭遇许多困难，导致一些问题不能够得到解决。其实，问题本身没有太大的难度，而是我们把问题想得太复杂了，以至于我们不敢去面对它。如果因为低估自己的能力而失败了，那自然是得不偿失的。所以，相信自己，努力挖掘自己的潜能，为人生点缀出不一样的精彩！

1.开发沉睡的大脑

美国学者詹姆斯根据自己的研究成果，得出了这样的结论："普通人只开发了他蕴藏能力的十分之一，与应当取得的成就相比较，我们不过是在沉睡，我们只利用了我们身心资源的很小的一部分，甚至可以说一直在荒废。"

2.挖掘隐藏的宝藏

巴菲特告诉我们：每个人都拥有一座潜能的宝藏。其实，我们每个人都拥有自己的价值，在内心深处潜藏着巨大的力量，它一直在等待我们去挖掘。这种价值一旦被发掘，将给我们带来无穷的信心和能量。许多人不明白自己的价值所在，也不知道自己到底具有多大的潜能，所以，谁也不知道自己到底有多么伟大。

事实上，一个人的价值有时候是显现的，但在很多时候却是隐现的，而在每个人的身体里，都蕴藏着巨大的能量，这就是我们的价值所在。只要我们勇于寻找真实的自我，激发出自己无穷的能量，就能够彰显自身的价值，这会让我们的人生异常精彩。

自信应对，无视他人的嘲笑

巴菲特认为，一个人要想获得成功，就需要保持内心的自信，对于他人的挑衅置之不理，这样我们才能走上通向成功的康庄大道。任何时候，我们都不要怀疑自己的能力，不被自卑所困扰，我们需要从过去的成功经历中汲取养分，以此滋润自己的信心。不要沉溺于对失败经历的回忆，而应将失败的景象从自己脑海中驱赶出去；尤其是当自己的言行遭到别人质疑的时候，我们更需保持较强的自信心，相信自己一定能行，不要轻易地怀疑自己。

英国有一名年轻的建筑设计师，幸运的他被邀请参加了温泽市政府大厅的设计。在设计的过程中，这位年轻的设计师运用了工程力学的理论，根据自己的经验，巧妙地设计了只用一根柱子支撑大厅天顶的方案。

一年过去了，当市政府请权威人士对这项工程给予验收时，却对一根柱子支撑大厅提出了异议，那些权威人士表示，用一根柱子支撑天花板太危险了，要求这位年轻设计师再多添加几根柱子。可对于权威人士的建议，年轻的设计师非常自信，他说："只需要用一根柱子便可以保证大厅的稳固。"对此，年轻设计师用计算和列举相关实例加以说明，拒绝了工程验收专家们的建议。

年轻设计师的固执惹怒了那些权威人士，他差点被送上法庭。最后，在被逼无奈的情况下，他只好在大厅四周增加了4根柱子。但是，这其中有个秘密：这4根柱子并没有接触天花板，之间相隔了无法察觉的2毫米。

时间过得很快，一晃300年过去了。在这300年里，温泽市的市政官员换了一批又一批，但市政大厅还是像之前一样牢固。直到20世纪后期，市政府打算修缮大厅的天顶时，才发现了那个未被人察觉的秘密。

此消息一经传出，那些世界各国知名的设计师都慕名而来，欣赏那几根神奇的柱子，最令人惊奇的是，在中央圆柱顶端还有一行字：自信和真理只需要一根支柱。

后来，人们才知道这位年轻的设计师名叫克里斯·托莱伊恩，这是一个比较陌生的名字。现在，几乎已经找不到有关他的资料了，在一些仅存的资料里，仅仅找到了他曾经说过的一句话：“我很自信，至少100年后，当你们面对这根柱子时，只能哑口无言，甚至瞠目结舌。我要说明的是，你们看到的不是什么奇迹，而是我对自信的一点坚持。”

虽然，很多时候我们应该尊重权威，但过分地尊重有时会埋没自己的才能。许多人在权威面前显得非常渺小，其中最大的原因就是他们对自己的不肯定。对巴菲特而言，格雷厄姆是权威，不过，巴菲特并没有把权威高高举起，而是努力实践自己对于投资的领悟，不断地形成自己的权威。就好像案例中的年轻设计师一样，他对权威并没有屈服，因为他自信，就好像爱默生曾说：“相信你自己的思想，相信你内心深处认为是正确的。”当然，自信并不是妄自尊大，它更需要深厚的知识和经验作为其坚强的后盾。

赵国平原君养了许多门客，这其中，毛遂是平原君最不看重的门客了，对毛遂而言，自己不过在那里混口饭吃。

然而，在秦国军队围困赵国首都邯郸的时候，平原君奉命去向楚国求救，对此，他想从那些门客中挑选出20个能干的人一起去，可挑来挑去只找到了19个人。听到这样的消息，毛遂便主动跑到平原君面前推荐自己。见了毛遂，平原君不以为然，说道：“通常来说，那些颇有才能的人在这里，就好像一把锥子放进布袋里，那锥头会立即从布袋里钻出来，你在我这里住了三年，我还没发现你有什么过人的本事，我看你还是留在这里吧。”毛遂说：“我今天来找您就是希望你把我装进口袋里，假如可以早点把我装进袋子里，我的锥头早就露出来了，又怎会等到今天呢？”

见毛遂的话已经说到这个份上了，平原君只好同意他加入自己的队伍，也算是凑齐一队人。平原君带着20个门客，到了楚国求援。不过，他们一行人

从早上谈到中午，也没谈出个结果。这时毛遂大步走上台阶，仗剑来到楚王面前，把秦楚战争事实一说，而且剖析了其中的利害关系，对此，楚王无话可说，决定出兵救赵。

有时候，他人的挑衅不仅动摇不了我们内心坚定的信念，反而会成为我们不断前进的推动力。因为不甘愿服输，不甘愿被人看不起，我们会努力证明自己，每当坚持不下去的时候，就想想那些挑衅我们的人，我们就会更加坚定自己心中所想，保持绝对的自信，将当初的那些不切实际变成现实，以此来证明自己。

★……巴菲特的忠告……★

巴菲特说，对同一件事情，每个人的思维和行为方式各不相同，难免会造成不同的意见，如果我们的看法遭到了别人的挑衅或质疑，不要犹豫，更不要人云亦云，而应保持绝对的自信，相信自己，并用实际行动向世人证明自己的能力。因为自信，我们会击溃对手的心理防线。

1.不要在意别人对自己的挑衅

对于别人的挑衅，不要在意，更不要随意动摇自己的自信心，我们所需要做的就是毫无条件地相信自己，因为自信心也是一股巨大的力量，它会促使我们不断地前进，不断地完善自我，最后一举登上成功的宝座。

2.用自信嘲笑那些无知的人

大音乐家瓦格纳对自己的作品有信心，终于征服了世人。达尔文为研究物种的起源在一个“英国”小园中工作20年，有时成功，有时失败，但他锲而不舍，因为他自信已经找到线索，终于取得了划时代的科研成就。相信自己能够成功，成功的可能性就会大为增加。如果自己心里认定会失败，就很难获得成功。没有自信、没有目标，你就会俯仰由人，终将默默无闻。

第09章　原则如灯塔，始终指引我们向目标奋进

我从不打算在买入股票的次日就赚钱，我买入股票时，总是先假设明天交易所就会关门，5年之后才又重新打开，恢复交易。

——巴菲特

犯了错误，也要积极面对

在巴菲特看来，犯错失利是常事，无论怎么样，人生还要继续前行。对于投资人来说，失利是家常便饭，因为有机会赢，就肯定有时候会输；而对于我们常人来说，犯错是常事，这是不可避免的。不过，巴菲特却将两者结合起来，犯错和损失都不要紧，生活还会继续，似乎并没有改变自己什么。其实，巴菲特有这样的想法，是源于其淡定自若的心态，生活的方向就是向前，失利和错误并不能改变生活的方向，而且，也不会影响自己的情绪。当然，对于许多人来说，犯错与损失对自己的影响还是比较大的，他们有可能因为失利而不敢投资，有可能因为犯错而不再尝试，就这样，他们的一生大多默默无闻。很多时候，我们不能控制事情的走向，但是我们能选择自己的心态。无论事情发展到怎样的地步，只要拥有阳光的心态，我们就能战胜一切。

约翰尼·卡特意识到自己犯错了，原来，为了维持良好的精神状态，他沾染了坏习惯，酗酒、服用安眠药和刺激药物。歌迷的怒骂声传来，约翰尼·卡

特觉得自己完了，本来美好的前途就这样毁了。不过，他并没有想改正错误，索性破罐子破摔，于是，他变得更加堕落，坏习惯越来越严重，不是在舞台上就是在监狱里。对此，一位行政司法长官对他说："约翰尼·卡特，今天我要把你的钱和麻醉药还给你，因为你比别人更明白你能充分自由地选择自己想干的事，这就是你的钱和麻醉药，你现在就把这些药片扔掉吧，否则，你就麻醉自己，毁灭自己，你自己作出选择吧！"

卡特一瞬间醒悟了，他选择了生活，他找到了私人医生，痛下决心改正错误，戒掉坏习惯，医生不太相信他："戒毒瘾比找上帝还难。"卡特决心"一定能找到上帝"，便开始了漫长的戒毒之路，卡特将自己锁在卧室闭门不出，忍受着巨大的痛苦。当时，在卡特面前有麻醉药的引诱，有奋斗目标的呼唤，卡特选择了奋斗，漫长的九个星期过去了，卡特回归了久违的舞台，歌迷以热情拥抱了他。回忆那段日子，他说："我以为一辈子就这样完了，我以为一生都将这样过，但是，我醒悟了，犯错并不算什么，只要我勇于改正，生活还会继续前行。"

正如卡特所说："犯错并不算什么，只要勇于改正，生活依然会继续前行。"其实，不管是失利还是犯错，既然我们避免不了，那就应以阳光的心态接纳它。在巴菲特看来，每一次投资都有可能失利，每个人都有可能犯错，做投资跟做人一样，都需要保持阳光的心态，这样，我们的人生之路才会越走越长远。

有一次，胡庆余堂采购人员一不小心，将数量不少的豹骨误作虎骨购进。而负责进货业务的阿大因手头正忙，再加上那名采购人员做事一向牢靠，没有详加检查就将豹骨放入了仓库。有一个新来的副档手得知消息，觉得自己晋升的机会来了，他将此事告诉了胡雪岩，希望他惩罚疏忽大意的阿大，提拔自己。胡雪岩听说此事后，亲自带人到药库检查，发现里面真的有不少豹骨，当即命令将豹骨全部烧毁。阿大看见自己的失误给药店带来了这么大经济损失，顿时羞愧难当，当即递交了辞呈。不料，胡雪岩却安慰说："忙中出错，在所难免，你还是继续做这件事情，以后小心点就是了。”胡雪岩的宽容令阿大感激终身，其实，无论是自己犯错，还是他人犯错，胡雪岩都是以包容之心接纳，因为他坚信，任何事情都是向前发展的，犯一点错误并不要紧。

在失利方面，胡雪岩的阜康钱庄曾遭挤兑风潮。当时，胡雪岩告诉自己：“最好忘掉自己是阜康东家的身份，当自己是胡雪岩的‘总管’，胡雪岩已经‘不能问事’，委托自己来处理这一些事情。”同时，他告诫自己：“失利并不要紧，一定要将得失之心放开，在这关键时刻，只有将得失之心丢开，才能集中全力去考虑如何应对危机，寻找化解危机的策略。”

无论是犯错还是失利，胡雪岩都能正确看待，如此阳光的心态值得我们敬佩与学习。从表面上看，犯错和损失都不算好事，有可能会影响我们的心情，若是从长远看，犯错和失利都是我们通往成功之路的必然经历。因为犯错，我们才能从中吸取经验和教训；有了失利的遭遇，我们才能找到赢利的策略。既然这些经历是必然的，我们就要以置身事外的态度来看待它们，以阳光的心态接纳它们，努力改正所犯下的错误，积极想办法化解危机，这样，我们才能冲破障碍，拥抱成功。

★……巴菲特的忠告……★

生活中，我们既是独特的，却又是不完美的，因为在这个世界上，并不存在十全十美的人。所谓“金无足赤，人无完人”，任何人都会犯错，也会忌妒、口无遮拦、也会在某个路口走错路，这都是容易理解的。对于自己无意或有意犯下的错误，我们应该选择理解和谅解，而不是纠结其中，更不要陷入无休止的自责之中。我们并不是圣贤，应该允许自己犯错，只要你能及时地改正错误，那就是值得庆幸的事情。

1.犯错了，不要苛责自己

一个人难免犯错，谁也不能保证自己就是完美无缺的，许多人难以忍受自

己的错误，他们总是苛责自己，甚至不能原谅自己所犯下的错误。即便他人原谅自己了，他还是陷入深深的自责之中，整个人变得萎靡不振。在这样的过程中，我们都忘记了，不犯错误的人是不存在的，既然这样，我们为什么要苛责自己呢?

2.以阳光的心态对待错误

在生活中，我们不过是一个普通人，既然避免不了犯错，那就学会接受那个犯错的自己，允许自己犯错，不要自责，不要抑郁不振，而是学会以阳光的心态对待错误，尽量改正错误。像巴菲特一样，在错误中吸取教训，这样我们才能在错误中成长。

幸与不幸，取决于自己

巴菲特说：“处于不幸中，垂头丧气显然于事无补，我们要做的，除了坦然面对之外，能改变的，只有自己的心。”在巴菲特看来，幸与不幸，取决于自己。当生活的不幸来临的时候，积极的心态是一个人战胜一切艰难困苦，走向成功的助推器。内心不败，人就不会败。积极的心态，能激发人们自身的所有聪明才智；而消极的心态，就好似蜘蛛网缠住昆虫的翅膀一样，不断地束缚人们才华的施展。在不幸面前，有的人越过越好，而有的人却一蹶不振，其实，这两者的不同在于心态的差异：前者所拥有的是积极的心态，而后者却总是呈现出消极心态。当然，心态是个人的选择，拥有积极心态的人往往远离失败，一个人若拥有了积极乐观的心态，那么，战胜不幸对于他来说就很容易了。

约翰和杰克是两位住在乡下的陶瓷艺人，他们听说城里的人都喜欢用陶罐，于是决定将自己烧制的最好的陶罐运到城里去卖。在乡下经过了很多次试验，他们终于烧出了自己认为最好的陶罐。看着那漂亮的陶罐，他们幻想着，那些城里人很快就能用上自己烧制的陶罐了，而自己也可以赚很多很多钱了。只要想到这些，他们就兴奋不已，为此，他们专门雇了一艘轮船，打算将所有的陶罐都运到城里去。

可没想到，他们的轮船在途中遇到了风暴，等到那强烈的风暴过后，却发现那些漂亮的陶罐全部变成了碎片，顿时，他们的富贵梦破碎了。约翰提议："不如，我们先去酒店住一晚，来一次城里也不容易，先休息一晚，明天在城里转转，也可以想想办法。"杰克看着破碎的陶罐，伤心地哭了一场，他抱怨道："你还有心思去城里转转吗？难道你不觉得我们的富贵梦跟着这些陶罐一起破碎了吗？"听了杰克的抱怨，约翰心平气和地说："我们失去了那些陶罐，本来就够不幸了，假如我们还因此而变得不快乐，那就会更加不幸。"

听了约翰的话，杰克觉得有几分道理，于是他跟着约翰在城里好好地玩了几天。在城里转悠的那几天，他们意外地发现，城里人用来装饰墙面的东西很像他们烧制陶罐的材料。于是，他们索性将那些陶罐的碎片全部打碎，做成马赛克出售给城里的建筑商，最后，约翰和杰克不仅没有因为陶罐的破碎而亏本，反而大赚了一笔。

积极心态使人看到希望，保持进取的旺盛斗志。消极心态使人沮丧、失望，限制和扼杀自己的潜能。积极的心态创造人生，消极的心态消耗人生。西部"牛仔大王"李维斯的西部发迹史充满坎坷，充满传奇。他的制胜"法宝"是：每当受到挫折、遭受打击时，绝不抱怨，并且非常兴奋地对自己说，"太棒了！这样的事竟然发生在我的身上，又给了我一次成长的机会。"

这是一个遭遇不幸的家庭，丈夫原来是一家工厂的职工，乖巧懂事的儿子正在读高中。不过，这一切全因为妻子生病而毁了，如今，妻子瘫痪在床，生活不能自理。对此，丈夫不得不辞去工厂的工作，在家里陪着妻子。

看到家里这种情况，懂事的儿子要辍学打工，但是，父母坚决不同意。爸爸对儿子说："如果你不念书了，你妈妈会觉得连累了你，心里会多难过。你

是咱家最大的希望，现在咱们苦点，等你将来考上大学，毕业后找份好工作，咱们不就翻身了吗？再说家里还有我呢！咱们两个都是男人，这个时候都需要坚强起来，没有过不去的火焰山。”儿子最终没有辍学，学校得知情况后，免去了他的学费。

但是，一家人总要吃饭，仅仅靠着政府救济是解决不了问题的。丈夫要照顾妻子，不能出去工作，他就在家里弄了一个小作坊，利用自己的手艺做些小工艺品，卖给街上的商店，商店再卖给游客。后来，妻子也加入其中，夫妻俩在家里一边做工艺品，一边说说笑笑，丝毫看不出生活带来的痛苦。

丈夫总是很幸福地对妻子说：“我觉得我们很幸福，天天都在一起，同劳动同吃饭，多好。”丈夫还学会了按摩，每天坚持给妻子按摩两个小时，妻子的病情大有好转，瘫痪的双腿渐渐有了知觉。

如今，妻子在拐杖的支撑下试着练习走路，尽管很痛苦，但妻子每天还是咬牙坚持练习。她说：“尽管医生说我的双腿不可能再恢复了，但我还是想试试看，奇迹不都是人创造出来的吗？我也试试看能不能创造出一个奇迹。”

或许，看完这个故事，你根本想象不到这是一个遭遇不幸的家庭，他们跟所有幸福的家庭一样，没有什么痛苦。什么是不幸呢？心若不败，人就永远不会败。积极乐观的心态是成功的起点，消极的心态是失败的源泉。在遭遇不幸的时候，选择了积极的心态，就等于选择了成功的希望；选择了消极的心态，就注定了要走进失败的沼泽。如果你想摆脱不幸，就必须摒弃那种扼杀你的潜能、摧毁你希望的消极心态。

★……巴菲特的忠告……★

巴菲特经常告诫孩子们：对于你们每个人来说，生活和事业不可能一帆风顺，常常会遇到各种困难和挫折，我们必须永远怀有事情还有转机的乐观心态，才能战胜逆境获得成功。有时候，生活中的幸与不幸，往往取决于你自己，面对上天给自己的考验，看你是积极对待还是消极对待，人生的幸运全掌握在自己手中。

1.以好的心态对待不幸

有句话说得好，不经历风雨怎么见彩虹。人生不是一帆风顺的，总会有风风雨雨、坎坎坷坷，对于这些人生中必然出现的不幸，我们应该以良好的心态对待，接纳它们，慢慢克服它，这样我们才有力量从不幸中走出来。

2.将不幸化为幸运

很多时候，事物之间是可以互相转化的，比如不幸可以化为幸运，而这其中的关键点就在于我们自己。当我们遭遇不幸的时候，一定不要逃避，不要沮丧，而要学会接纳这些上天给予我们的特别礼物，然后你会发现那些不幸的背后都有一个美好的祝福。

心中有希望，就不会绝望

2008年，巴菲特的投资陷入了困境，即便这样，他也没有绝望过，因为他知道心怀希望，就永远不会绝望。魏尔仑说："希望犹如日光，两者皆以光明取胜。前者是荒芜之心的神圣美梦，后者使泥水浮现耀眼的金光。"要知道，每一个明天都是希望，无论自己身陷怎样的逆境，都不应该感到绝望，因为我们还有许多个明天。只要未来有希望，人的意志就不容易被摧垮，前途比现实重要，希望比现在重要，人生不能没有希望。只要你保存希望，你就永远不会绝望。生活中，每个人都会在某个时刻面临绝境，但它往往不是真正的生命绝境，而是一种精神和信念的绝境。只要你的精神不倒，保存希望，即使在绝境中，也能寻找到希望之花。

穷人约翰为一个农场主做事。有一次，约翰在擦桌子时不小心打碎了农场

主那只最珍贵的花瓶。看着满地的碎片，农场主生气地让约翰索赔，一无所有的约翰怎么赔得起呢？最后，约翰只好去教堂请教神父，听了约翰的倾诉，神父说："听说有一种能将打碎的花瓶粘起来的技术，不如你去学这种技术，只要能将他的花瓶粘起来，看不出任何痕迹，那不就可以了吗？"

约翰听了，简直不相信自己的耳朵，他说："怎么会有这样绝妙的技术呢？将一个打碎的花瓶粘得完好如初，这简直是不可能的事情。"神父说："这样吧，在这个教堂后面有一个石壁，上帝就待在那里，只要你对着石壁大声说话，上帝就会答应你的。"

听了神父的话，约翰来到石壁前，对着石壁说："上帝啊，请您帮帮我，只要您能帮助我，我就相信花瓶能粘好。"没想到他刚说完，上帝就回答了他："能将花瓶粘好，能将花瓶粘好……"

听了上帝的回答，约翰信心倍增，他告别了神父，开始去学粘花瓶的技术了。一年以后，约翰终于掌握了将打碎花瓶粘得完好如初的本领，他真的将那只打碎的花瓶粘得毫无痕迹一般，然后还给了农场主。

难道上帝真的回答了他吗？其实，他应该感谢的是他自己，那是一块回音壁，他所听到的上帝的回答，其实就是他自己的声音。只要心中的信念在，希望就在。

当巴西足球队为国家捧回第一个世界杯冠军时，专机一进入国境，就迎来了热烈壮观的欢迎仪式：16架喷气式战斗机立即为之护航。当飞机降落在飞机场时，聚集在机场上的欢迎者达3万。从机场到首都广场不到20公里的道路上，自动聚集起来的人超过100万。里奥市长晚出发了一会儿，竟然无法驱车去机场。他只得从官邸乘直升机前往。途中，多数球员被请进豪华汽车，贝利等几个主力队员则被人用手臂向前传递。4个多小时的路程他们脚不沾地，一直被送到总统府。

面对这激动人心的盛大场面，不由得让人想起4年前机场上那一幕：

巴西人都认为巴西队能获世界杯赛冠军，然而，天有不测风云，巴西队在半决赛中却意外地败给了法国队，结果那个金灿灿的奖杯没有被带回巴西。球员们悲痛至极，他们想，去迎接球迷的辱骂、嘲笑和汽水瓶吧，足球可是巴西的国魂。

飞机进入巴西领空，他们坐立不安，因为他们心里清楚，这次回国凶多吉少。可是，当飞机降落在首都机场的时候，映入他们眼帘的却是另一种景象。总统和2万多球迷默默地站在机场，他们看到总统和球迷们共举一条大横幅，上面写着：失败了也要昂首挺胸。

队员们见此情景顿时泪流满面。总统和球迷们默默地目送球员们离开机场。4年后，他们捧回了世界杯。

失败并不可怕，可怕的是因此而失去了斗志。面对挫折要昂首挺胸，这样才能迎接下一轮的胜利。或许，在生活中，命运总会给我们一些考验，但在任何时候，我们都不要放弃，而要始终怀着必胜的希望。虽然，与逆境相抗的过程给我们带来了压力和痛苦，但是，这些难忘的经历却有可能促使我们赢得成功。

★……巴菲特的忠告……★

巴菲特经常对孩子们说：许多人陷入了逆境，总是悲观绝望，给自己增加很大的压力。事实上，逆境是另一种希望的开始，它往往预示着美好的明天。你只需要告诉自己：希望是无处不在的，那么，再大的困难也会变得渺小，再糟糕的处境也会有所好转。

1.不绝望

在人生的道路上，挫折和逆境都是在所难免的，而那些磕磕绊绊、坎坎坷坷也是我们无法预料的，但是，我们一定要牢牢记住：怀抱希望，永不绝望。当遭遇逆境的时候，不要为此沮丧忧虑，不管发生了什么事情，无论自己的处

境多么糟糕，都不要沉溺在绝望中无法自拔，千万不要让痛苦占据你的心灵。

2.心怀希望

只有心怀希望，当困难来临的时候，我们才有勇气直面困难、打倒困难，并以顽强的意志战胜困难。亚伯拉罕·林肯在一次竞选参议员失败后这样说道："此路艰辛而泥泞，我一只脚滑了一下，另一只脚也因而站不稳；但我缓口气，告诉自己'这不过是滑一跤，并不是死去而爬不起来'"。因为他怀抱着必胜的希望，所以，他的人生从来没有绝望过。

享受每一个新的一天

当你早上睁开眼睛，看见外面的阳光那么灿烂明媚，再呼吸一下新鲜空气时，整个人都是清爽的，充满了精神。也许你并不是每一天都能感受到大自然的美好，但是日落之后，黎明到来，就是新的一天了。巴菲特说："当我看到太阳从地平线上升起来时，就知道这又是崭新的一天了"。巴菲特认为，聪明的人，要把每一天都当成一个新的开始。昨天无论多么困难，毕竟过去了，从每一天开始你新的生活。每天都是一个新的开始，当你这么想的时候，你已经精神百倍地去开始今天的生活了。

薛尔德太太住在密歇根州沙支那城，她以前是靠推销《世界百科全书》之类的书籍生活的，后来因为有了自己的家庭便辞去了工作，那时候日子虽然不富足但是也过得很安乐。很快，她安逸的生活就陷入了苦难。1937年，她的丈夫死了，她几乎身无分文，这令她非常恐慌。那段时间，她的精神极度颓废、崩溃，甚至想过自杀。后来，她给以前的老板奥罗区先生写信，请求他让自己做以前的工作。于是，她四处借钱凑足了分期付款买了一辆旧车，她又重新以推销那些书籍为生。

薛尔德太太希望能够通过繁忙的工作来驱赶自己的颓废和不安，可是她很快发现不行。毕竟她的丈夫不在了，只有她一个人驾车，一个人做饭吃，一个人生活，这所有的一切都令她无法承受。而她的工作也带给自己一些困扰，有些地方根本就卖不出去书，导致业绩不太好，虽然她买车的钱不是很多，但是对于她来说还是很难凑齐。她整天心情沮丧，对生活也没有什么希望，她甚至绝望得想自杀。

有一天，她读到了一篇文章，那篇文章中的一句话让她活了下来："对一个聪明人来说，每天都是一个新人生。"这句话令她精神振奋，于是，她把这句话打印出来，贴在汽车前面的挡风玻璃上，为了开车的时候能看见它。薛尔德太太发现每次只活一天一点都不难。就这样，她摆脱了孤寂和恐慌，变得很快乐，工作业绩也上去了。

薛尔德太太正是把每一天都看做是新生的，所以她能够在每一天里忘记过去，不想将来，只是关注活着的这一天。所以她能够很快摆脱自己的恐慌心情，而变得十分快乐，这样工作起来也很有精神。不管昨天多么糟糕，毕竟过去了，应该忘记痛苦，怀着美好的心情开始新的一天。你会发现，每次只活一天是多么容易的事情。

波姬·戴尔是一位眼睛有残疾的女人，她只有一只眼睛满是疮疤，只能靠眼睛左边的小洞来观察这个世界。当她看书的时候，她必须把书贴近脸，然后眼睛努力往左边斜。虽然她的眼睛有缺陷，但是她也拒绝别人的怜悯，而靠自己的心情来享受生活的快乐。

小的时候，她渴望跟其他孩子一样玩跳房子，但是由于自己的眼睛残疾，她看不见地上的线。于是，她等伙伴们都回家后，一个人趴在地上，将眼睛贴到线上看来看去，并且牢牢记住玩的地方。不久之后，她就是玩跳房子的高手了。读书的时候，她把印着大字的书紧紧贴在自己的脸上，这样艰难地学习着，谁也没有想到，她凭着自己坚韧的毅力，得到了两个学位，分别是明尼芬

达州州立大学学士学位和哥伦比亚大学硕士学位。

完成了自己的学业，她开始了教书生涯，通过自己的努力，她不但成了文学教授，工作之余还在一些妇女俱乐部发表演讲，还到一家电台主持读书节目，她说：“我脑海深处，常常怀着完全失明的恐惧，为了打消这种恐惧，我采取了一种快活而近乎游戏的生活态度。”

戴尔并没有因为自己只有一只眼睛，就抱怨生活的不公平，而是愉快地融入生活中。她甚至不需要人们的怜悯，而是使自己看起来跟别人没有什么两样。事实上，她做到了，虽然付出了比常人多几倍的努力，但是她依然活出了最优秀的自己。她把自己的不幸，变成了自己的幸运，并且乐于享受生活的乐趣，所以她能够在失明50年以后，还能通过手术重见光明。生活给了她太多的不幸，可是她并没有因此抱怨，相反，她十分愿意享受生活带来的乐趣，所以生活给了她同样的回报。

★……巴菲特的忠告……★

巴菲特把每天都当做新生，他认为：“生活中的每一个人，在任何一个瞬间，都可能站在两个永恒的交汇点上，但是这一点已经永远地成为了过去并延伸到无穷的未来。”所以我们不可能生活在两个永恒的中间，连一秒的持续时间也没有。如果你总是停留在过去的阴影里，就会摧垮我们的身体和精神。所以，我们应该把每一天都当做新生，并为活在这一刻而自豪。

1.把每一天当做新的一天

罗勃·史蒂文生写道：“从现在一直到我们上床，不论任务有多重，我们每个人都能支持到夜晚的降临，无论工作多么艰苦，每个人都能做自己当天的工作，都能很开心、很纯洁、很有爱心地活到日落西山，这就是生命的真谛。”生命的真谛就在于把每一天都当做新的一天来度过，这样你才会把自己所有的时间和热情都放在今天，让你的生命焕发出无限的潜力。

2.学会享受生活

如果你想得到快乐，就要记住“每天一早想想你得意的事情，不要将注意力集中在烦恼上”。如果你把注意力集中在烦恼上，那么生活也会给你烦恼；如果你保持愉悦的心情，生活也会带给你一些快乐。你对生活抱有什么样的希望，生活就会回报你什么样的礼物。

成功路上，忍字当头

巴菲特曾说：“虽然，我们在遭遇逆境、面临失败的时候，都会产生某种程度的负面情绪，不过，假如自己长期与逆境较真，深陷其中不能自拔，那我们注定会遭遇失败。”其实，每一种挫折或不利的突变，都带着同样或较大的有利的种子。换言之，即便在黑暗的逆境之中，也往往孕育着璀璨的成功，只要我们忍耐到最后，成功就会随之而来。巴菲特认为，在逆境中，往往隐藏着宝贵的经验与信念，其实，逆境是一笔不可缺少的财富。美国著名心理学家贝弗利·波特认为，当一个人在工作中的失败感大于他所取得的成就感时，就很有可能对自己的工作失去热情，而当这种失败感以一定的频率固定出现的时候，他就很容易对自己的工作产生倦怠。面对逆境，我们所需要做的并不是自甘堕落，自暴自弃，而是不断地积累失败的经验，在逆境中铸就璀璨的成功。

伊莎克·帕尔曼出生在以色列的特拉维夫，父母都是波兰人。三岁半的时候，帕尔曼就开始拉小提琴。可是，天有不测风云，一年以后，帕尔曼因小儿麻痹症瘫痪了。但是，疾病并没有成为他学习音乐的障碍，九岁时他就开始在音乐会上演出了。许多人认为，对于帕尔曼来说，在这个竞争激烈的行业中，开独奏音乐会实在是太难得了。但是，帕尔曼并没有沮丧，他一次又一次地鼓起心中的白帆，驶向音乐的海洋。“我一直在尽力着。”帕尔曼对自己这样

说。正是这种乐观的心态为他赢得了人生的一次机遇。

帕尔曼十三岁那年，有一天，美国国家电视台邀请帕尔曼到“爱德·沙利文综艺节目”做客，这对于帕尔曼来说简直是天赐良机。为了使帕尔曼的音乐天赋得到更好的发挥，他们一家人搬到了纽约，在那里，帕尔曼开始了自己的音乐之旅。帕尔曼开始在酒店演奏，当人们吃完晚餐，他们会说：“好了，让我们来听一听年轻的帕尔曼给我们演奏《野蜂飞舞》和布鲁赫的《尼根》。”帕尔曼一直坚信“逆境之中也有可能成功”，秉承着这种信念，终于有一天，帕尔曼迎来的不再是同情的目光，而是雷鸣般的掌声，他成了世界顶级的小提琴演奏家。

莎士比亚曾说：“逆境使人奋进，苦尽才能甘来。”在人生道路上，成功没有巅峰，追求没有止境，短暂的荣誉往往束缚着人们前进的手脚，一时的辉煌往往消减人们的斗志。而逆境，让人痛心更催人奋进，既让人难堪更让人坚定，让人们在放弃时鼓足勇气，想逃避时拾起自尊。逆境是成功的前奏，是一笔宝贵的财富。在逆境中奋进，在低谷中抓住机遇，不断地尝试，最终一定会拥抱成功。

1896年4月6日，现代奥运史上的第一个世界冠军诞生了，他就是詹姆斯·康纳利。

康纳利1895年被哈佛大学录取，学习古典文学。在学校时，他已经是当时全美三级跳远的冠军了。听说奥运会即将在雅典举行，他便向学校请8周假前去参赛，但学校拒绝了他的要求。康纳利执意要到奥运会上一试身手，于是他离开了哈佛，自己争取到参加奥运会的资格，成为由11人组成的美国代表团的成员之一。

与他一同前去的其他美国同伴都是波士顿体育协会麾下的运动员，参赛是免费的。而康纳利太穷了，他享受不到这种待遇。他这次参赛是在一家很小的体育协会的赞助下才成行的。由于资金紧张，他花掉了自己仅有的700美元积蓄，才登上了德国德福达号货船。

就在起航的前两天，他伤了后背，几乎毁了他的全部计划。幸运的是，在从纽约到那不勒斯的17天航行中，他的伤痊愈了。但是刚下船，他的钱包又被人偷走了。更为糟糕的事接踵而来：因为希腊历制和西方历制不同，比赛在他们到达的第二天就开始了，而不是他们原以为的12天之后；对他更为不利的是，他的三级跳远项目的起跳要求是单足跳、单足跳、起跳，而不是他从小练习的传统跳法单足跳、跨步、起跳。

4月6日下午，三级跳远比赛开始了。在其他运动员跳完之后，康纳利最后一个出场。他走到沙坑前，把帽子扔到了一个别的运动员跳不到的位置上，大声呼喊自己要跳到帽子那里去。他在跑道上加速，按照新的规则，先是两个单足跳，然后起跳，最后落在比他的帽子更远的地方，跳出了13.71米的好成绩，成为当之无愧的现代奥运史上的第一个冠军。

通往成功的道路从来不会风和日丽，人生必须摆脱逆境才能走向更高的层次，最重要的是我们要接受逆境的考验。当然，并不是每个人都能在逆境中坚持自己的决定。在这个故事中，面临着参加奥运会就要离开学校，而且自费参赛的严峻考验，詹姆斯·康纳利坚持在这条不平坦的路上走下去，最终赢得了胜利。

★……巴菲特的忠告……★

巴菲特认为，许多成功者大多始于恶劣的环境并经历过许多令人心碎的挣扎和奋斗，在生命的转折点，他们通常能缔造色彩斑斓的人生。

1.每个逆境的不屈都隐藏着一个可贵的祝福

席勒曾说：“任何一个苦难与问题的背后，都有一个更大的祝福。”其实，伴随着逆境的除了祝福，还隐藏着无限的机遇。在人生道路上，我们会遭遇很多逆境，如果缺乏自信，会使畏惧之心蔓延开来，令我们不仅抓不住机

遇，反而被困难吞噬。生活是一道选择题，若你选择了坚持，机遇就有可能降临；相反，若你选择了放弃，机遇将永远放弃你。没有经过逆境的磨炼，就不会取得未来的璀璨与辉煌。

2.忍耐不屈，你就会成功

虽然，逆境之中隐藏着璀璨的成功，但是，如果你连逆境、不屈都忍耐不了，又谈何成功呢？在人生的旅途中，明明知道成功就在前方，有的人还是选择了放弃，最终他们丧失了成功的机会。所以，在逆境中，别逃避，别畏惧，只要我们坚持到底，就一定能获取成功。

忍耐着，成功自然有一天会到来

巴菲特说："成功的路上需要更多的是忍耐。"所谓的苦难、错误并不是白白经历的，忍耐这些痛苦之后，它会让我们的人生绽放出最美丽的成功之花，因为忍耐力是成功的砝码。具有强劲忍耐力的人，他们从来不惧怕挫折和困难，他们甚至将挫折当做自己人格的试金石，当自己输得只剩下生命时，潜在心灵的力量还有多少呢？如果没有较强的忍耐力，就没有勇气，没有拼搏精神。对此，巴菲特对孩子们说："只有保持强劲的忍耐力，一往无前，坚持不懈，才会在失败中崛起，奏出人生的华章。"人们在面对压力和困难时会激发出巨大的潜能，但在迎难而上的同时，他们注定要经历磨难，这时若没有较强的忍耐力，就无法获得成功，因此，我们说，忍耐力是成功的砝码。

1832年，林肯从哈佛大学毕业，开始工作，可是没多久却失业了，这个打击让他很伤心，同时，他下定决心要当政治家，要成为议员。但更糟糕的是他竞选失败了。一年里的两次打击让林肯痛不欲生，后来他又开始经营自己的企业，可是，不到一年的时间，企业也倒闭了，就这样，林肯为了还债在之后的

17年里，历经了磨难。

后来，当林肯再次竞选州议员时，他成功了，这次成功让他有了一丝希望，他看到了生活的转机。

然而，苦难仍然没有过去，当林肯于1835年订婚时，他的未婚妻在临近结婚时离开人世。这一次，林肯被打击得太深了，他心力交瘁，躺在病床上数月，1836年，他被检查出患了精神衰弱症。

1838年，身体刚刚好转的林肯开始竞选州议会议长，但是他失败了。1843年，他又竞选美国国会议员，结果还是失败。在一次次的失败后，林肯仍然不放弃。

直到1846年，林肯终于成功竞选上了国会议员，可是当两年期满，他满怀期望地申请连任时，他又失败了。当他退而求其次地想担任地方官员时，也被拒绝了，一直到1856年，林肯又申请竞选国会议员，失败后，又继续竞选美国副总统，结果还是一次次地失败。

可是，林肯仍然没有放弃自己的追求，他一心想成为自己生活的主宰，所以他在一次次失败后，始终没有放弃，终于在1860年，林肯如愿地当选了美国总统。

亚伯拉罕·林肯在竞选参议员失败后曾说过这样一句话："此路艰辛而泥泞。我一只脚滑了一下，另一只脚也因而站不稳；但我缓口气，告诉自己'这不过是滑一跤，并不是死去而爬不起来'。"确实，一次失败并不会让你一无所有，相反，因为内心的忍耐力，会让你得到宝贵的经验，开始下一次尝试。

★……巴菲特的忠告……★

巴菲特认为，一个人如果不通过不断的磨砺来提升自己、完善自己，私欲、情欲就会膨胀，意志也变得软弱。一个人若想成就一番事业，就必须不断地磨砺自己，除此之外，别无他法。凡成大事者，必须忍受得住困难的打磨，

经得起失败的打击，成功需要风风雨雨的洗礼，一个有追求、有抱负的人，总视挫折为动力，有一句话说得好："能受天磨真铁汉，不遭人嫉是庸才。"所以说：挫折对于天才是一块成功的跳板，对于强者是一笔宝贵的财富。而对于弱者，就是使之坚强的臂力器。

1.忍耐力是不可多得的财富

成功的人生往往是从卓越的目标开始的，但卓越目标的背后肯定充满了荆棘和坎坷。想要通过这样一条路，就必须经受得住荆棘的刺痛和坎坷的摔打，需要较强的忍耐力，这样才会坚强起来。忍耐力是人生不可多得的财富，拥有了这笔财富，就没有什么困难不能克服，没有什么曲折可以把人击倒。

2.在忍耐中保持乐观

曾有人说："成功的人生是痛苦与快乐的交织，是磨难与顺利的交替。"命运赐给我们机遇和幸福，同时也给我们缺憾和困难，如果我们缺乏应有的忍耐力，在痛苦与困难面前低了头，那我们将失去机遇和幸福。因此，面对生活中的挫折和困难，不要畏缩自卑，不要怨天尤人，而应用坚强的意志和刚毅的态度对待磨难，用豁达的心态对待生活，这样我们就会多一点希望，多一些幸福。

第10章　打开沟通之门，建立良性人际关系

要想取得成功，就必须有独特的智慧和过人的人格魅力两个轮子的驱动，只有这样，才能成为一个真正的价值投资者，才能在更深远的意义上获取成功和体验人生价值。

——巴菲特

好的人际关系首先来自于愿意与人沟通

当女儿讨厌某个朋友时，巴菲特总是对女儿说："孩子，我们是不是应该先反省一下自己呢？自己有没有做得不对的地方？"这是巴菲特教给孩子们关于沟通的第一课。成功大师卡耐基曾说过："一个人的成就，85%取决于与人沟通的能力，而专业知识只占15%。"其实，谁又知道，即便是巴菲特这样的投资大师，曾经也是卡耐基培训的学员呢？巴菲特以前是一个十分木讷的人，为此，他特意到卡耐基培训，刻意培训自己的沟通能力。因为他清楚，只有善于沟通，才能使自己立于不败之地。

1943年，巴菲特离开老家奥马哈来到华盛顿，初中三年，他一直不适合这座新城市，再加上他本来就处于青春叛逆期，虽然，他的有些行为很让同学和老师头疼，但他还是想成为一个老师、同学、家长都喜欢的好孩子，他希望跟身边的人进行融洽的沟通。他常常为此苦恼，他想：能有什么办法呢？能有什

么办法让别人喜欢我呢？

突然，脑海里一道灵光闪过，巴菲特想起自己看过的一本《如何赢得朋友和影响他人》，里面有这样一句话：“如果你想采到蜂蜜，就不要踢倒蜂窝。”也就是说，假如你想和别人做朋友，并得到甜蜜的友谊，那就不要批评别人，因为批评对方会令他伤心难过，让人心生怨恨，就好像捅了马蜂窝一样。

巴菲特又从书架里拿出那本书，并将其中的一部分摘抄了下来：人人都希望受到注意和赞美，没有人希望被批评；在所有的文字中，最好听的声音是自己的名字；处理争执最好的方法就是避开争执；如果发现自己错了，马上坦白认错；问问题，而不要命令别人；帮助别人留下好名誉；婉转指出别人的错误，让别人保住面子。

就这样，巴菲特渐渐懂得了如何沟通，如何在人际交往中尊重别人。席勒说：“不知道自己尊严的人，他就完全不能尊重别人的尊严。”自尊是每个人必须学会的第一个原则，从小，我们就应该学会“站着”，而不是“趴着”去仰望那些大人物，这样所建立的自信心与健全的人格会为我们的一生打下坚实的基础。一个人的心灵世界，是要靠自尊来支撑的，尊严可以带给人自信，也可以改变一个人的命运。

安东尼·提莫克是一个新英格兰穷牧师的儿子，他刚从菲利普斯学院毕业，18岁的年龄应该出去认识的起步阶段，但是他只能替一个商人干点杂活，只能作为办公室的小工，而且只能挣一块半的工资，老板看他有点小聪明，就准备让他去销售铁路的公债券。而安东尼·提莫克知道泰勒对这个很感兴趣，但是怎样才能引起他的注意呢？他为此绞尽脑汁。

当安东尼·提莫克走进他办公室的时候，看见一个人正喋喋不休地向他说什么，泰勒直接说：“说正题，说正题。”不一会儿，泰勒直摇头，把那个人赶了出去，接着他向提莫克挥挥手，安东尼·提莫克走过去，直接把公债券放在了桌上，说："97。"泰勒很是奇怪地看了他一眼，然后拿过支票，问道："你老板是谁？""伯兰克先生。"提莫克刚回答完，他就签好了支票。泰勒又问："伯兰克先生给你多少回扣？""0.25%。"提莫克仍然简短地回答道。"实在是太少了，你回去管他要1%的回扣，如果他不给你，你就回来找我要。"泰勒开玩笑。就这样，提莫克成功地把公债券卖掉了，同时，他也成功地使行长注意到了他，3年后，他变成了百万富翁。

提莫克凭借着敏锐的眼光，看出泰勒是一个有着火爆脾气的人，他喜欢使用简洁的语言，讨厌那些繁文缛节。所以，当提莫克了解了泰勒的心理要求之后，就一直使用简洁的语言来回复他，不说一句废话，所以讨得了泰勒的欢心。

★……巴菲特的忠告……★

巴菲特曾对孩子说："在人际交往中，对方的态度往往取决于自己的态度，就好像你站在镜子面前，你微笑，镜子里的人也跟着笑；你皱眉，镜子里的人也随着皱眉；你对着镜子大喊大叫，镜子里的人也会冲着你大喊大叫。如果我们想赢得他人的尊重与信任，就应该先尊重他人。"如果说巴菲特是一位善于沟通的人，那是因为他让所有的人都感受到了尊重。

1.让自己成为受欢迎的人

怎样算是一个会沟通的人呢？当然，是一个受大家欢迎的人，当一个人在沟通中总是出现这样或那样的问题，又怎么可能受欢迎呢？在沟通过程中，我们需要做到尊重对方，懂得忍让，彬彬有礼，不管是言辞还是举止，都要令对方感到舒服而不是鲁莽，这样我们就会逐渐变成一个受欢迎的人了。

2.好的沟通者所需要具备的条件

一个好的沟通者必须具备这样的条件：富于幽默，这样可以缩短与对方的距离；善于解决矛盾，当沟通的双方出现了一些冲突，可以缓和矛盾，调节气

氛；通常，性格温和的人能更好地沟通；面对任何人都需要热情洋溢；善于与各种类型的人打交道。

朋友是一生的财富

巴菲特曾经在一次访谈中说道：“我认为我是幸运的，因为我有很多亲密的朋友，每年定期见面，当你有交心的朋友时，你绝对不会感到不快乐。”在教育孩子的时候，巴菲特经常强调：尊重朋友，善待朋友。因为作为投资大师的巴菲特明白，财富不是一生的朋友，但朋友绝对是一生的财富。正如爱因斯坦所说：“世间最美好的东西，莫过于有几个头脑和心地都很正直的朋友。”美国人际关系大师卡耐基说：“一个人的成功，专业知识的作用占15%，而其余的85%则取决于人际关系。”人际关系也就是我们经常说的人脉，它是一个人通往财富、成功的入场券。

有人总结说：“对于一个人来说，二十岁到三十岁，他靠专业、体力赚钱；三十岁到四十岁，则靠朋友、关系赚钱；四十岁到五十岁，靠钱赚钱。”对于一个人所取得的成就而言，人脉始终占据着重要的地位。“一个人能否成功，并不在于你知道什么，而在于你认识谁。”在好莱坞流行这样一句话，而巴菲特始终相信这样一句话。

胡雪岩不仅喜欢帮助别人，更喜欢结交朋友，就好像他和谁都有缘一样。当然，胡雪岩的朋友大多还是生意上的，以利益为中心，为了个人或者大家的利益而共同合作，在他看来“为朋友着想”其实就是站在别人的角度去思考问题，考虑对方的利益，并且对对方加以帮助。

当胡雪岩的阜康钱庄开业时，他为了赢得更多的朋友，扩展更广阔的人脉，就给当地的官太太、小姐各自存了二十两银子，就连黄巡抚的仆人刘二也得到了这样的待遇。当刘二拿到存折的时候，他马上在钱庄里存了一百八十两，更向自己的好友罗尚德推荐胡雪岩。当时胡尚德本是一个绿营兵里的小官，可是因为他省吃俭用，已经存了一万多两银子，当他听闻胡雪岩为人义气后，连夜赶到钱庄要求存款，甚至不要利息，不要存折都可以。

如此一来，胡雪岩认识了更多的朋友，可谓广布人脉。

后来，像浙江藩司麟桂、京城官员宝森、漕帮尤五，甚至，连湘军将领左宗棠都成了胡雪岩的朋友。于是，胡雪岩想不成功都难了，一下子成了朝廷赐封的“红顶商人”。

胡雪岩的一生都在经营人脉，而其丰厚的人脉资源使得他最终获得了成功。一个人若是朋友多，他做任何事情都会游刃有余，从而为自己的事业开拓宽广的道路。相反，一个人若是没有朋友，他定会处处碰壁。广布人脉是一个人成功的砝码，经营人脉资源，学会处理人际关系，不仅能为自己雪中送炭，而且，在贵人的帮助下，还会使自己的人生锦上添花。

★……巴菲特的忠告……★

巴菲特觉得，在任何年代，人脉的重要性都不可小觑。现代社会，人脉日益重要，正所谓“朋友多了路好走”。所以，在日常交际中，多交朋友，为自己广布人脉，是你成功的开始。

1.创建属于自己的人脉

有人说：“判断一个人的魅力，只要看看他朋友的多少；判断一个人的能力，只要看他人气的盛衰。”当然，创建人脉资源并不容易，因为获得他人一时的好感很容易，但要永久地获得他人的支持却很难。一个人的人脉取决于其品味、人格等，而把握人脉的关键不在方法，不在手段，而在内心。“股神”巴菲特在任何时候都以诚待人，这是他广布人脉的诀窍。所以，在日常生活中，你要有意识地建立自己的人脉关系，这样，你未来的道路才会越走越

顺畅。

2.人情账不宜透支

对于人情储蓄来说，宜储存却不宜透支。尽量把人情用在刀刃上，你应该查看自己人情账户上，你与对方的交情究竟有多少，人情有多重，掂量事情的分量，再决定要不要找对方帮忙，千万不能不顾轻重缓急。

积极的朋友，犹如生活中的阳光

艾丽丝·施罗德曾撰写一部关于巴菲特的书——《滚雪球》，在历时5年的时间里，花费了5000多个小时对巴菲特本人以及250多位他身边最亲密的人进行了跟踪采访。关于巴菲特，艾丽丝·施罗德说道："沃伦对自己的朋友和粉丝都特别好，最让我吃惊的是，他至今还保持着亲自拆阅每封粉丝来信的习惯，此外他热衷与年轻人会面并给他们上课。但另外，想要成为他的知心朋友却是一件不容易的事情，在选择朋友方面，沃伦有自己的标准。那些得到他允许进入朋友圈子里的人必须要十分诚实，为了判断一个人是否诚实，他还常常出一些测试题。比如说，他反复问你同一个问题，可能询问的角度有一些细微的不同，但实际上都是一样，他以你给出的答案是否前后一致来判断你是否诚实。他还会要求你坦承一些可能令人尴尬的事。比如，他问我曾做过最糟糕的事情是什么，这样他就会知道你说的是否属实。"虽然，巴菲特在交朋友方面会有所选择，但他本人还是一个乐于结交各种朋友的人。

巴菲特是一位乒乓球爱好者，球技不错，曾经打败过不少对手。不过，有一位九岁的华裔女孩子却让他尝到了"甘拜下风"的滋味。巴菲特的一位教练带来了一位叫刑庭华的女孩参加巴菲特举行的一次聚会。当巴菲特和女孩过招的时候，他用尽了浑身招数还是被女孩击败，而且输得很是狼狈。对此，巴菲特很无奈又不失风趣地承认了自己的不足，“要想击败她，我只能让人按住她了。”

这天结束后，他们成了忘年之交，女孩更成了巴菲特的座上宾，虽然两人相差了60岁，不过这并不妨碍他们的交流和切磋球技。巴菲特很珍惜这段友谊，并且打算一直将友谊维持下去。

桥牌也是巴菲特的爱好之一，而且他本人的技术相当不错，曾带领公司的桥牌队连续三次打败美国国会的桥牌代表队。不过，巴菲特只和比自己水平高的人玩，而不喜欢和比自己水平低的人玩。

曾经两次入围世界女子冠军队的莎伦·奥斯博格就是巴菲特最看重的一位牌友，他把莎伦当成最尊贵的客人，每周都会邀请她来家里做客，而且尽心尽力地招待她，然后他们通宵玩牌，虽然巴菲特总是输多赢少，但是他却乐此不疲。

对巴菲特而言，除了自己钟爱的投资事业，在闲暇时候，他最喜欢与朋友一起玩玩桥牌，谈谈心，如此简单的生活，却是巴菲特最热爱的。尽管，巴菲特在选择方面稍微有点挑剔，但丝毫不影响他交朋友的广泛性。不管是忘年的，还是同道中人，巴菲特都一一纳入自己的交际圈子，建立持久而温暖的友谊。

★……巴菲特的忠告……★

在巴菲特看来，真正的朋友，并不只是一片止痛药，随时拿来，随时扔掉。它更像是我们生活中不可缺少的阳光，并不在我们的控制范围之内。因此，在平时生活中我们要学会主动联系朋友，即便没有什么事情，也可以约出来一起喝喝茶，吃吃饭，聊聊天。彼此交流一下情感，这样才会使你们之间的友情更加稳固。

1.出门靠朋友

俗话说：“在家靠父母，出外靠朋友。”我们每个人都离不开朋友，无论

是在生活中，还是在工作中，每个人都需要朋友。朋友就是与我们交情深厚、彼此要好的人。我们与朋友之间的友谊是一种最纯洁、最平凡的感情，同时也是最坚实、最永恒的情感。甚至有人曾说，你可以没有爱情，但是你绝不能没有友情。一旦没有了朋友，你的生活就如同死水，没有丝毫的生气和激情。可以伴随我们一辈子的，友情无疑是最珍贵的情感之一。

2.对“朋友”投资绝对一本万利

巴菲特是世界闻名的投资家，他自然知道，对“朋友”投资一本万利。毕竟我们的人生不可能一帆风顺，总会遇到各种困难和挫折，而这时候，我们正需要朋友。只有朋友才会给我们真诚的问候，只有朋友才会给予我们“雪中送炭”的关怀，只有朋友才会触摸到我们心底的最深处。

与优秀者为伍

巴菲特一直认为，结交什么样的朋友，对一个人的一生是十分重要的。巴菲特有两个好朋友，一个是世界第一聪明，一个是世界首富。当然，我们并不能说巴菲特的朋友处处比他优秀，我们所需要强调的是巴菲特能从这些朋友身上学到一些东西。中国有句古话：“近朱者赤，近墨者黑。”这句话说明了朋友对一个人的影响，假如我们想了解自己的朋友，可以通过一个与他交往的人去了解他。比如，一个有饮食有控制的人不会和一个酒鬼混在一起；一个举止优雅的人不会和一个行为粗鲁的人交往；一个洁身自好的人不会跟一个自甘堕落的人交朋友。好的朋友就好比一个良好的环境，会让我们自己也变得好起来。

巴菲特可以说是世界闻名的投资大师，不过，其朋友芒格却很少有人知道。芒格也是伯克希尔公司的董事会副主席，虽然，他经常与巴菲特一起出席公众场合，但大多数情况下都是巴菲特在那里高谈阔论，而芒格总是沉默不语。千万不要小看了巴菲特这位朋友，在巴菲特所创造的许多经典投资案例中，有很大一部分功劳是应该属于芒格的。就好像巴菲特大儿子霍德华曾说："我爸爸是我所知道的'世界上第二聪明的人'，第一是谁？当然是芒格。"

1975年，巴菲特与芒格正式合作。刚开始的时候，巴菲特在投资中一直推崇"廉价股"，他认为这是最好的赚钱方法。当然，这样的一种投资方式令他在早期也收获了不少，不过，作为合伙人的芒格表示，随着经济的不断发展，投资市场上的"廉价股"会越来越少，因此他认为巴菲特的投资方式并不是万能的。芒格觉得，假如一家公司赢利足够好的话，即便它的股价再高一些，也是值得购买的。同时，芒格还说道："在投资时要注重公司管理者的素质，假如一家公司的领导层有抱负、善于管理，那么这个公司一定有一个光明的前景。"

事实上，在投资这条路上，朋友芒格确实给予了巴菲特很大的启示。对于芒格的这些理念，巴菲特作出了肯定的评价，他说："他把我推向了另一个方向，我以非同寻常的速度从猩猩进化到人类。"

卫尔斯利女子学院里聚集了全美成绩优秀的学生，但是她们并不是全美学习最好的学生，学习最好的都去了哈佛大学，而不会到这里来，希拉里正是这所大学的一名学生。刚进学校的时候，她总有一股挫败感，一直以来，自己在别人眼中都是一个好学生，在学校里也备受瞩目，可是到了这里，自己却成了普通的学生，可是，希拉里并没有放弃，她一直都想用哈佛大学的学习方法来提高自己，让自己成为卫尔斯利的第一名。

但是哈佛大学从来不怎么善待外校的学生，哈佛的学习俱乐部更不会接受来自外校的学生。可是希拉里并没有放弃，她为了能进学习俱乐部，甚至自己成为那个俱乐部成员的女朋友，终于，她成了哈佛大学三年级学生杰夫·希尔兹的女友，然后通过男友认识了俱乐部的更多人，并且成了那个俱乐部的非正

式成员。就这样，希拉里用一种不寻常的学习方法学习到了哈佛大学的学习方法，从而也奠定了她以后的成功。

当大多数女生都在和朋友一起讨论明星或者男生时，希拉里则通过认识比自己更优秀的人为自己创造了一个更好的学习环境，并且和他们讨论或者争辩政治、时事。事实证明，这一招是管用的，因为我们可以从那些优秀的人身上学到更多的东西。

★……巴菲特的忠告……★

巴菲特说，假如年轻人受到良好的影响和明智的指导，谨慎地运用自己的自由意志，那他们就会从身边寻找比自己优秀的人，努力去模仿他们。与比自己优秀的人交往，就会从中汲取营养，使自己得到长足的发展。

1.三人行，必有我师焉

俗话说："三人行，必有我师焉。"优秀的朋友可以帮助我们进步，他们的智慧、知识、能力等方面的长处可以成为促使我们前进的能量和源泉，从而使我们终身受益。

2.优秀的人更值得我们学习

在这里，并不是说那些比我们看起来稍逊一筹的人就很差，其实，每个人身上都有值得我们学习的地方。不过，那些优秀的人更值得我们学习，他们之所以优秀，是因为他们身上有一些常人没有的闪光点，而这正是我们学习的关键之处。

重视亲情者更易获得他人的尊重

2006年6月25日，当巴菲特宣布将300多亿美元的个人财富捐给慈善事业时，所有的人都惊讶了，他们同时在思考一个问题：巴菲特竟然不把财富留给自己的子女，而是捐给慈善事业，难道他不重视家人吗？当然不是，巴菲特与子女们一直相处得十分融洽，在儿女心中，巴菲特一直占据着“偶像”位置。长子霍华德曾说：“父亲经常为我们提供生命旅程中的路标。”不可否认，巴菲特是一个在事业上相当成功的男人，不过，他并没有忘记家庭，在事业飞腾的同时，他也兼顾着家庭。他不仅仅是所有投资迷的偶像，也是他们一家人的偶像。大凡有突出成就的人，无一不是因拥有某种可贵的品质赢得了他人的尊重，而巴菲特就是这样一个人。我们应该相信这样一个道理：一个重视家人的人很容易得到他人的尊重。如果一个人连自己家庭都不重视的，又怎么可能得到他人的信赖呢？

巴菲特说：“衡量一个人成功的标准是真正爱你的人的数目。”当孩子很小的时候，还比较年轻的巴菲特一心扑在工作上，很少过问孩子的生活。有一次，巴菲特下班后习惯性地走进书房，这时儿子彼得不小心摔倒了，可正在思考的巴菲特竟然从彼得身边直接过去了。这件事令彼得十分难过，他偶然在书店里看到了《父亲手记》这样一本书，便要求母亲买下来。回到家后，彼得十分生气地把这本书放在了父亲的桌子上，以此表达内心的不满。看到儿子拿过来的《父亲手记》，巴菲特感到十分愧疚和自责，开始检讨自己，并开始重视家庭。也就是从那时候起，巴菲特开始记录孩子的成长过程，他每年都会将孩子成长过程中的点滴和自己的感受记录下来，至今有30多本了。

巴菲特一直很关心自己的儿子霍华德，一次，霍华德的体重将近200磅了，对于一个年轻人来说，这并不是一件好事，于是，巴菲特对儿子说：“你应该减肥了吧，体重保持在180磅左右你才是健康的。”“爸爸，还是算了吧，我想我永远都不会减下去了。”正在农村干活的霍华德说道，巴菲特说道：“不如我们来做一笔交易吧，我们按照签订的合同，你每年将农场收入的

26%交给我，而我则当它是农场的租金。但是，当你的体重降到了182.5磅的时候，那么你就不用交那么多了，只要22%就可以了。”对于父亲的这个交易霍华德感到很惊讶，但还是答应了。果然，当霍华德的体重达到182.5磅时，他真的只交给父亲22%的租金，对于这次交易，霍华德感到很不理解，问父亲：“爸爸，因为你的一个玩笑，而损失了4%的农场收入，对于你这样一个出色的投资家来说，你不觉得自己吃了很大的亏吗？”但是巴菲特则回道：“不，我并没有吃亏，亲爱的，我用4%的收入换来了儿子的健康身体，这是我这一生最大的一笔交易。”

巴菲特不仅仅是一位出色的投资家，还是一位成功的父亲。难怪，他会成为美国人除了父亲之外的最值得尊重的人。假如还有人质疑巴菲特的品质，建议他可以去看看巴菲特是如何重视家人的，相信在这个过程中，他会改变对巴菲特的看法。巴菲特不愧是聪明的投资家，在赢得了家人的同时，也赢得了人们对他的尊重。

★……巴菲特的忠告……★

巴菲特重视家人的行为让子女们意识到：人生的意义在于用慈善来帮助世界。当然，巴菲特同时也告诉我们，一个善待他人的人，首先是一个重视家庭的人。判断一个人是否与人为善，首先应该看看他对自己家人的态度。

1.工作再忙，也要抽空回家

生活中，总有人借口说工作忙，没有时间待在家里。难道你比投资大师巴菲特还忙吗？即便巴菲特这样的大忙人也可以抽出时间来陪伴家人，更何况我们呢？所以，即便工作再忙，请记得回家看看，因为家才是你永远的港湾。

2.家庭是最后的堡垒

千万不要觉得人际关系所指的仅仅是社会中的一些人际关系，更多的时候，我们还需要维护好与家人的关系。当我们在外受到委屈，伤心难过的时候，家庭永远是我们最坚实的堡垒。所以，维护好家这个大后方，我们才有能力向前冲，才有可能走得更远。

展现你的幽默，让你成为一个受欢迎的人

巴菲特本人的长相并不能给人留下深刻的印象，他最大的特点是幽默风趣。巴菲特并不喜欢聊天，不过当他跟别人说话时，那幽默的语言总让人忍俊不禁，芒格曾这样形容他：“他和你说话时，就像在和一位邻居交谈一样，很随和、很亲切。”幽默的语言能使紧张的气氛顿时显得轻松活泼，能让对方感到善意，这样表达出的观点更容易被对方所接受。在日常生活中，幽默的语言风格无处不在，它成了人际交往的调节剂。在每年的文艺晚会上，相声小品之所以被观众所喜欢，就在于它的表现形式离不开幽默，那独具幽默的语言风格强烈地感染着观众的心。幽默本身具有一种特性，一种令人愉悦的特性；幽默感更是一种能力，它能有效地影响他人心理，增进我们与他人之间的关系。

巴菲特曾经自嘲：“我曾经留意过我自己每天的一举一动，我并没有发现我有什么地方能给别人留下深刻的印象。”确实，巴菲特的外表可能并不会给别人留下深刻的印象，不过，当他说话的时候，总会让人不自觉地认真地听他说的每一句话。而在这个过程中，巴菲特通过自己的语言所表达出来的智慧和能力会给别人留下深刻的印象。

曾经有位记者采访巴菲特：“您现在这么有钱，为什么不喜欢穿名牌西装呢？”而巴菲特则笑着对记者说：“不是我不喜欢名牌，而是我穿在身上也看不出像名牌。”就这样，一句玩笑话拉近了他们之间的距离，双方都像在和一个老朋友说话一样，而不是一位记者和一位高高在上的股神谈话。

几句幽默诙谐的话语，使双方都获得了谅解，最终缓解了彼此紧张的心情。恩格斯曾经说：“幽默是表明人对自己事业具有信心并且表明自己占有优势的标志。”当然，幽默的语言风格是建立在较高的思想境界和较高的涵养上，如果你是一个心胸狭窄、思想颓废的人，你是不会幽默的。幽默永远属于那些拥有热情的人，属于生活的强者。

为了举办一场聚会，张先生借用了朋友的豪华别墅。在活动开始之前，助理跑过来，焦急地说道：“苹果不知为什么掉了一袋，可能不够，而且这里离市区又那么远，再去运可能来不及了。”张先生并没有生气，而是轻轻地问道：“在现场有什么东西准备得多一点？”助理说：“小点心多一点，可能还会剩下。”张先生听完拍拍助理的肩膀，说道：“没事的，有我在。”

当活动开始的时候，大家才看见在苹果的盘子前放着一个牌子，上面写着：“上帝正在看着你，请不要多拿！”大家都不禁笑了笑，当走到最后，看见放有小点心的盘子上则写着：“不要客气，要多少就拿多少，上帝正在注意前面的苹果！”来宾们终于笑出声了，而这场聚会也在张先生的这个幽默的举动中完美地落下帷幕。

一句得体俏皮的话，会立即缩短你和对方心灵的距离，并令你获得对方的好感；几句应对难题的机智回答，会让自己摆脱困境，并展现美好的自我形象，获得对方的赞美。当然，幽默的语言风格并不是说每一句话都需要幽默，也不是随便一句俏皮话都被称之为幽默。幽默的语言风格不仅需要风趣，更需要得体，这样才能更好地表达出幽默的效果。

★……巴菲特的忠告……★

巴菲特不以外表取胜，而是以幽默风趣为世人所知。假若把你的各种优良特质比作钻石的各个侧面，幽默感则是钻石直接面向观众的那一面，可以时时折射出智慧的光芒。你可以在有限的时间和空间之内，哪怕初次见面的一次晚餐上，一展幽默的才华，令人耳目一新，乐不可支，印象深刻。

巧用趣味思维

“趣味思维”就是一种“错位思维”，换句话说，就是不按照普通人的思路想，而是岔到有趣的方面。领导者在生活中，要善于使用这样的思维方式去捕捉一些喜剧因素。平时的逐渐积累，会让你在关键时刻一鸣惊人。

第11章 立即行动，机遇来临时果敢行事

我们之所以取得目前的成就，是因为我们关心的是寻找那些我们可以跨越的一英尺障碍，而不是去拥有什么能飞越七米的能力。

——巴菲特

行胜于言，行动才有说服力

科学家卡莱尔曾经说过：“要迎着晨光实干，不要面对晚霞幻想。”这句话形象而准确地告诉我们：人不能沉迷于美好和远大的梦想之中，还应该付出比别人更多的努力。当我们发现一个良机的时候，就要敢于付诸行动，而不是犹豫不决。确实，在这个世界上，许多伟大的成功者都属于那些敢想、敢做、敢失败的人，而那些所谓智力高超、才华横溢的人却始终犹犹豫豫、瞻前顾后，最终一无所获。人们常说“高风险意味着高回报”，只有那些敢于冒险的人，才会赢得人生的辉煌。当然，面临风险依然可以果断做出决定的人肯定胆识过人，比如像巴菲特这样的投资家，他不仅拥有过人的胆识，而且始终将行动放在第一位，敢想敢做，逆流而上，往往获得意想不到的成功。

一天，一位园艺师傅向井值岁男抱怨着：“社长先生，现在你的事业是那么的成功，而我就像只蚂蚁一样在地上爬来爬去的，没有出息，我什么时候才

能赚钱，什么时候才能像你那样成功？”井值岁男说：“我看你很擅长园艺，这样吧，我工厂周围有几万平方米的空地，我们一起合作种植树苗吧，你告诉我，你的一棵树苗的成本是多少？”园艺师傅回答道：“40元”。

井值岁男说：“我们以1平方米只种2棵树计算，扣除修建道路，那么那块地能种植2.5万棵树苗，树苗的成本就是100万元，那么你算一算，3年后，这样的1棵树苗卖多少钱？”园艺师傅回答道：“大约3000元。”井值岁男说：“那么，这样吧，成本和肥料就由我来付，你只要负责浇水、除草和施肥就可以了，3年后，当我们把树苗卖了扣除成本我们就有600万的利润，到时候，我们一人一半就可以了。”园艺师傅听后，被吓着了，说道：“这么大的生意，我看还是算了吧。”

因为一句“算了吧”，园艺师傅错失了一个成功的机会，或许，我们每天都在梦想着成功，然而，当自己有了好的想法，即将投入实践的时候，却没有勇气去尝试，只是对失败顾虑，导致失去了成功的机会。巴菲特的投资事业告诉我们：成功是离不开行动力和勇气的，相比较智慧，我们更需要果断尝试。

在职场中，许多人想改变自己的处境，想比现在做得更好，甚至，梦想着做一番事业。但是，他们往往瞻前顾后，犹豫不决，以至于许多好的想法、计划都“胎死腹中”，最后，依然一事无成，平平庸庸地度过了一生。同样是一些敢想的人，他们没有犹豫，而是马上将自己的想法付诸实践，最后，他们成功了。出现截然相反的结果，是什么原因呢？因为前者缺少了行动力，他们只愿意想，而不敢去做，因此，成功的机会总是与他们擦肩而过。

孔子说：“君子耻其言而过其行。”意思是说，君子认为说得多而做得少是可耻的，现实生活中，总有这样一些夸夸其谈的人，他们口若悬河，说尽了大话，到最后，一件事情都没有做成，给上司和同事留下“浮夸”的印象。一个人如果想做一件事，无论计划多么完美，倘若不付诸实际行动，就不能体现出它的价值来。

★……巴菲特的忠告……★

在巴菲特看来，人们常常陷入这样的境地：想得多，做得少。事实上，当我们大脑中有了灵感时，就应该付诸实践，马上去做，而不是说“我总有一天会去把它完成的”。

1.敢想敢做

大多数聪明的人，他们遇事冷静，不希望自己的智慧被淹没在平淡的日子里。因此，一旦他们脑中有了好的想法，总是敢于去实践，无论结果是成功还是失败，他们总是先做了再说。

2.做比说重要

在现实生活中，许多人渴望成功，却从未想过如何达到成功。那些坐在办公室里无所事事的职员，永远都在等待机会找到自己，而不是去创造机会。在他们身上，缺少强大的决心，缺乏行动力，只会在等待中碌碌无为地过一生。

危机或许也是机遇

俗话说：“乱世造英雄。”乱世，本来就是一片狼藉、混乱，在这样一个糟糕的环境里，怎么会有机遇呢？又哪里会出英雄呢？的确，在乱世中是没有任何机遇发展而言的，但是，如果将时机把握得当，自会出人头地。当然，在和平年代，没有乱世可言，但是，我们依然可以学习其“危中求机”的智慧。现代社会，竞争日益激烈，一旦危机来临，我们也能从中求到好的机会，这样，变坏事为好事，才是我们真正的目的。

巴菲特说：“当别人贪婪时我恐惧，当别人恐惧时我贪婪。”如何看待乱世？他却这样说：“我喜欢乱世，乱世的东西很是便宜，就像一个色鬼来到了女儿国，每次的危机都是一次买入的绝好机会。”他为什么对乱世情有独钟呢？是的，巴菲特作为世界首富之一，他正是在危机中投资股票而发家致富的。

2008年，经济性危机席卷全球，在这样一个人心惶惶的时刻，巴菲特却发现了其中的绝好机会，他毫不犹豫地购买了许多公司的股票，比如通用、比亚迪等。当美国的华尔街陷入一片狼藉的时候，巴菲特却兴致勃勃地开始了自己的投资，他趁机买下了之前一直看好却无机会买进的所有股票。

等到经济危机平息后，巴菲特成了最后的赢家，一跃跨入了世界首富的行列。

马云曾说："作为一个商人，我觉得危机中总会含有机会，我是以非常积极的态度看待金融危机的。"巴菲特发现了隐藏在经济危机中的商机，并一跃跨入了世界首富的行列。其实，我们每个人都是可以的，只要你以积极的态度去看待危机，以敏锐的眼光发现其中的商机，那么，成功就是属于你的。谁说只有在顺境中才会成功，事实上，危机越大，机会则越多，很多时候，我们在危机面前一败涂地，那是因为没能发现其中的绝好机会。

鸿门宴上，虽不乏美酒佳肴，却暗藏杀机。项羽的亚父范增，一直主张杀掉刘邦，在酒宴上，眼看着如此大好的机会，一再示意项羽发令，但项羽却犹豫不决，默然不应。

于是，范增召项庄舞剑为酒宴助兴，趁机杀掉刘邦，项伯为保护刘邦，也拔剑起舞，掩护了刘邦。在危急关头，刘邦部下樊哙带剑拥盾闯入军门，怒目直视项羽，项羽见此人气度不凡，只好问来者为何人，当得知此为刘邦的参乘时，即命赐酒，樊哙立而饮之，项羽命赐猪腿后，又问能再饮酒吗。樊哙说："臣死且不避，一杯酒还有什么值得推辞的。"樊哙还乘机说了一通刘邦的好话，项羽无言以对，刘邦乘机一走了之。

刘邦部下张良入门为刘邦推脱，说："刘邦不胜饮酒，无法前来道别，现向大王献上白璧一双，并向大将军范增献上玉斗一双，请收下。"不知已错过机会的项羽却收下了白璧，气得范增拔剑将玉斗撞碎。

在鸿门宴中，其实隐藏一个最好的机会，此时，如果项羽下令杀掉了刘

邦，就不会有后来自刎乌江的故事了，而历史也将被改写。但是，项羽本性优柔寡断，迟迟不肯下令，错失了眼前如此绝佳的机会，最终，兵败刘邦。

★……巴菲特的忠告……★

巴菲特觉得，许多人总是将危机看作灾难，认定只要危机出现，便会多出许多困难与麻烦。其实，危机，顾名思义，机遇藏在危险之中。对于那些善于把握机遇的人来说，危机并不完全是灾难，其中还隐藏着许多机遇。只要抓住了机遇，就一定会成功，似乎，隐藏在危险中的机遇带给我们成功的可能性更大一些。

1.辨别机会

许多人不相信在乱世中能有什么机遇，其实，乱世就是一个创业和发展的好时机，如果你能够把握适当的时机，就可以在一片乱世中脱颖而出，一举成为乱世中的英雄。机会与成功本来就是密切联系的，但是，发现机会与抓住机会并不一样，只有抓住机会才有可能成功。

2.不可错过良机

在现实生活中，有的人发现了机会，却犹豫不决，左右为难，机会也就消失了。所谓“机不可失，时不再来”，机会，并不是随时都会出现，而是来的时候要抓住它，一旦错过，就没有重新再来的机会了。

内心的目标要清晰，才有奋斗的方向

巴菲特经常这样告诉自己的子女，一个人无论他现在多大的年龄，其真正的人生之旅，是从设定目标那一天开始的，之前的日子，只不过是在绕圈子而已。如果你要想获得成功，那么必须拥有一个清晰而明确的目标，因为目标是催人奋进的动力，目标是你前进路上的灯塔。什么是目标？目标就是我们为

了达到某个目的，而为了引起鼓励，激发动机的来自外部条件的刺激。心理学家通常认为：人们在社会中的一切行为都是外在因素和内在条件相互作用的结果。当我们有了目标这个外在因素的刺激，再结合自己内在的条件去行动，当我们达到目标，或者达到了某个目的时，往往心生满足感。

著名的关于目标对人生影响的跟踪调查是某大学里的一个研究项目，调查的对象是一群学历、智力等条件都相差不大的年轻人，而结果显示，27%的人没有任何的目标，60%的人目标模糊，10%的人有目标但是都是短期的，只有3%的人有长期而且清晰的目标。

这个调查整整进行了25年，他们在此调查过程中发现了一个很有趣的现象：那3%有清晰而且长期目标的人，25年来都没有改变过自己的目标，他们25年来为了那个目标一直都在努力，25年过去了，他们都成了社会各界的顶尖成功人士，他们中有白手起家的，有行业领袖，有社会精英；而那10%短期目标的人在25年后，他们都生活在社会上层，他们虽然是各个行业的，但是他们有相同的一点，就是都一步步地稳定上升，而且都是某个行业的专业人士，如医生、律师等；而那60%目标模糊的人，则生活在社会的中层，他们都努力学习，可是没有任何的成果；而最后那27%没有目标的人，则生活在社会的最底层，他们一事无成，常常失业，有的甚至要靠社会救助才能生活下去。

最后，这所大学得出这样的结论：“也许你现在与别人差距不大，那是因为你们距离起跑线不远，而不是你比别人聪明，或者说上天眷顾你。你是属于那10%、60%还是剩下部分，只有你自己最清楚，不过，希望你能努力成为那10%的目标清晰的人。”

一个独自在沙漠里旅行的旅行者因为一场突如其来的风暴迷失了方向，让他觉得更害怕的是所带的干粮和水都没有了，他翻遍了所有的衣服兜，最后只找到一个青涩的苹果，他惊喜地喊道：“谢天谢地，我还有个苹果。”于是，他拿着那个苹果在沙漠里寻找出路，整整一夜，他不停地走，可还是没有走出

沙漠。饥饿、干渴、疲惫考验着他，每当他快忍不住的时候，他就看看苹果，心里不停地默念着："我还有一个苹果，我还有一个苹果……"就这样，又有了几分力量，他继续走着，就这样，他终于在第三天走出了沙漠，而那个干枯的苹果自始至终都没有被咬一口。

巴菲特认为，如果一个人的一生，没有一个目标的话，那么他的这一生就像一艘没有舵的船，永远在海上漂荡着。其实，在我们的人生中，总会遇到各种各样的困难与挫折，但是我们不能轻易地放弃，一旦放弃，我们就会陷入迷茫中，可能永远都走不出来了。

其实，我们整个人生就像一片沙漠，而那个苹果就是我们心中的目标与信念，在遇见困难的时候，我们只有努力地坚持，才能克服困难，才能稳步前进，从而实现自己的人生目标。

★……巴菲特的忠告……★

巴菲特说，一旦我们心中确定了目标，就会朝着这个目标不断地前进，直到达到这个目标。在生活中，许多人的悲哀是："我不知道明天会怎么样。"这确实是人生最大的遗憾之一，因为"不知道明天会怎么样"的背后是一种迷茫中的沉沦，它将扼杀一个人的希望、信心和未来成就。一旦你陷入对未来的迷茫中，你便无法胸有成竹地向一个明确的目标迈进。

1.给自己一个清晰的目标

最终的成功始于一个个小目标的实现。一旦拥有了目标，就会产生无穷的力量。你想拥有一个什么样的人生，全在于你持有一个怎样的目标，对于我们来说，最重要的就是确立目标，怀揣着目标向前迈进。

2.向目标前进，拒绝拖沓

如果自己是一个做事拖沓的人，那么，生活中我们大部分都在浪费时间，即使做一件事也需要花很多时间来思考，担心这个或担心那个，或者找借口推迟行动，但最后又为没有完成目标任务而后悔，这就是“拖沓者”典型的特点。拖沓对于成功来说，是一个讨厌的绊脚石，拖沓的习惯将阻碍目标任务的完成。

失败不可怕，最重要的是积累经验

有人说：“成功的经验不是经验，只有失败的经验才是经验。”确实，那些成功者大多历经屡战屡败、屡败屡战，他们经历了失败，体验了人情、物事，从而升华了自己的悟性。巴菲特给自己旗下公司伯克希尔哈撒韦的股东们发出的“致股东的信”中，承认了自己去年投资时“曾经做过一些愚蠢的事情，至少犯了一个重大的投资错误，还有几个小一些的，但也造成了伤害”。被誉为“股神”的巴菲特也是一个普通人，在全球金融危机冲击股市的情况下，他的投资也出现了失败。不过，相比常人，巴菲特总能够从那些失败的经历中寻找到一些收获，你可以说2008年是巴菲特投资最失败的一年，但不得不承认这一年又是巴菲特投资生涯中最难得的一次体验。

和田一夫21岁的时候，因为位于静冈县热海家自己经营的蔬菜水果店的一场大火，让他几乎一无所有，但是，失败并没有让他放弃，他满怀希望，他将那块被烧毁的土地作为抵押，借了300平的土地重新盖了一个超级市场，并且成立了日本八佰伴。在和田一夫的经营下，超级市场发展得越来越好。和田一夫计划引领自己的超市进军亚洲，而新加坡则是他进军亚洲的第一个起点。

1972年，和田一夫和日本野村证券公司在新加坡考察的时候，遇到了两个难题:新加坡的租金很贵，大大超出了自己当初的预算，更重要的是当地的人总是仇视日本当年杀害新加坡人的国仇家史。而且和田一夫也明白，若想在亚洲发展，那么20世纪70年代发生在日本的事情就是一个不可逃避的现实。回国后，和田一夫立即召集懂事们商讨这次事件，结果不出所料，每个董事都反对

在新加坡投资，但是和田一夫明白，零售业成功的关键就是消费者口袋里的钞票，于是，新加坡成了他进军亚洲的第一站。1976年，因为石油危机，当时在巴西的八佰伴的被迫关闭也让和田一夫明白，不能将资金投放在同一个地方，于是，他开始向整个亚洲进军，在亚洲各个地方不留死角地发展。据当时统计，全盛时期，和田一夫的八佰伴集团在16个国家拥有了400多家百货公司，八佰伴集团坐上了世界零售业第一把交椅。

1997年，和田一夫的弟弟因被指控欺骗日本财政部而被法庭判定有罪，法庭也判定和田一夫结束所有海外企业，回日本受审。当时，日本媒体称和田一夫将资金调动到中国，拖累了日本八佰伴。一夜之间，和田一夫变成了一个连累八佰伴股东和员工的罪人。这时，和田一夫作出了决定，宣布“自我破产”，交出所有财物，向企业界告别，搬到一个租来的房子里。

如今，和田一夫成立了“和田一夫企业咨询公司”，用电脑给许多企业家回答问题，为企业团体作演讲成了他主要的工作。同时，他以探讨自己的失败撰写了《从零开始的经营学》，这本书成了日本经典著作之一。对此，和田一夫这样说：“失败是我的财富，我想将这个企业咨询网络像当年八佰伴一样伸展到亚洲，甚至全世界。”

失败其实并不可怕，只要你不断地从失败中积累经验，那么那些失败就会成为你人生的一笔财富，而最重要的是用积极的心态来面对一切，只要我们能随时改变自己的心态，那么每一次失败都是考验自己的机会。只要我们把它当成生活对自己的一种考验，就不会沉迷在失败的痛苦中，甚至还能从中看到事情的真相，让自己变得更成熟，这将是自己人生的一笔宝贵的财富。

★……巴菲特的忠告……★

巴菲特这样解释所谓的“失败”，在失败的背后，往往隐藏着宝贵的经验与信念，事实上，失败是一笔不可缺少的财富。虽然，我们在遭遇挫折、面临失败的时候，都会产生一定程度的负面情绪，但是，如果自己长期深陷其中而不能自拔，失败就会成为你的代名词。

1.失败面前，不能自暴自弃

当一个人失败的时候，如果他的失败感很大，他的成就感很低，那么他就会对自己的工作失去热情，而且如果这种感觉经常出现，他就会对自己的工作产生倦怠。但是，当我们失败时，不应自甘堕落，自暴自弃，而要不断地积累失败的经验，让这段失败的经历成为自己人生中的一笔财富。

2.从失败中崛起

失败，让人痛心后更催人奋进，在失败时我们要鼓起勇气，重拾自尊。我们要知道，失败只是我们成功的前奏，当我们失败时，我们应该不断地反省自己，在失败中积累经验，把失败变成一笔财富，并在低谷中抓住机遇，不断地冒险与尝试，相信成功离我们就会不远了。

锁定目标，坚持到底

巴菲特说："投资股票很简单，你所需要做的，就是以低于其内在价值的价格买入一家大企业的股票，同时确信这家企业拥有最正直和最能干的管理层，然后，你永远持有这些股票就可以了。"在巴菲特看来，投资股票时要坚持好中选优，要么按兵不动，一旦看准机会就大胆出击，咬定青山不放松。其实，就好像巴菲特投资股票一样，我们对待人生目标也应该锁定目标，坚持到底。目标对于每个人来说有一种巨大的魔力，能够不断地召唤着我们前进。无论自己定下什么目标，都要听从心中目标的召唤，紧紧跟随着它，坚持不懈地走下去，那么就一定会实现我们的目标。

一位穷苦的牧羊人为了生活，不得不每天带着两个年幼的儿子帮助别人

放羊。一天，父亲带着儿子们赶着羊来到一个小山坡，他们看见一群大雁鸣叫着从自己的头顶上飞过。小儿子问父亲："大雁这是要飞到哪里去？"父亲回答："这边冬天来临了，为了度过冬天，它们要飞到一个温暖的地方安家。"大儿子眨了眨眼睛，羡慕地说："要是我也能飞起来就好了，那我要飞得更高，我就可以去看妈妈了。"小儿子也说："如果我是一只大雁该多好呀，我可以飞到自己想去的地方，那样，我就不用再放羊了。"父亲沉默了，然后对儿子们说："如果你们想飞，你们也会飞起来。"两个儿子都试了试，尽管他们很用力，可还是没有飞起来。他们看着父亲，父亲也试了一下，可是也没有飞起来，于是他说道："爸爸已经老了，飞不起来了，可是你们还小，等你们长大了就能飞起来了，到时候你们想飞到哪里就能飞到哪里。"兄弟二人就怀着这个梦想一天天地长大了，后来，他们终于实现了自己的梦想，飞翔在天空中，他们就是莱特兄弟。

黎巴嫩著名诗人纪伯伦曾说："我宁可做人类中有梦想和完成梦想愿望的、最渺小的人，而不愿做一个最伟大的无梦想、无愿望的人。"人类最大的本能就是对未来充满梦想，那样我们才能在成长中一点点地为自己的这个梦想努力，所以，我们不应该放弃自己的梦想，要用心地灌溉，一定要相信自己，总有一天，我们的梦想会实现。

在美国，一次作文课上，老师给同学们出了一个题目：我的梦想。一个小朋友很快写出了自己的梦想，他希望能拥有一座属于自己的庄园，里面有木屋，有烤肉的地方，还有旅馆。当他把这份作业交给老师的时候，老师直接给他画了一个大大的红"×"，并要求他重写，小朋友不知道自己到底哪里写错了，老师说："我让你们写的是自己的梦想，而不是这些不符合实际的梦想，我要的是能实现的，而不是这些空想的。"小朋友继续说道："可是这就是我的梦想呀！"老师听后很生气，说道："你这些梦想都是不能实现的，是空话，我要求你重写。"小朋友不甘心就这样放弃："我清楚地知道这就是我的梦想，而这就是我想要的，我不会改变它的。”老师摇了摇头，说，“你要想清楚了，如果你不愿意改的话，我只有判你不及格了。”小朋友摇了摇头，什么也没有说，最终老师只给了他一个“E”。

30年后，老师带着一群学生来到一座庄园吃烧烤，当他看见庄园主人时，才认出了他就是当年那位学生，而他，真的实现了自己的梦想，拥有了一座庄园，而且有烧烤区，有旅馆。于是，老师很惭愧地说道：“这么多年，我不知道用成绩改变了多少人的理想，你是唯一没有被我改变的，而且你还实现了自己的梦想。”

每个人都有自己的梦想和目标，可并不是每个人都能实现心中的目标，但是，只要坚定目标，人们一定会实现自己心中的目标。即使遭遇了困难与挫折，也不要沮丧，不要放弃，我们应该更加坚定自己的目标，努力实现目标，一旦机遇来临，我们就能实现它。

★……巴菲特的忠告……★

巴菲特很清楚，大凡取得巨大成就的人，他们都知道自己的目标是什么。当然，他们绝不像太平洋中没有指南针的船只随风飘荡。想要成就梦想，定下目标是第一步，然后思考如何达成自己的目标。

1.坚持目标

人生就如沙漠，在追求目标的过程中，遇到了困难要努力坚持，因为目标带来的信心可以战胜一切恐惧。在追寻目标的过程中，我们既需要具有危机意识，更需要有坚定的目标，只有这样我们才能稳步前进，最后达到自己的人生目标。

2.永远不放弃自己的目标

在人生的道路上，目标不会离我们而去，除非我们自己放弃了。或许，目标的确立是不容易的，或许在实现目标的过程中是艰难的，但不管怎么样，我们都要坚定地走下去，永远不放弃自己的目标，这样我们才有机会实现我们的目标。

第12章　感恩于世，用爱和善意与人相处

如果把那些曾经信任过我的人推开，我不会自我感觉良好。

——巴菲特

爱情就是同甘苦共患难

巴菲特经常说这样一句话：“选股就像选妻子一样。”市场的涨跌，就好像潮起潮落，最重要的是“患难与共，风雨同舟”。人生在世，可以找到相濡以沫的另一半，乃是人生的一大幸事。然而，生活总是免不了磕磕碰碰，这时夫妻之间应该互相体谅、互相关怀，这样才能维系好一段长久的感情。对巴菲特而言，人生最遗憾的莫过于与前妻离婚，那是因为曾经同甘苦共患难的妻子，竟然向自己提出了离婚。即便巴菲特前一段感情已经结束了，但巴菲特对爱情的观念是不会变的，他始终坚持如一。

苏珊年轻的时候有着明媚的笑容、圆圆的下巴和黑黑的头发，当时巴菲特第一眼看见她，就爱上了她。他们也很有缘分，苏珊的父亲是奥马哈市著名的部长和心理学教授，而且早已认识了巴菲特的父亲，更巧合的是，巴菲特的姐姐当时和苏珊在大学里居住在同一个寝室。

因为苏珊从小就患病，多次耳膜穿孔，还长期忍受风湿病的折磨，所以她的父母给了她更多的关爱，这让年幼的苏珊从小就觉得关怀他人是一件理所应

当的事情。当苏珊和巴菲特在一起后，她这种关怀他人的性格也深深地影响了巴菲特。

1952年，巴菲特终于和苏珊走到了一起，那个时候，虽然巴菲特的家庭条件不错，但是，一结婚，巴菲特就和苏珊住进了一间破旧的公寓。直到1954年，他们才搬到了纽约的双层公寓里，而且那时三居室的公寓月租为65美元，还很破旧，并且经常有老鼠出没，这种生活环境与巴菲特向苏珊承诺的“富有”生活相差悬殊。就连他们的女儿出世后，也没有自己的婴儿床，而是住在一个铺上褥子的抽屉里面，后来经济有了好转，巴菲特也没有为他的女儿买一张婴儿床，虽然当时生活很艰苦，可是这对夫妻相濡以沫。对此，苏珊的好朋友常常说：“苏珊从小就是一个很有情趣的人，她就像是一台彩色电视，而其他人就像是黑白电视机。”

1956年，巴菲特与妻子搬回奥马哈，在恩德伍大街租了房子。从巴菲特早期给部分合伙企业的信件中得知：1958年他们以35000美元买下了新房子搬家，而后定居至今，再也没有搬离过。1998年伯克夏年会上，巴菲特说道：“刚结婚时，手上有1万美元和两个选择，我告诉妻子：第一是我们现在可以买一栋房子；第二是让我用这笔钱试试运气，希望能借此生财，所以我们在4年后，我用净值的1/10买下了这栋房子。”

虽然，这样一对深爱的夫妻因为各种原因最终离婚了，但他们之间那种相濡以沫的感情却是永远不变的。虽然巴菲特和妻子分居多年，可他还是一直记得苏珊，对于苏珊，总是有很深的感情。直到2004年7月29日，72岁的苏珊因病去世，巴菲特才开始加大对慈善事业的投入，在纽约曼哈顿中城的喜来登酒店，他向全世界宣布将自己所拥有的85%股票捐献给5家基金会，而比尔·盖茨夫妇共同经营的基金会得到了370亿美元的捐款。

★……巴菲特的忠告……★

在巴菲特看来，我们应该和爱人一起散步、带着孩子去游乐园、和年迈的父母耐心地聊天，在忙碌之余和亲人们一起分享快乐，让自己的节奏慢下来，仔细体会生活，学会感恩。只有那些心怀感恩的人，才能视万物皆为恩赐，也只有当我们心中充满了感恩之情的时候，世界才会变得美好无比，苦难才会变得甘之如饴。不论什么时候，如果我们能将感恩的情绪融入家庭中，那么，家庭生活的质量就会得到改变，自己的疲劳感也会相对地大幅减少。

1.将关怀融入细节中

在家庭生活中，我们不应该忽视每一个细节，当然，主要针对自己的言行举止，因为，可能只是一个细微的举动，却传递给对方一个坏信息，破坏对方的情绪，导致两个人出现矛盾与冲突，最终，影响整个家庭的和谐与温馨。

2.对爱人，心存感激

“感激”是根治“抱怨”的良药，一个人若是懂得感激，就不会抱怨。每一个人从出生到成长，直到离开这个世界，所拥有的一切都是恩典，这样想来，还有什么可抱怨的呢？学会感激上天的眷顾，感激生活的美好，感激拥有一份工作，感激爱人，感激来自爱人的点滴关怀。

尽孝趁早，子欲养而亲不在

巴菲特是一个懂得感恩的人，尤其是对父母。在他看来，父母给予自己生命，而对儿女的要求又很少，他们只希望儿女一切顺利。对于父母而言，儿女常伴左右，经常去看望他，这才是他们最大的幸福，比如陪他们一起吃顿饭，回忆往事，这就是父母最大的享受。因此，巴菲特建议所有的人：善待父母，留一点时间给父母，这就是对父母最深的爱。生命短暂，父母一天天老去，当他们离我们而去时，我们却无力挽留，只有无尽的怀念。那么，又何须等到“树欲静而风不止，子欲养而亲不待”的时刻，才去遗憾我们所给予父母的关怀太少呢？趁父母健在，陪母亲吃顿饭，陪父亲散散步，握着他们的手，表达自己的爱，拥抱父母的心，温暖父母的心。

当我听见一位回国不久的朋友说：“当朋友们因为母亲病重或者父亲去世来回奔波，而回来后，他们都后悔不已，总是说‘早知道，早知道……’我害怕了，我怕接电话，我怕接到父母的电话，我怕听他们说身体不好。”

后来，朋友选择了回国，因为父母都不想到大城市生活，所以他就在当地找份工作上班，每天下班都回家，周末也回家，陪他们过着田园的悠闲生活。后来，他的朋友也向他抱怨道：“你天天陪父母，我们都好久没有聚会了，跟我们去玩玩吧，少陪两天也没有什么。”可是他却说：“我们的父母都老了，他们不会一辈子都等我们，他们已经等了很久了，等你出生，等你长大，等你放学回家……现在又要等你下班回家吃饭，我不知道他们还有多少时间能等我，所以只想珍惜和他们在一起的每一天。”

巴菲特投资成功之后，虽然日理万机，但他总会抽时间来陪父母吃饭、聊天，对于他而言，陪伴父母才是此刻最重要的事情。子曰：“父母在，不远游，游必有方。”年少时不懂得这句话的含义，还私下嘲笑：为什么总要留在父母身边？小小年纪，就开始幻想云游四方。长大后，带着这个梦想，我们迫不及待地离开了父母，殊不知，归期不可知。再读“父母在，不远游，游必有方”，方知其中的奥秘。

1998年的诺贝尔化学得奖者崔琦出生在河南农村。当时，身为农民连字都不认识的父母，颇有远见地为他省吃俭用，就是让他继续读书，并在崔琦12岁的时候把他送出农村读书，但是，谁也没有想到，这却是他和他父母的永别。

后来，崔琦成了世界名人。杨澜采访他时问道：“如果你12岁那年没有外出读书，会是怎么样一个结果，你想过吗？”当时所有人都猜想他肯定会回答

他可能还在河南某片地上种地。可是，崔琦当时的回答却令大家意外，他说："如果我不出来，那么在那三年的困难时期，我的父母就不会死了。"说完，崔琦已是泪流满面。

在崔琦拼搏奋斗的生涯中，他不止一次地想过自己的父母，也想过有一天和父母相守在一起。如今，蓦然回首，父母早已离他而去，不管他怎么辉煌，终究无法弥补父母离逝的遗憾。

★……巴菲特的忠告……★

即便像巴菲特这样整天飞来飞去的人也会有严重的思乡病，所以，他在投资成功之后，毅然决然地跟苏珊回到了奥马哈市，这个有着他童年记忆的地方。巴菲特是一个念旧的人，尤其是在对父母的态度上。其实，除了父亲对自己的支持外，母亲脾气暴躁，难免会给巴菲特心理带来一些影响，但巴菲特从来不抱怨母亲，而是一如既往地爱她。

1.领悟"孝道"

"孝"分为四个层面：养父母之身、养父母之心、养父母之志、养父母之慧。生活中，许多人对父母的"孝"还停留在第一层面。人生有三件事不能等待：孝敬父母、行善积德、学习智慧。孝敬父母，其实就是关爱明天的自己，不要留下"子欲养而亲不待"的遗憾，及时行孝，莫等闲！

2.常回家看看

我们都在一天天地长大，而父母则一天天地老去，父母们不会等到我们有时间了才让我们去孝敬。作为子女，我们能做的就是常回家看看她们，钱是挣不完的，工作永远都做不完，但是，当我们一天天长大，和父母在一起的日子就一天天减少，父母们的要求，其实并不高，只要能常常看见你，能和你一起吃顿饭，说说话，仅此而已。不要等到父母离世再去后悔不已。

友情贵在交心

在巴菲特看来，人与人之间最好的关系，不是崇拜，不是仰视，更不是敬畏，而是相拥的知己，就好像他与那位华裔女孩子是忘年之交一样，彼此只是心与心的交流。真正的知己，是心有灵犀一点通，是互相吸引和互相促进的精神之交。梅森堡在一本书里对自己与罗曼·罗兰这段友谊作了这样深情的描述："要知道在垂暮之年，最大的满足莫过于在青年中发现一颗和你一样向理想和目标奋进、蔑视低级庸俗趣味、为个性自由而勇敢斗争的心灵……多亏这位青年的来临，两年来我得以同他进行愉快的精神交流，这种交流不断激励着我，我又获得了思想的青春和对一切美好事物的强烈兴趣……"就好像梅森堡的感觉一样，巴菲特交朋友的目的也在于心灵的交流，对于他这样的亿万富豪而言，最珍贵、最不易获得的就是友情。

公元前4世纪，一位名叫皮斯阿司的意大利小伙子因为触犯了暴虐的国君而被判处了绞刑，就连他想回家告别父母的请愿都被暴君拒绝了。这个时候，他的朋友达蒙请求国君满足他的要求，并说："如果皮斯阿司没有按时归来，那么我愿意为他受刑。"暴君勉强答应了，可是当行刑的日子临近时，皮斯阿司仍然没有任何音讯，人们都嘲笑达蒙，用生命换来了一份虚假的友情。

当人们都无声无息地目睹达蒙被押上了绞刑架，准备行刑的时候，突然，远处传来了皮斯阿司的声音，只听见他在暴雨中高喊："我回来了!"当他们相拥而泣的时候，每个人都流下了眼泪，国君也被这一幕感动了，说道："这样的朋友才是我愿意结实的朋友。"

出人意料，国君赦免了皮斯阿司的死罪。

巴菲特始终相信，在我们的一生中，会有不计其数的朋友如潮来潮往，所谓"财富不是朋友，朋友才是财富"。其实，对于我们来说，要想交到好的

朋友，应该遵循交友的原则，即朋友之交，贵在交心。朋友之交，贵在棋逢对手、将遇良才的欣赏，而不是诚惶诚恐的崇拜，不是财富驱使下的利益关系。

一晚，俞伯牙坐在船头，当他面对清风明月时，突然灵感大发，不自觉地弹起琴来，弹着弹着，渐入佳境。伯牙走出船看见一个樵夫站在岸边，他当时就知道了此人就是知音，于是立马请樵夫上船，兴致勃勃地为他弹奏。当伯牙弹奏到雄伟高山时，樵夫说道："好！雄伟而庄重，似泰山耸入云霄!"当伯牙弹奏到波涛翻滚时，樵夫又说道："真好！滚滚流水宽广浩荡，绵绵不绝。"伯牙见樵夫随时能听出自己所弹奏的意境，激动地说道："知音！你真乃我的知音。"而这个樵夫就是钟子期，从此两人因为琴而成了很好的朋友。

分别之时，两人约定第二年还在此处相会。第二年，伯牙又一次来到了原地，可是子期却久等不到，于是，伯牙顺着钟子期上次回家的路寻找起来，并且沿途询问。机缘之下，他找到了一位老人，一问才知道他是子期的父亲，老人告诉伯牙，因为家境贫寒，子期每天都要砍柴，还要读书，日子久了积劳成疾，在半月前不幸去世了，直到去世时，子期还告诉父亲，怕伯牙久等，嘱咐老人一定要今天来此处通知伯牙。听到这个消息后，悲痛欲绝的伯牙来到子期的坟前，抚琴哀悼自己的这位知己，当曲目弹完后，伯牙在子期坟前将琴摔碎，并且发誓终生不再弹琴了。

所谓"知音弹于知音听，不是知音莫与弹"，仅仅一曲《高山流水》，钟子期和俞伯牙成了知音。他们之间，除了心灵的相通，还有什么呢？钟子期死后，俞伯牙认为自己失去了知音，发誓永不弹琴。想来，也只有真心相交，彼此的友谊才会如此之深。

★……巴菲特的忠告……★

巴菲特觉得，交朋友，重在交心，彼此之间不应该掺入其他任何杂质。而且，我们必须以心交心，如果你一味地做表面文章，那么，你最终会失去这位朋友。交友要交心，因为只有心灵之交才会肝胆相照，才会使彼此成为知音。

1.真诚

在这个世界上，任何事情都是双面的，对于交友，更是如此。朋友应该以诚相待，你用心待人的时候，朋友也会用心待你。如此将心比心，才能交到真正的朋友。在日常交际中，我们要相信这样一个道理：真正的朋友，彼此间没有距离，只有心灵的默契。

2.与利益无关

真正的朋友之间是没有利益约束的，彼此之间都是平等的，没有丝毫的虚假掩饰。就好像巴菲特与他所认识的朋友一样，假如朋友与利益相关，那是否可以证明巴菲特所拥有的朋友最多呢？当然不是，朋友相识就是一种缘分，凡事不应该以自己为中心，顾及到个人的得失，如果朋友之间存在着巴结、奉承，那么，所谓的“朋友”就如同一件虚伪的外衣。有的人因功利性目的结交朋友，只要目的达到了，就形同路人，如此只能算利友。

3.互帮互助

俗话说：“岁寒，才知松柏常青；事难，方识君子小人。”若朋友有难，我们应该倾力相助。在生活中，许多唯利是图的人，一旦朋友有了不测风云，心中就沾沾自喜，或者“事不关己，高高挂起”，这样的人是不会交到真心朋友的。朋友之间，不在于小恩小惠，而在于心与心的交融。

重视亲情人生才是成功的

巴菲特说：“只有重视家庭和亲情，人生才是完整的，才是真正的成功。”有人说，衡量一个人是否成功，要看他是否成功地经营了自己的亲情，任何一个只在事业或其他方面突出而淡泊亲情的人，都是不够完善的。

巴菲特以超高的投资智慧享誉世界，可以说，他是一个全世界为之关注的人。但是，就是这样一个成功人士，他却没有因为自己头上的光环而陷于不停的交际中，他依然重视亲情，过着简单的生活。除了平日里的工作，巴菲特更多时候待在家里，他喜欢和家里人在一起，聊天、打桥牌，即便彼此坐着看报纸，但那就是一种值得珍惜的生活状态。亲情，可以说是世间最圣洁、最美好的感情，是人与人之间血脉相连的关系，没有什么可以超越这种与生俱来的伟大。

1898年5月1日，美国的马尼拉湾大战开战，当时指挥员命令大家脱去衣服，随时准备投入战斗。其中一位弹药手在匆匆脱掉上衣时，没有拿住，上衣被风吹进了大海，当衣服飞出船外时，他立马向舰长报告，请求允许他下海把上衣捞上来，可是舰长因为急于迎战，没有批准他的请求。这位弹药手听后，立马走向船的另一头，爬下梯子，跳进海里捞回那上衣，当他回到船上，却因为违反军令而被戴上了镣铐。

战斗结束后，杜威将军无意中听说了这个案子，他对这位弹药手很好奇，为什么为了一件衣服，而冒着生命危险违反军纪。

杜威将军和他谈话的时候，他哭了。原来，当时他正在看自己母亲的照片，并亲吻了那张照片，然后把它放进了自己的上衣里，结果，脱衣服时，衣服不小心掉到了海里。将军含着眼泪听完了他的故事，然后将他从椅子上扶起来，并深深地拥抱着他，随即，将军下令赦免了这位小战士。

“一个冒着生命危险去抢捞自己母亲照片的孝子，在这艘舰艇上是不能被戴上镣铐的。”将军感慨地说。

亲情，也许是这个世界上最平凡的了，它没有爱情的轰轰烈烈，也没有友情的豪情万丈，可是，亲人的一声问候，一句叮嘱就能让我们感动，因为我们在那短短的问候中感受到了深深的亲情。温暖的故乡，家里未熄灭的灯火似乎都在等待着自己的归去，这可能是我们在陌生的他乡，在安静的夜里，在孤独无助的时候最思念的。

其实，在生活中，许多人并不知道珍惜亲情，往往视而不见。我们不懂为什么孤儿眼中总是充满渴望，我们不知道珍惜对他们而言最幸福的东西，直到有一天亲情离我们而去，才后悔莫及。

★……巴菲特的忠告……★

巴菲特觉得，只有亲情才是自己最重要的财富。尽管他与儿女、妻子、父母并不住在一起，但亲情却将他们捆绑在一起。巴菲特说："一个人的道德观来自家庭，而不是其他地方。"不论对三个子女还是妻子，还是自己的父母，巴菲特都给予了家人般的关怀。在小女儿苏茜小的时候，巴菲特天天站在床前唱睡眠曲《在彩虹的另一端》。除此之外，巴菲特还很喜欢与家人团聚，他说："在美国，家庭的所有成员难得聚在一起。"但巴菲特可以把家人团聚在一起，可见其家庭中亲情的浓重程度。在平日里，他经常带儿子、儿媳、女儿、女婿转机去太阳谷，并亲自驾车，这在旁人看来十分羡慕。

1.人生最大的成功是重视亲情

衡量一个人成功的标准是什么？豪车？名宅？这些对于巴菲特的财富而言，简直微不足道。不过，巴菲特本人却觉得这些财富远远不如与家人团聚重要。在巴菲特的生活里，他把亲情看得很重，而且也做得很成功。

2.领悟亲情

智利作家米斯特拉尔曾这样写道："别以为只有我怀着他的时候才跟我骨肉相连。当他将来下地自由走动时，即便远在天边，抽打在他身上的风也同样会撕裂我的肉，他的呼喊中有我的声音。唉，我的孩子，我的一笑一颦，其实都是你脸色的反映。"这是一个母亲的心声，更是亲情的呼唤。

生活中，困难和挫折总会陪伴在我们的身边，有了它们，我们才拥有一个完美的人生。但是，当我们失败的时候，陪在身边的只有父母，他们不管你失

败了多少次，总是轻轻地鼓励着我们。当我们成功的时候，也许别人只会关注我们成功的辉煌，唯有父母总会关切地问候我们：累不累？

善待你的合伙人，让合作更长远

巴菲特与查理·芒格是工作上的合作伙伴，不过他们早已超越了这层关系。用巴菲特的话来说，合作伙伴即是朋友。尽管芒格有时候比较顽固，心不在焉，而且举止有些唐突，但巴菲特却这样说："他就是我的最佳拍档。"他们两人在智力上的结合有一个不那么显著的因素，被紧密地融入二人合伙的是巴菲特的恩师——格雷厄姆。芒格和格雷厄姆住在同一个镇上，因此相识，他们在某些方面的相似度是极高的，比如，两人都敬佩而且故意效仿富兰克林，都比较幽默，极具讽刺性，有时又滑稽，对文学、科学以及大思想家的学说十分感兴趣。基于这样的关系，巴菲特与芒格不仅成了事业上的合作伙伴，还是心灵相通的朋友。

巴菲特在29岁的时候认识了芒格，那时他已经有了很丰富的投资经验。在奥马哈，两人就开始了首次谈话，后来又常常在电话里讨论事情，而且一讨论就是好几个小时。当时，芒格已经准备成立一家律师事务所了，可是巴菲特却极力劝阻他，让他改行成为一个专业的投资者。巴菲特这样劝芒格："律师其实可以成为你的业余爱好，你可以在其他行业更有出色的表现。"

结果，不可否认，他们在一起这个共识改变了彼此的一生。芒格曾说过："尽管我们有各自的投资事业，但是这并不影响我们相处得很好，不管是好朋友，还是事业的合作伙伴，依我来看，我怎么能不喜欢这个喜欢阅读以及思考胜过送杂货的年轻人？他从他的阅读中学习，包括他祖父的手稿《如何经营杂货店和钓鱼二三事》。"正是两人都彼此欣赏，才从最初一直走到现在。

巴菲特说过："虽然我们都有各自的性格，但恰巧的是，我们能相互配合，我们一直在很多方面都是很好的搭档，虽然我们不是正式的事业伙伴，但一直是智慧上的伙伴。"对此，巴菲特总称芒格为"好念头的资浅伙伴，坏念头的资深伙伴"。其实，不管是当年他们合伙收购蓝筹印花，还是一起建立多元素零售公司来收购百货公司，他们已经是合作伙伴了，其实就是这样，合作都是在相互信任相互尊重的基础上建立起来的。

从20世纪60年代初到21世纪初，他们都是通过电话来商讨结果的，真正作决定就约定在老地方见面。另外他们还约定，如果一方没有按时到来，那么另外的一方则有权提前作出决定而行动。对此，巴菲特说过："对于我们两个人，就算其中一个人不能来到，另外一个人也有足够的能力来应对将面临的一切。"而巴菲特对芒格的评价则是："芒格比任何人都能够看准时机，并且能随时洞察错过的机遇，他能在60秒内分析出事情的弱点，他是一个完美的合作伙伴。"

而对于巴菲特这样一位合作伙伴，芒格则这样说："一个完美的合作伙伴，是一个独立运作的人，而这个合作伙伴可以是从属关系，也可以主导关系，还可以是对等的合作关系，其实，这三个关系我都从事过。当作为一个从属关系的时候，我并不会因为自尊心的受损而去拒绝，因为我知道，在成为一个成功的领导者前，我总需要从属于一个成功的领导，那样我才能学习在不同人身边演绎不同的角色。"

曾经有位认识巴菲特和芒格的人说过：他们两个非常相像，而巴菲特的长处之一是敢于说"不"，而芒格则更胜一筹，而巴菲特就是把芒格当成最后的试金石，如果对于一件事情，芒格想不出任何拒绝的理由，他们就会放手去做这件事。因为，巴菲特常称芒格是"说'你'的烂人"。不过，这当然是一句玩笑话而已。巴菲特说过："芒格的思维是跳跃的，他思考事情的方式跟别人不一样，总能想到别人想象不到的，能从他的一些有趣的推演中得到关键的事

物，并以此作出正确的决定。”虽然芒格否定了很多事情，但得出来的结果还是和巴菲特的结论很相似。

★……巴菲特的忠告……★

巴菲特觉得，大家既然聚到一起，成了合作伙伴，就算是朋友了。不过，不论什么原因，那都是为了“合作”这个共同目标。因此，善待我们的合作伙伴，致力于实现双赢，这样于己于人都是有益的。

1.树立自己的声誉

有时候，不能因为自己财力强大，就不善待自己的合作伙伴，千万不要做过河拆桥的事情。假如你因为一个小问题得罪了一个技术上的合作伙伴，不要以为别人不知道，人家会到处说你的不是，正所谓“好事不出门，坏事传千里”。尽管你会因为自己的强大而不断结识新的合作伙伴，不过，你的声誉也大打折扣，那些合作伙伴也不放心跟你打交道了。

2.尊重合作伙伴的意见

如巴菲特和芒格一样，即便两人都有自己的观点和想法，他们也会互相尊重，而不是争执。只要你表现出足够的尊重，将真实的想法说出来，势必会达成一个最终的共识。任何一种合作关系的建立，合作双方都需要善待对方，平等对待对方、按规则办事、合理对待合作伙伴，这样关系才能维持长久。

第13章 崇尚简单，我们需要享受人生和生活

吸引我从事工作的原因之一是，它可以让你过你自己想要的生活，你没有必要为成功而打扮。

——巴菲特

巴菲特一家人是怎样生活的

众所周知，巴菲特是投资天才，可以说他是世界最富裕的美国人之一。不过，巴菲特自己却不这样认为，他认为自己还具备人生的另外一种财富，那就是快乐。巴菲特说："活着，快乐最重要，没有必要痴迷于财富。"人生是短暂的，人活一辈子，快乐最重要。当我们拥有健康的体魄，在快乐的心境中做自己喜欢的事情，完全地实现自身的价值时，那就是人生最快乐的事情。或许，人们会觉得金钱在生活中也占据着重要的位置，实际上，钱财生不带来，死不带走，钱并不是万能的，它不能买来一切。因此，在生活中，我们需要更多地珍惜自己拥有的生活，感受点点滴滴的快乐，而不是痴迷于财富。

2006年6月，被誉为"股神"的著名投资家——世界级富豪沃伦·巴菲特向慈善事业捐款总价达370亿美元，这些财富约占其私人财富的85%。

对此，《纽约时报》的一位记者问他："您把部分财富都捐了出去，您会

给您的孩子留下什么呢？”沃伦·巴菲特回答说：“我已经把最珍贵的财富留给了我的子女啊。”在接下来的访问中，巴菲特阐述了“活着，快乐最重要”的人生宗旨。

巴菲特说：孩子们小的时候，我并没有过多的要求，而是让他们做自己喜欢的事情，玩泥巴侍弄花草，听音乐唱歌，看摄影作品，在田野里疯跑，都是孩子们生活的内容。我所做的就是尽量使孩子们快乐，并给他们提供尽可能多的事物，让他们有更多的选择余地。我也从来没有要求他们必须成为企业家，而是让他们选择自己喜欢的事情。后来，儿子霍华德成了摄影师，小儿子彼得成了音乐家，女儿苏茜虽然是家庭主妇，但绝非什么事情都不做的阔太太，他们在自己的岗位上生活得很快乐。

“儿子霍华德生意失败后，我并不想帮他，因为自己栽倒了就要自己站起来，可是经不住妻子的再三劝导，我还是给儿子霍华德买了家农场，但霍华德必须按期缴纳很高的租金，否则农场立即收回。我问霍华德敢接受吗，霍华德接受了。几年后，霍华德的农场蒸蒸日上，并不断涉猎不同行业。后来，霍华德发现经商并不能使自己感到快乐，在生意的高峰时期他放弃了经商，一心做起了摄影，现在过得也不错。”

“我取得今天的成绩，很大程度上源于我勤于思考，总结了一些规律。所以，我经常告诫孩子们要养成思考的习惯，并在勤于思考中学会善于思考。几年前，霍华德在农场站住脚后，不断捕捉市场信息、思考总结，生意做得越来越好。在他的摄影事业中，勤于思考也让他受益匪浅。小儿子彼得也经常在寂静的时候思索创新，寻找灵感，创作了许多动人心弦的音乐作品，苏茜也喜欢思索自己感兴趣的事。”

“活着，快乐最重要，亿万财富不会给人能力和成长，反而会消磨你的激情和斗志。从一定意义上说，金钱只是一串没有任何意义的数字，只有乐观、自信、勇敢、勤于思考的性格才能收获快乐而丰富的人生。因此，可以说，我已经把我最珍贵的财富都赠送给了我的孩子们了。"

对巴菲特这样的亿万富翁而言，人生最重要的并非财富，而是快乐。而对于我们这样的普通人来说，何尝不是一样呢？人生在世，最重要的就是快乐，而不是别的什么。人生就是一条流淌着的河流，简单而快乐。然而，当我们在追逐一些东西的时候，如金钱、权利、名誉等，我们就会慢慢迷失自己，而忘记了人生中最重要的东西是什么。

★……巴菲特的忠告……★

巴菲特告诉我们，人活着最重要的就是快乐，那是因为一份好的心态对于做任何事情都是重要的。

1.快乐是人生的常态

在日常生活中，每个人都不可避免地会遭遇痛苦，诸如在一次比赛中失败或者失去了最宝贵的东西，但是，我们依然可以活得很快乐。人生中不可避免面临痛苦，但是，快乐才是常态，痛苦只是小插曲。

2.让快乐成为一种习惯

让快乐成为自己的一种习惯，我们不需要太多的寻寻觅觅，不需要太多的权衡，只需要放下那些过于高远的想法，给自己的快乐画一条最浅的底线，你就会发现生活中的快乐越来越多，感觉每一天都是富足而充实的。有的人习惯于忙碌奔波，深陷名利而不能自拔，蓦然回首，才发现真正的快乐恰恰就在出发的原点，而当年他们却坚信快乐会在更远的地方。如果你埋头工作了许久，那么，请站起来，推开窗，深深地呼吸，放眼远望，微笑抑或呼喊，慢慢享受这一刻，学会在最琐碎的事情中品尝快乐的滋味！

人活于世，最重要的是什么

巴菲特说："我周围的许多人智商都比我高，工作时间更长、更努力，但是我的特长是更理性，善于掌控情绪。我必须能够控制住自己，不让情绪左右我的理智。保持理性，才能战胜不理性的市场。我们没有必要和别人比聪明，却有必要和别人比自制力。许多人读书很聪明，可是走向社会后却混得不好，往往就证明了这一点。做任何事情都是这样，股票投资当然也不例外。"对此，巴菲特说了这样一句名言："你不需要成为一个火箭专家，投资并非智力游戏，一个智商为160的人未必能击败智商为130的人，理性才是最重要的因素。"生活中，何尝不是这样呢？有时候，情绪不仅是心灵健康的庇护神，而且，它对于我们的决胜也异常重要。在现实生活中，面对不同的环境，不同的对手，我们采用何种手段并不重要，控制好自己的情绪才是至关重要的。

1970年初，美国股市直线下跌，面对这种情况，巴菲特本人却表现得十分冷静。华尔街很多著名股票都在猛跌，股市呈现出一片混乱的状态，巴菲特与生俱来的投资头脑则开始发挥作用。

巴菲特通过调查和筛选，最终报刊业吸引了他的目光。从1973年中期开始，他就果断地作出悄悄购入华盛顿邮报股票的决定，因为他发现，用不到企业四分之一的价格就能买下，这必然是一笔获利很多的买卖。但是，在当时的情况下，其他的投资者早已因为情绪恐慌而忘记了这一点。

巴菲特买入的股票越来越多，当时的华盛顿邮报总裁凯瑟琳·格雷厄姆因为不知道谁在大量地买入自己的股票而坐立不安。1974年，当她知道巴菲特这个神秘的人物时，只好请求巴菲特看在这是她父亲留给她的基业的份上而手下留情。最后，巴菲特答应了，条件是华盛顿邮报董事会有他一个位置。就这样，他们成了很好的合作伙伴。然而，华盛顿邮报也因为巴菲特的介入，取得了年增长30%的高额利润。而当时巴菲特投资的1亿美元，也在10年的时间里增长到了2亿美元。

看完这个案例，或许有人认为这源于巴菲特的目光敏锐，找到了这样一个很好的投资机会。其实，与其说巴菲特眼光独到，还不如说他善于掌控自己的情绪，在股市中镇定自若，善于思考，从而寻找到了一个好机会。

★……巴菲特的忠告……★

巴菲特的老师格雷厄姆认为，对待股票价格波动的正确态度，是所有成功的股票投资的试金石。从经验上看，成功的股票投资者，大部分个性稳定。假如你具有数学、财务、会计方面的高超能力，却没办法控制自己的情绪，那你很难投资成功。为此，巴菲特在给《聪明的投资人》一书中第四版所写前言中特别提到，股票投资要想取得成功，必须学会控制自己的情绪，这样才能从别人的愚蠢行为中赚钱，否则你自己就可能做出蠢事，让别人赚钱。

1.强化自己“控制情绪”的习惯

巴菲特的合作伙伴芒格，有一次在斯坦福法学院演讲时提到，很早以前，自己和巴菲特在明白了拥有某种性格就可以让自己获得更大成功的时候，就会努力去强化这种性格。由此来看，不断地学习并强化训练，慢慢地，就能学会掌控自己的情绪，这样我们才能真正成为情绪的主人。

2.与消极情绪作斗争

情绪是指人们对环境中某个客观事物的特种感触所持有的身心体验，是一种对人生成功活动具有显著影响的非智力潜能因素。一般情况下，那些成功者会控制自己的情绪，失败者则被情绪所控制，而那些能够控制情绪的人，实际上就是心理障碍突破最多的人。

3.好的情绪可以引领成功人生

有时候，我们评价一个人的标准，只需要看一个人的涵养和行事的风格，

就能判断其是否是可塑之才，能否成就一番事业。因此，如果你想成为一个卓越的人，除了具备一定的常识和能力之外，还要控制好情绪。能够做到这一点，就可以化阻力为助力，助你化险为夷；相反，若是不能掌控好情绪，便很容易激怒，甚至，做出一些非理性的行为，从而给自己带来一系列麻烦。

掌控情绪，不能被情绪掌控

巴菲特认为，良好的心理素质是成为一个成功的投资人的必要条件。因为投资既能让人一夜暴富，也能让人一夜倾家荡产，而这就是投资事业最吸引人，也是最让人致命的地方。因此不管处于高处还是跌落到谷底，只有具有良好的心态才能让你继续成功。在生活中，我们总是纳闷：为什么有的人就是比其他的人都成功，赚更多的钱，拥有不错的工作，而许多人忙忙碌碌地劳作却只能维持生计。在我们懊恼的时候，我们应该清楚，人与人之间并没有太大的区别，唯一不同的可能就是心态。心理专家直言不讳："心态决定一个人的命运。"你对这个世界抱着怎样的心态，那么，你的命运就将怎样。哲人说："你的心态就是你真正的主人。"谁都无法掌控自己的命运，但心态却可以，积极的心态与消极的心态所产生的后果是大相径庭。

儿子陪同父亲去参观凡·高的故居，当看见一张小木床和裂口的皮鞋时，儿子感到不惑，就问父亲："凡·高以前不是一个百万富翁吗?"而父亲则对儿子说："他是一个连妻子都没有的穷人。"第二天，他们到了丹麦，在安徒生故居前，儿子又问父亲："安徒生不是一直生活在皇宫里吗?""他是鞋匠的儿子，他一直都生活在这阁楼里的。"父亲如实地回答。

这个儿子后来成了美国第一位普利策奖的黑人记者，他的名字叫做伊东·布拉格，而他的父亲还是一位奔波于大西洋各个港口的水手。

20年后，伊东回忆童年时，说道：“那时我们家很穷，父母唯有靠苦力生活。我从懂事后，一直认为我们这种黑人低位卑微，不会有任何出息，是父亲，他让我认识了凡·高和安徒生，他们告诉了我上帝没有轻看卑微。”

其实，很多时候，是那些出身卑微的人看低了自己。虽然，一个人的相貌、家境等先天条件都是我们无法改变的，但至少我们的心态是由自己控制的。心态，将决定我们人生的高度，将决定我们的命运。

很多年前，姐妹两人出生在一个贫穷的乡村，为了改善贫困的环境，她们决定离开家乡去海外发展。姐姐幸运地被当成奴隶卖到了富有的旧金山，但是妹妹则被卖到了贫困的菲律宾。

当多年后姐妹幸运地聚到一起的时候，她们今非昔比。经过几十年的努力，她们都取得了各自的成功：姐姐成了旧金山的侨领，拥有两间自己的餐馆，两间洗衣店和一间杂货铺，而且膝下儿孙满堂，有些已经继承了她的事业，有的则成了杰出的工程师等专业人才。而妹妹呢？则成了全世界有名的园林设计师，东南亚很大一片山林、橡胶园和银行都成了她所拥有的。

姐姐告诉妹妹:“当我们初到这个白人的社会时，什么都没有，只有一双手，为他们煮饭，给他们洗衣服，只要他们不愿意做的事情，我们都会做，唯有这样才能生活下去，更不敢说有自己的事业。别看我的后代虽然读了很多书，但是也只有安安稳稳找份工作活下去。”姐姐得知了妹妹的现状，羡慕她的幸运，而妹妹则说：“我从来没有觉得幸运过，开始也是从最低贱的劳动做起，对于这里的人不做的事自己则去做，就这样，慢慢地，才有了现在的产业。”

本来，姐姐是比较幸运的那一个，但后来，妹妹却成了最成功的那一个，这是为什么呢？这告诉我们，有时候，影响人生的绝不仅仅是环境，而是心态。心态控制了我们的行动和思想，同时，心态也决定了我们的视野、事业以及成就。一个人能否获得成功，关键在于心态。成功者与失败者之间的差别

是：成功者始终保持积极乐观的心态来支配和控制自己的人生，而失败者则刚好相反，他们的人生受过去的种种失败与疑虑引导支配，所以，他们离成功总是那么遥远。

★……巴菲特的忠告……★

其实，巴菲特乐观的心态并非仅仅反映在对股市的态度上，还有他对生活中各种遭遇的良好心态。此前，巴菲特经诊断患有早期前列腺癌，不过，就在他召开股东大会期间，他还笑着说："我有四名医生，其中至少有两人持有伯克希尔——哈撒韦公司股票。他们提出各种治疗方案，没有一个人建议我入院治疗，也没有要求我休息。"

1.心态源于生活的体验

人之命运，取决于心态，而心态积极与否，源于生活中的体验，这是可以把握的。一个庸庸碌碌的人，往往受到事情的驱使，会变得机械化，他马不停蹄地工作，从而产生了烦躁的情绪，而负面的情绪也随之涌来。其实，生活中的快乐是很容易找到的，关键在于我们的内心感触。用内心的细腻去感触那些隐藏在生活中的点滴快乐，你的情绪就会变好，与此同时，你的心态也将变得积极而乐观。

2.保持良好的心态

爱默生说："一个朝着自己目标永远前进的人，整个世界都给他让路。"无论做什么事情，一个人的心态非常重要，你是激情地工作，还是机械地工作，结果是完全不同的。有时候，命运悲惨并不是我们不具备实力，而是我们容易被环境左右，心态消极、悲观，容易沮丧。只要我们相信心态的力量，调整好心态，勇敢地去面对生活中的一切不如意，不气馁，勇敢地走下去，就一定会收获幸福和快乐。

心态如何，取决于我们对生活的体验

巴菲特认为，人生最理想的生活状态就是以自己想要的方式生活。他这样告诉所有的年轻人："哲学家们告诉我们，做我们自己所喜欢的，然后成功就会随之而来。"人的一生，究竟以什么样的方式生活才是最理想的呢？或许，这是一个没有标准答案的问题。我们问一千个人，就会有一千个不同的答案。不过，我们应该知道对于"成功"有多种定义，有的人选择追逐名利，他们依然觉得这样的生活很幸福；有的人一生都在灯红酒绿中度过，他们何尝不幸福呢？还有的人在平淡中充实着，在日复一日的工作和生活中度过平凡的一生，这何尝不是一种理想的生活方式呢？其实，巴菲特已经告诉我们正确答案了，就好像他对自己人生的规划，以及给予子女最大的自由去寻找自己想要的生活方式一样，人生真正的理想生活方式只有一种，那就是以自己想要的方式去生活。

在墨西哥海边的一个渔村码头上，一个美国人看见一个墨西哥渔夫划着一艘小船正在靠岸，而船上有好几条大黄鳍鲔鱼。他对墨西哥渔夫能抓住这么高档的鱼而恭维了一番，并且问他要多久才能抓这么多。墨西哥渔夫回答："一会儿工夫就抓到了。"美国人则问："既然只要一会儿，为什么你不多抓一会儿，那样就能抓到很多鱼了？"墨西哥渔夫则漫不经心地回答道："这些已经够我全家人生活了。"

美国人想不通，继续问道："那你一天中剩下的时间都去干什么呢？"

墨西哥渔夫则说："我每天睡到自然醒，然后抓几条鱼，回来则陪我的孩子一起玩耍，睡完午觉，去村子喝点酒，和我的朋友弹弹吉他，这样既忙碌又充实！"

美国人则不同意他的说法，想给他出主意："我是美国哈佛大学的企管硕

士，我认为，你现在应该每天多花点时间去捕鱼，捕更多的鱼，然后买一条大的渔船，这样你就可以捕捞到更多的鱼，然后你继续扩充你的渔船，成立一支捕鱼队，捕到的鱼也不用卖给工厂，你直接加工成产品出售，这样你就可以控制生产到出售的整个过程，然后你就可以离开这里，到墨西哥城，再到洛杉矶，最后可以搬到纽约去居住，在那里继续扩充你的事业。”

墨西哥渔夫则问道：“到达这一步我需要用多少时间，然后干什么呢?”美国人大笑道：“你可能需要十五到二十年的时间，到时候你就可以安然享受，一旦时机成熟，你就把你的公司上市，卖给投资大众，那样你就发财了，财产就是几亿几亿的了。”渔夫问道：“我赚到这么多钱，然后我该干吗呢？”

美国人说：“到时候你就可以退休了，到这样的渔村里，陪陪孩子喝喝小酒，做你现在做的事情了。”

“可是我不是已经做到了吗？”渔夫疑惑地回答道。

有一句话总是在提醒我们：你不能在没有目标的生活中活着。这个目标，可以是工作，可以是理想，可以是金钱，可以是孩子，可以是老人，不过，唯一不可能的，就是自己。我们可以很委屈地活着，即便工作得很不顺心，即便婚姻勉强维持，即便人际关系不尽如人意，即便为了一个所谓的户口所在地，为了这些自己未必真正明白的主义活着，哪怕牺牲自己一生的幸福。我们唯一不能认可的成功是——人生的平淡。其实，谁又会明白，人生最成功的，不过是以自己想要的方式生活着。

★……巴菲特的忠告……★

巴菲特说，我总是让孩子们做自己喜欢的事情，或许这就是给他们留下的最珍贵的财富。在生活中，多少人把高官厚禄当成功，把身家百万当理想，他们把爱国、崇高、献身、成功、立业的情结发挥到了极致，看起来是大公无私，实际上就是在舍本逐末中苦苦挣扎。有时候看起来肩负重任，其实却在一个怪圈里忍受痛苦的折磨，他们遗漏了自由和自我。

1.做自己喜欢的事，让别人去说吧

一个小伙子在街头卖唱，有人说道："不要沿街卖唱了，换一个正当的职业吧，我介绍你去教书，在那里，你完全可以拿到比你现在高很多的薪水。"小伙子听后，先是一愣，然后问道："难道我现在从事的不是正当职业吗？我喜欢这个职业，它给我，也给其他人带来欢笑，有什么不好？"有时候，我们要坚持做自己喜欢的事情，让别人去说吧。

2.凡事遵从自己内心的选择

很多时候，我们的选择是无奈的，迫于现实的压力，迫于社会的压力，于是，我们按照周围人的意思选择了一种生活方式。不过，这样的方式是自己喜欢的吗？当然不是，活着，快乐才是最重要的。如果我们能够遵从自己内心的选择，那我们所收获的快乐与自由是不是更多呢？

人生最理想的生活状态是怎样的

生活本是一张白纸，需要你自己拿着画笔，一笔一画地勾勒出美丽的风景；生活本是一杯白开水，需要你自己往里面增添甜蜜、幸福、悲伤，调制出五味俱全的味道。生活本来是平平淡淡的，主要看你怎么来经营它。如果你觉得自己的生活太枯燥了，那就多培养一些兴趣爱好，多一些闲情逸致，这样生活自然丰富多彩了。巴菲特虽然80高龄，但他思维敏捷，妙语连珠，就在他80岁大寿之际，他还告诉《华尔街日报》Deal Joual栏目说："我打算工作到超过100岁。"是什么秘诀让巴菲特如此神采奕奕呢？当然是他平时所培养的兴趣爱好，生活中的巴菲特并不是什么天才，而是一个喜欢玩乐的老人。

听说，巴菲特经常在股东大会上一展自己的歌喉。此外，绘画是除了打

网球、高尔夫和手球式墙球外的另一个爱好，不过，他更喜欢打桥牌，他总是说："桥牌比鸡尾酒更有趣。"有一次，牌友问他怎么样才能在打牌时捣鬼，"用一个假名"，巴菲特开玩笑说道。此外，巴菲特说："我经常说，如果一个监狱的房间里有三个会打桥牌的人话，我不介意去坐牢。"

"巴菲特还是儿童时就开始打桥牌。他经常在互联网上打牌，而且牌瘾很大，经常熬通宵直到第二天股市开市，而奥斯伯格的电脑竟然出了问题，而答案就是他一星期大约要打12小时的桥牌。"这是一则《旧金山纪事》上关于奥斯伯格和巴菲特在网上对战桥牌的故事。

对此，巴菲特这样说："打牌方式与投资策略很相似。不论什么事情，只要根据当时你所有的信息，你认为自己有可能成功的机会，就去做它。但是，当你获得新的信息后，你应该随时调整你的行为方式或你的做事方法。这是锻炼大脑的最好方式，因为每隔10分钟，你就得重新审视一下局势。在股票市场决策不是基于市场上的形势，而是基于你认为你理性的事情上。桥牌就好像在权衡赢得或损失的概率，你每时每刻都在做着这种计算。"

对于每一个生活忙碌的人来说，闲情逸致并不是什么奢侈品，也不需要我们花费太多的精力。当你周末无聊的时候，窝在最心爱的沙发里，翻着一本心怡的书，泡上一杯沁香的玫瑰花茶，这时候，生活的情调就会慢慢萦绕在你身边，牵动你内心最柔软的部分。生活需要情调，而情调也充斥着生活的每一个角落，只是需要你去发掘它们，并弹奏出最优雅的调子。

★……巴菲特的忠告……★

巴菲特在每个时期都有不同的爱好，初中喜欢乒乓球，高中喜欢举重，大学参加划艇俱乐部。在每年的股东大会上，表演乒乓球时，都会有他的身影。他从高中到大学一直是高尔夫校队的成员之一，而且现在他和伍兹是好朋友，经常相约打高尔夫球。

1.远离城市的喧嚣

巴菲特喜欢幽静的环境，现在还居住在50年前买的老房子里，喝着喜欢的可口可乐，陪着老伴，周围是相处多年的老朋友，每天看看自己喜欢的报纸和书，在远离纽约等大城市的地方过着田园生活。

2.给生活增加一些情调

我们要学会雕刻自己，为自己的生活营造一些小情调。其实，生活中不是缺少了情调，而是缺少了发现情调的那颗细微的心。说到底，情调就是一种生活的态度，一种平和的心态，一份闲情雅致，一份优雅情怀。它就如同生活的调味品，为你的生活增添别样的味道，使你的生活不至于单调乏味。

更多时候，它只是一种愉悦的心情，那就是在微雨的天气，故意把雨伞收进包里，独自走在街上，感受细雨的蒙蒙，细雨的浪漫，那份怡然自得，也就是情调；在寂静的夜晚，借着迷人的灯光，穿上最美丽的衣裳，浅浅啜饮，品尝红酒的魅惑；夏日的午后，独自倚着窗，凭栏眺望，佳人品佳茗。情调，其实就暗藏在我们生活中的每一个角落，需要我们于细微处去发现、去体会。

多一点闲情逸致

巴菲特是亿万富翁，大女儿苏茜是奥马哈一家针织品商店的老板，大儿子霍华德是伊利诺伊州的一名普通农场主，小儿子彼得是纽约的一名音乐家。巴菲特这样评价自己的三个孩子：“这三个孩子都很聪明，有很好的判断力，他们都是正派的好人。”长子霍华德是一个农场主兼摄影师，女儿苏茜是家庭主妇，彼得的一对双胞胎女儿是超市的营业员，这一家人过着十分平凡的生活，看上去与传说中的“股神”实在很不相称。对此，许多人问巴菲特：为什么不让子女来华尔街继承你的事业呢？巴菲特却回答说：“我们一家人只想过平凡的生活。”

小儿子彼得的自传《做你自己》出版后，在接受记者访问时他坦言："事实上，我和父亲都在做自己热爱的事。"彼得出生在美国中西部的奥马哈小城，在20世纪60年代，随着美国社会经济的高速发展，1958年，父亲花费31500美元买下了一栋20世纪20年代初的老房子。在彼得看来，父母都是热心公众事务的人，他们积极参与了20世纪50年代末和60年代初的民权运动，彼得说："父母从小就告诫我们，要做对社会有用的事，应尽力与人分享有价值的思想和行为。"在彼得很小的时候，母亲便鼓励子女与不同的人交往，在交往中，去了解不同的人背后不同的故事。据彼得回忆，当时，母亲在家中接待了来自欧洲和非洲的交换生，其中一个来自捷克的孩子与他们住了很长一段时间，长大后的彼得再次回忆起这段往事时，对人生的理解都会加深一层。

大儿子霍华德是农场主兼摄影师，他记得父亲常说的一句话是："有时你给孩子一把金汤匙，没准是把金匕首。"有能力的父母给予子女的财产应该够做任何事，却远远不够无所事事。在霍华德看来，父母给予自己最重要的帮助不是金钱，而是对每个孩子的爱和充分尊重。

可以说，巴菲特是有史以来最伟大的投资家，他凭借股票、外汇市场的投资，成为世界上数一数二的富翁，他所倡导的价值投资理论更是风靡世界，虽然说富可敌国，但巴菲特一家人的生活却十分平凡。迄今为止，巴菲特还住在美国内布拉斯加州奥马哈，那所50多年前仅仅花了3万多美元买下的老房子里，他所谓的豪车是"蓝色林肯轿车"，他家里没有仆人，简单大方，和任何一个温馨的家庭一样。即便他办公的地方，午餐也是极为简单的，如爆米花、薯条、樱桃可乐等。

实际上，像父亲一样，巴菲特的儿女们都不是财迷，与那些富家子弟比起来，他们显得很普通，他们所追求的是舒适的生活而不是奢侈的生活。巴菲特的大儿子霍华德是一位农场主，他长时间在美国伊利诺伊州种植大豆和玉米，他还远赴非洲，在那条件艰苦的环境里，整整生活了4年，就连巴菲特都说："我受不了那种生活。"

女儿苏茜是一个低调的人，之前，她曾在《新公众》杂志社工作过一段时间，接着在华盛顿哥伦比亚特区担任《美国新闻与世界报道》栏目编辑的行政助理，虽然每个月只拿525美元，但她很喜欢这份工作。身为大女儿，她很关心父亲的感情生活，她还为父亲主持了第二次婚礼。在巴菲特76岁生日那一天，巴菲特与女友孟克斯结婚，他们的婚礼十分简单，仅仅持续了15分钟，而这场非公开婚礼主持人就是苏茜。

或许，我们难以想象，一个亿万富翁会过着如此简单而朴实的生活，但确实，这就是巴菲特一家人真实的生活。孩子们只是从父亲那里继承了少部分的钱，并从事着各自钟爱的事业，各有各的精彩。但是，有一点是相同的，那就是他们都在运用手中的财富去帮助更多的人。

★……巴菲特的忠告……★

在生活中，巴菲特对孩子们十分抠门。他曾给霍华德买下了他现在经营的农场，但霍华德必须按期缴纳租金，否则立即收回，这对于退学不久的霍华德而言，艰难程度可想而知。不过，正是在这样艰苦的环境下，才锻炼出了霍华德的好品质，有人曾这样评价霍华德："他非常聪明，在政治上具有高度的敏锐感，但尤为重要的是，他继承了他父亲身上那种诚实、正直的美好品质。"

巴菲特对彼得的支持并非金钱，当年，彼得搬家之前曾向父亲借钱，这是彼得唯一一次向父亲借钱，却遭遇了拒绝，巴菲特的理由是："钱会让我们纯洁的父子关系变得复杂。"后来，彼得气愤地去银行贷款，他说："在还贷的过程中，我学到的远比从父亲那里接受无息贷款多得多，现在想来，父亲的观点对极了。"

在子女们眼里，父亲巴菲特并不是什么名人，他们几乎感受不到自己在和世界第二富豪一起生活。不过，令人感到欣慰的是，父亲身上那种诚实、正直、友爱、宽容的品质都遗传给了他们，让孩子们意识到：人生的意义在于用慈善来帮助世界，而不是对父亲的亿万财产寄予希望。

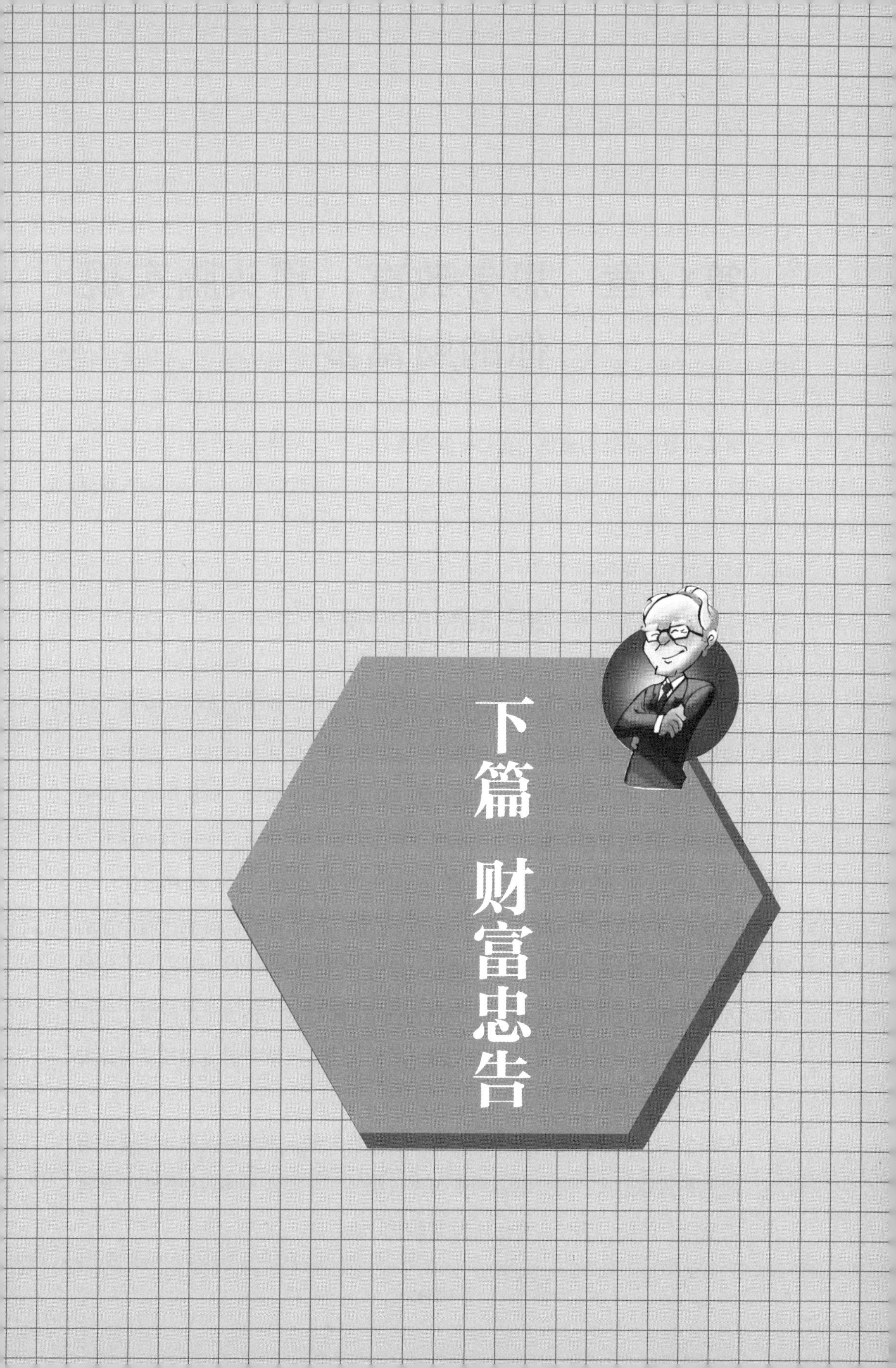
下篇　财富忠告

第14章　思考致富，用头脑实现你的财富梦

用我的想法和你们的钱，我们会做得很好。

——巴菲特

一览巴菲特的投资人生

在投资界里，人们最渴望的投资就是“滚雪球”，俗语就是以钱挣钱，结果，钱变得越来越多。而对于投资鼻祖巴菲特而言，他才是最善于“滚雪球”的人。在冬天，漫天飘雪的季节，我们用手做成了一个雪球，然后把它放在地上，随着地面的雪不断向前滚动，小雪球在滚动的过程中就会变得越来越大，最后就会成为一个巨大的雪球。其实，这就是投资的诀窍。巴菲特9岁那年，他和妹妹在户外的院子里玩雪，一开始他一次接一片，接着，他把这些少量的雪积铲到一块，开始堆雪球。当雪球变大以后，巴菲特将雪球放在地上，这时雪球开始慢慢地滚动。巴菲特每推动一次雪球，雪球就会沾上更多的雪，他推着雪球滚过草坪，雪上加雪，很快，雪球变得很大，巴菲特感觉到推动雪球需要付出更大的力气了。

时隔多年，巴菲特将“滚雪球”运用到投资方面，很详细地阐述了这个道理。要想把雪球滚大，需要具备两个条件：第一，是要有一座很高的山，并且向下时有很长的坡；第二，自己周围要有很湿的雪。

在巴菲特的理解中，很高的山就是股票，他说过：“在我17岁的时候就对股票有了很多的了解，所以我的山是很高的，我是非常幸运的。”而看准投资的机会则是他所说的“很湿的雪”，当我们购买的股票低于实际的价值时，就出现了投资的机会，对于这种情况，巴菲特是这样说的：“我们只是在固定的时间会选择一只特殊的股票，我们只会选择一两种股票，尽管有数千种股票供我们选择”。

巴菲特的滚雪球的基本步骤则是：

1.先寻找一处高山长坡，虽然选择很多，但注重自己所看重的就可以了；

2.等待湿雪的出现，然后投出自己决定性的力量；

3.剩下的就是滚雪球了，期望自己的雪球越滚越大。

其实，证券市场这个工具给人类提供了获得财富的机会，只要你选择成功了，那么你将得到一笔财富，正如索罗斯说的：“在金融市场里，选择比勤奋更重要。”当然，我们的第一笔财富还是通过自己的勤奋而取得的，巴菲特也不例外。而他说的滚雪球，只是说在现代的金融市场创造财富比积累财富更快而已。

最开始，巴菲特只是从小投资入手，渐渐地，扩大自己的投资范围，于是，小雪球变成了大雪球，而巴菲特所拥有的财富也越来越多。当然，所谓的“滚雪球”战略也是需要条件的，并不是随便一个雪球都可以滚大的。就像巴菲特所说，必须具备两个条件：很高的山以及湿润的雪地，否则，雪球只会越来越小，或者直接滚下了山崖，那对于我们而言，将一无所获。

★……巴菲特的忠告……★

在投资界，巴菲特算是首屈一指的人物。而巴菲特所倡导的“滚雪球”思想，其实就是我们所说的“战略增长”思想。战略增长所指的是可以持续增加收入并持续盈利的增长，这种增长的核心在于为产品或服务找到一个稳定的、不断扩大的需求。

1.需要一个稳定的需求品

可口可乐这个产品的构想是以地球上每个人的“胃纳量”为标准来定义其收入水平的，而不是以企业过去的增长速度来定义未来的增长。其实，可口可乐的营销战略革命，与巴菲特投资可口可乐的时间大致相同。其实，巴菲特所选择的投资大部分都是“必需品”，比如可口可乐、麦当劳、中石油等，这些是巴菲特通过自己以及周围人的生活观察到的需求。因此，巴菲特差不多是在战略增长处投资，而不是随意改变。

2.选择合适的投资机会

当选定了一个稳定的投资产品后，就需要选择合适的时机了，那必须是产品正在蓬勃发展的时期。我们不可能去选择一个快被市场淘汰的产品，也不可能去选择一个正在走下坡路的产品，这样对于我们的投资是一种冒险。最合适的时机就是产品正在向前积极发展的时候，这样我们才能捕捉到最佳时机，从而使我们的投资达到理想的效果。

学会如何将“雪球”滚大

格雷厄姆曾教导巴菲特两条投资的定律：第一条，永远不要亏损；第二条，永远不要忘记第一条。这也是巴菲特从老师那里所学到的最重要的投资原则之一。其实，这两条定律的真正含义就是，在投资过程中，作为投资者最应该关注的不是赚钱，而是确保自己的资本安全，因为资本是投资的有力基础。在投资中，需要确保资本安全的原则，其实体现了一个投资者的投资态度。正应了那句老话：“态度决定一切。”确保资本安全就是要我们在投资中随时都

保证自己不赔钱，保住自己的资本为第一目的。换言之，那就是在投资时慎之又慎，正所谓“不赌为赢”，在投资中能够有效地保住资本，其实也是一种赚钱方式。

巴菲特的大儿子霍华德当初办农场的时候，为了偿还父亲的债款，他开始做投资。霍华德最初投资股票的时候，由于没有经验，像市场上的许多投资者一样，他看到股市形势一片大好就盲目地买进股票，而眼见股市出现低迷就心慌意乱，忙着把手头的股票抛售，结果可想而知，这样的投资方式不仅没赚到钱，而且失去了资本。

听说儿子投资股票失败，巴菲特心想正好可以给孩子上一课，他教导儿子说：“投资的目的虽然是想赚更多的钱，不过，很少人会去想怎么样才能保证自己能够赚钱。实际上，要想保证自己赚钱的第一点就是保证自己投到股市里的资本的安全，不要去做一些没有把握的投资，投资之前一定要做详细认真的分析，当你完全有把握时再采取行动。如此，一次保住资本的安全的投资，相对于多次盲目的投资会好很多。有时候，一次盲目的投资会让我们血本无归。保住你的资本是很重要的，因为市场处处隐藏着风险。”

巴菲特的每一次投资总是遵循“永远不要亏损”的原则，这句话听起来简单，甚至令人觉得不可思议，实际上每个在股市混迹的人都应该明白这句话的含义。正因为这句话看似简单，但真正做起来却很难。不亏损的投资，那定然是安全的投资。对于巴菲特而言，投资中安全是第一位，也就是说，保住自己的资本是首要目的。

一位亿万富翁为了给自己聘请一位私人司机，开出了很丰厚的条件，招聘的消息一发出，就有很多人前来应聘，结果经过层层筛选，只有三个符合条件的人被留了下来。

三个人不管是在技术还是人品方面都是不分伯仲的，为此，亿万富翁决定亲自担任最后一轮面试的主考官。亿万富翁问了他们同一个问题：“假如我现在正坐在车里，而前方就是一个悬崖，你们各自能在距离悬崖多远的地方把车停下来？”

第一位回答道：“我能在距离悬崖只有10厘米的地方把车停下来，并且保证您绝对的安全。”

而第二位则回答道：“我相信我能在距离悬崖1厘米的地方停下来，而且您绝对是安全的。”

最后一位应聘者是一位有着丰富经验的老司机，说道：“我可以如实地回答您，我并不知道我能在距离悬崖多远处停下车来，但是我知道，悬崖对于行驶中的车是危险的，为了保证您的安全，我会远离悬崖，并在距离悬崖很远的地方停下来，那样，您就不会有任何危险。”

结果，第三位应聘者成了亿万富翁的司机。

投资和开车，虽然这两者是完全不相干的，但其实也有道理相同之处。所有的投资者都像是那个司机，而股票就是汽车，在车里还拉着我们的资本。对此，我们一定要确保车里的安全，才有机会去做投资生意。假如仅仅在一次投资中，我们就赔得血本无归，那我们还有什么资本去进行投资呢？

★……巴菲特的忠告……★

在股市形势大好的情况下，又有谁能抵得住诱惑呢？又有多少人经不住诱惑而盲目投资，最终导致惨败呢？巴菲特就是一个把安全放在第一位的人，他做任何投资生意，所考虑的都是如何保住资本，因为保住了资本，即便这次投资失败了，下一次还有机会。如果盲目进行投资，遭遇失败，那就难以东山再起了。

1.任何时候都要给自己留一条后路

在投资中，我们需要为自己保留资本，因为资本是投资的有力基础。而生

活中，不管在什么样的情况下，我们都应该为自己留一条后路，不要等到山穷水尽了才后悔不已。为自己留一条后路以防万一，这才是最谨慎的做法。

2.在任何时候安全最重要

不管是在投资还是生活中，在任何时候安全才是更重要的。换言之，活着比什么都好，只要我们还活着，我们就有资本去打拼、去奋斗，去重新创造属于自己的一切。所以，不管遭遇失败还是挫折，我们都要振作起来，努力地活着，这样我们才有资本继续走下去。

要投资，首先必须有资本

巴菲特说："不轻易借贷，没有人会因为不借钱而破产。"从小巴菲特就明白一个道理，当自己想要赚更多钱的时候，积累财富是第一步，而不是寻求别人的帮助。小巴菲特通过当高尔夫球场的球童、报童来积累自己的财富，然后再用这些钱来投资。当然，巴菲特知道可以通过另外的方式来获取资本，那就是借贷，但他觉得这种方法并不妥当。投资本来就是一件有风险的事情，假如拿着借来的钱去投资，那就是更冒险的行为了。因为你一方面需要偿还借贷，另外一方面还要担心自己是否投资失败，双重的心理压力会给自己的投资带来一定的影响。就好像巴菲特所说，没有谁会因为不借钱而破产。即便面对在美国风靡一时的超前消费，巴菲特本人也是不赞同的。

阿美，公务员，月收入3000元。2015年11月，阿美如愿按揭了一套房子，拿到房产证的当天，阿美如释重负：我终于不必再租房了，我终于成为"有房一族"了，我终于是房子的主人了。

可是，每个月1715元的房贷让阿美感到"一天不上班的话，整个世界就会把你抛弃"。她觉得整个人都气喘吁吁地，除了买书，都不敢有任何的高消费，更不敢去娱乐也不敢生病，而自己的种种心酸别人并不知道，阿美终于知道自己不是什么风光八面的房主了，而是一个名副其实的“房奴”。

其实，阿美觉得如果不买房子的话，节约下来的钱一定会让自己的生活更上一个档次；还能对父母尽更多的孝心；如果不买这套房子，自己会生活得更有自尊，不会有任何其他的精神压力。相反，有了房子后，自己就失去了小幸福；这套房子给自己带来的不是什么欣喜，而是更大的压力。可是，阿美又常常问自己，买房难道就错了吗？可是以自己的能力，如果租房的话，每个月都要付房租，总感觉自己在流浪。如果在这两者之间取得平衡的话，唯有等待房价的下跌。

现在的房价一天比一天疯涨，大多数居无定所的年轻人决定了当“房奴”，在力所能及的情况下，过着比较拮据的生活。但是，房地产行业的利润高得让许多当事人都不好意思启齿，尽管阿美买了房子，但目前的现状，想必有一种复杂的情感。阿美的超前消费还算在自己的能力范围之内，即便过得辛苦点，但自己毕竟不再流浪了，也就心安理得了。如果所购买的消费品在自己能力之外，即便选择超前消费也填补不了那个无底洞，这时候你就应该质疑自己的消费方式了。舍弃那种消费的欲望，选择适当的超前消费，才能打理好自己的财富人生。

近几年，“房奴”“车奴”和“卡奴”等一些新词汇悄然流行起来，虽然每个人都显得心不甘情不愿，却乐得享受当下的生活。那些新颖而又独特的字眼进入了视野，实际上，广大的消费者已经成了房子、汽车、信用卡的“奴隶”。当然，他们也拥有自己的办公桌、电脑，靠着赚取报酬，向某个或几个“债主”支付利息或无报酬的服务，那几个“债主”就是现实存在的房子、汽车、奢侈品，他们只能默默地承受着支付的压力。知名的经济学家说：“适当的超前消费是可以的，但必须是自己迫切需要的，必须通过合适的途径来还清这部分钱才行。”

★……巴菲特的忠告……★

巴菲特也不赞成孩子去借贷，当孩子们喜欢上了某种高科技产品时，必须自己存钱购买，而不是借钱购买。对于美国人崇尚的超前消费，巴菲特却不推崇。相比较而言，他更看重年轻人凭借自己的能力赚钱，积累财富，然后凭借这些资产去做投资，或者做自己喜欢的事情。

1.学会积累财富

理财是一门学问，更是一条通往财富的必经之路。当财富积聚起来的时候，还需要你细心地打理，它才会给予你更大的利益。财富，并不是靠一点点积累的，必须在储蓄的基础之上进行正确的理财，方能带来源源不断的财富。所以，我们应学会理财，以创造出越来越多的财富。

2.借贷需要控制在自己的能力范围之内

假如自己没有偿还借贷的能力，最好不要借贷。即便自己有一定的能力，也要将借贷的数目控制在自己的能力范围之内。比如，工资只有一两千，还打算借贷买车，不必说你是否有能力偿还借贷，关键在银行审核的时候，就会把你列为不符合条件的对象，因为以你的收入根本没能力偿还借贷。

借贷问题一定要慎重

在实际投资中，许多投资者的心态很容易受市场变化的影响，即便股票市场的一个小小变动就引得他们心里一阵慌乱，不仅如此，他们的行为也变得毫无章法，不是急于买进，就是急于卖出。实际上，这样的一种条件反射的行为就是因为投资者对自己资金的过分关注，不具备良好的心态。巴菲特认为，假如市场稍有风吹草动就马上采取相应的行动，是赚不到什么钱的。对此，巴菲特说：“一个成功的投资者必备的一种素质就是从资金到心理上，都可以为市场不可避免的波动做好准备。面对市场的千变万化，需要有一个良好的心态，随时保持镇定，时刻保持清晰的思维。这样即便市场出现对自己不利的情况，也能应对自如，从容面对。”

格雷厄姆曾对巴菲特说：“一个真正的投资家极少被迫出售其股票，而且他们拥有在任何时候都能对当时的市场情况置之不理的心态。”

巴菲特12岁的时候，他不但以自己独特的眼光以每股38.5美元的价格买下了3只“城市服务”的优先股，而且劝说了自己的姐姐也用相同的价格买了这3只股。可是，事与愿违，“城市服务”这股票一下就跌到了27美元，而巴菲特姐姐则每天心急如焚地提醒巴菲特股票被套住了，可想而知，当时仅12岁的巴菲特将承受多么大的压力。

后来，当那3只股票升到了40美元时，巴菲特很着急地就把自己手中的股票全部卖掉了，在扣除了所有的手续费后，巴菲特只能从中获利5美元。巴菲特在卖掉股票后，突然发现那3只股票涨到了202美元，而他却错过了这一次获利最多的机会，而他的姐姐则没有和他同时卖掉，因此大赚了一笔。

经过这样的经历，巴菲特明白了，不要过分重视卖价，更不要只顾眼前的小利，面对投资一定要保持良好的心态，深思熟虑之后再做决定。儿子彼得可以说出父亲巴菲特成功的秘诀：“他从来没有受过外界的影响和诱惑，只是在不断地阅读和思考。”

一位美国农夫，经过多年的努力，终于用自己储蓄的钱买了一块便宜的田地。可是，当他看见所买的土地时，心情顿时十分低落。那片土地非常贫瘠，根本不能种任何的农作物。在土地里，除了矮灌木和响尾蛇外，没有任何的生物能在这片土地上存活。

他整天为这件事情烦恼，终于他想到了一个办法来解决这个危机。就这样，他在别人不解的目光中，开始捕捉土地里的响尾蛇，然后又买了机器来生

产响尾蛇的罐头。年复一年，他的农场成了当地的一个著名的观光景点，而且每年都有2万人来参观他的工厂。

后来，农夫的生意越做越大，他把响尾蛇身上的所有价值都利用起来了：毒液送去了美国的实验室作为血清，蛇皮则用作生产女佣的鞋与皮包并且高价出售，蛇肉则一直作为罐装肉出售到了世界各地。后来这位农夫还把酸柠檬榨成了甘甜柠檬汁，他所在的村子为了表示对他的敬意，把当地的邮戳改为“福罗里达州响尾蛇村”。

当那位美国农夫看见所购买的土地一片荒芜时，并没有马上放弃它，而是思考怎样把这片贫瘠之地利用起来，于是他针对土地上盛产响尾蛇的特点，开始制造罐头，并且把响尾蛇的毒液、蛇皮都利用起来，最终取得了巨大的成功。

★……巴菲特的忠告……★

巴菲特说：“你不可能靠着市场的风向标致富，你要记住，不要试图弄清市场在做什么，你只需弄清你要理解的行业，并全神贯注就够了。”在任何时候都不要丧失准确的判断能力，不要受别人或市场的影响。即便市场千变万化，作为投资者你只需要抓住最基本的东西，那就是对企业有清醒客观的认识就足够了。

做一杯可口的柠檬汁

当你第一次品尝那酸入心脾的柠檬汁时，你会龇牙咧嘴急忙吐出来。如果上天给你的是个柠檬，的确是一件让你比较郁闷的事情。如果命运交给你一个酸柠檬，你得想办法把它做成甜柠檬。柠檬是又苦又酸的，难以下咽，可是如果你把它榨成汁，加上糖，倒进蜂蜜，就能变成味道很好的柠檬汁。虽然生命给我们酸苦，但是我们可以把它变得甘甜。

投资，最重要的就是心态要摆正

在投资界有一句至理名言，那就是——不要把鸡蛋放在一个篮子里。意思是，投资需要分解风险，以免孤注一掷失败之后造成巨大的损失。专业投资人认为，把鸡蛋放在一个篮子里，虽然有机会享受集中投资带来的超值收益，不过更有可能担当集中投资失败带来的巨大风险。不过，成功投资大师巴菲特却不这样认为，他觉得投资者应该像马克·吐温建议的那样，把所有的鸡蛋放在同一个篮子里，然后小心地看好它。在这里，我们不能说哪一种看法是错误的，可以说，这两种理财诀窍都是正确的。巴菲特一直主张不管做什么事都要集中投资，就像独生子女总比多子女要享受到多一些照顾一样。在投资的时候，在有限的时间和资源下，集中所有问题，一起调研、决策，那样投资成功率才会高。

莫泊桑于1850年8月出生于法国西北部诺曼底省狄埃小城，而他的家庭则是一个落魄的贵族家庭，莫泊桑从小就和妈妈生活在一起。然而，小时候的莫泊桑就表现出很聪明的一面，他的爱好很广泛，不仅喜欢读书背书、写诗作文，而且喜欢踢球、弹钢琴、修汽车，甚至会制作烤鹅，会种菜。

一天，莫泊桑跟随舅父去拜访文学大师福楼拜。本来舅父想请求福楼拜收下莫泊桑，让他学习文学方面的知识，但是，当莫泊桑看见福楼拜时，却一脸的骄傲。他问福楼拜："福楼拜先生，你会些什么呢？"福楼拜并没有回答他的问题，只是反问道："那么你又会一些什么呢？"莫泊桑听后，得意洋洋地说道："我什么都会，只要你能说出来的，我都会。"

福楼拜听后，不急不躁地说："那好，你给我说说你一天都学习些什么吧。"莫泊桑很自信地说："我一般上午写作读书2小时，然后学2小时的琴；下午则会花1小时向邻居学习修理汽车；然后练习3小时的足球，晚上则会去烤

鹅店学习烤鹅。而星期天，我就会到乡下去学习种菜。”

说完，莫泊桑很是得意，并且反问福楼拜：“那么你每天都做些什么呢？”福楼拜笑了笑，回答道：“我没有你学得那么多，我早上用4小时来学习写作，下午也用4小时来学习写作，晚上还是用4小时来学习写作。”莫泊桑听后，吃惊地问道：“难道，你就不会其他的了吗？”

福楼拜没有回答他的问题，而是继续问道：“你觉得你学习的所有事情中，你最拿手的是什么呢？”这下莫泊桑回答不上来了，尴尬地问道：“那你最拿手的是什么呢？”福楼拜则直接回答他：“写作，我最拿手的就是写作。”

后来，莫泊桑发现，原来一个人的特长就是专心地去做好一件事情，于是，他放弃了弹琴、修汽车、烤烧鹅、种菜，真诚地拜福楼拜为师，专心地向他学习写作。福楼拜则要求他专心做好这件事情。他让莫泊桑骑马出去2小时，并且把自己所看见的都记下来，要求他直接写出来，让人们一看他的文章，就知道他所写的每个人，每个杂货铺，甚至每一匹马。于是，莫泊桑这样坚持了1年，慢慢地他发现了别人不能发现的细节，开始改变自己的写作风格，最后，他也成了世界著名的小说家。

★……巴菲特的忠告……★

虽然，单就投资股票而言，巴菲特是国际公认的“股神”，自然有信心重仓持有少量股票，但对于一些普通的投资者而言，由于自身精力和知识的局限性，不容易对投资对象有专业深入的研究，这样看来，分散投资也不失一个好办法。然而，巴菲特给我们的忠告不仅仅限于股市这个范围，在整个人生里，巴菲特觉得，如果我们想获得成功，那就要专注去做好一件事情，只做那一件事情，就好像巴菲特一生都在作投资一样，而且他成功了。

1.人的时间和精力有限

一个人的精力是有限的，他的才能往往只在某一个方面。在古代有才子知晓天文地理，琴棋书画，不过，假如什么都会，那必然件件不精通。做任何事情都一样，假如你既想做这个，又想做那个，还想做另外的，那肯定是不行的，我们必须只选择一样，然后把它做好。

2.收益和风险其实是没什么区别的

有人把鸡蛋分散在几个篮子里或许会减少一些风险，其实，把鸡蛋放在一个篮子里与放在几个篮子里是没多大差别的。因为当我们一直投资这个公司，就会对其市场状况、技术水平、竞争策略等情况更熟悉，相应地，我们的收益也自然会好很多。

投资有风险，一定要谨慎

巴菲特曾说：“我所想要的并非金钱，我觉得赚钱并看着它慢慢增多是一件有意思的事。”正因为巴菲特有着良好的投资理财习惯，才得以将手中的钱变得越来越多。相信每一个人都想成为富人，过上衣食无忧有车有房有闲有钱的生活，那么，如何才能成为富人呢？努力工作，努力挣钱？其实，若想成就自己的财富人生，就需要正确的理财之道。一个人即便拥有百万资产，如果他不懂得理财，财富终有一天会消耗殆尽，一点点从他手中流走，最后他会变成一无所有的穷光蛋。所以，理财对于积累财富来说是相当重要的，积极理财的人才会赢得财富人生。

1945年，15岁的巴菲特进入了威尔逊中学，他开始上10年级了。尽管巴菲特看起来个子很小，不过他已经是一个小老板了。在此之前，他已经做了3年的报童，差不多挣了2000美元。做报童期间，他每天早晚送2次报纸，每天只

工作2小时，1个月就能赚175美元了，可以说，这样的收入比他老师的工资还高。

巴菲特把赚的钱放在家里衣橱的一个抽屉里，他不让任何人去碰这笔钱。每当有小伙伴来家里，巴菲特就会兴奋地对朋友说：“哥们儿，来，我给你看看。”拉开衣橱，他打开抽屉上的小锁，只见里面全是钞票，虽然只是小面额的，却是厚厚的一大沓。

面对这笔财产，巴菲特小声解释着：“这只是小钱，我的大钱都做投资了。”朋友睁大了眼睛：“投资？什么投资？”巴菲特说：“我老爸开了个南奥马哈饲料公司，前不久，他在饲料公司隔壁又和福克先生合伙开了个建筑材料公司，老爸让我也入股了，我是第三大股东。”

上高中第一天，班主任老师给全班同学开了会，大家轮流作自我介绍。轮到巴菲特，他不慌不忙站起来：“我是来自于内布拉斯加州的巴菲特，在奥马哈附近拥有一家农场。”顿时，全班同学都惊呆了。

也许，有的人认为理财就是把钱存入银行，实际上，如果你的理财方式还停留在“储蓄”，那么，这样的理财观念早就过时了。当然，要想获得更好的理财方式，还应该以储蓄为主，有了储蓄的财富才会有投资的来源，才会获得丰厚的利益。现在人们的理财方式层出不穷，除了储蓄适当的急用资金，还可以用来做各项投资，比如买股票、买基金、买国债，投资房地产，或者选择自己创业，任何一种理财方式都有可能赢得财富。当然，如何根据自身的情况来选择合适的理财方式，又是一大学问。

★……巴菲特的忠告……★

尽管，作为学生的巴菲特每个月挣的钱比老师的工资还高，存的钱比那些毕业工作的大学生还多，但是，年仅15岁的巴菲特却相当节俭，他花钱很少，每天总穿那双破球鞋。其实，这是巴菲特的一种理财方式，尽管自己很有钱，但在消费方面还是比较理智。

1.不要把钱看得太重

实际上，我们每个人都可以成功，只要你积极理财，财源就会滚滚而来，为你创造出丰富的财富人生。当然，当你在制订理财计划的时候，不要把钱看得太重了，甚至为了储蓄钱财而过着拮据的生活，也不要因为投资失败了而沮丧不已。若你以平和的心态来面对财富，财富就会以出乎意料的方式回报于你。

2.理财是一门学问

理财是一门学问，更是一条通往财富的必经之路。当财富积聚起来的时候，还需要你细心地打理，它才会给予你更大的利益。财富，并不只靠一点点积累，必须在储蓄的基础之上进行正确的理财，这样才能带来源源不断的财富。

学会集中投资

巴菲特说：“在投资市场上，最好的投资方法不是大量地买进股票，而是要等待恰当的机会，谨慎投资。我在投资之前会考虑很多的因素，比如说，对不熟悉的领域我从来不投资，投资之前要全方面了解企业等，投资者应该学会思考，随时知道自己在做什么，投资切忌盲目。”其他的投资者越是草率的时候，巴菲特就越加倍慎重。实际上，这是每一个投资者都应该记住的。当处于牛市的时候，面对一片大好形势，许多投资者都会失去理智，不会考虑价格，不考虑股价的内在价值，总是不断地买进。大多数投资者都喜欢在股价狂飙时以很高的价格买入股票，不过，他们所付出的这个价格是根本不符合长期投资的。巴菲特认为，在实际投资过程中，我们要时刻保持谨慎的态度，以免作出

冲动的决定，以至于自己血本无归。其实，不管是在投资市场，还是在现实生活中；不管是做人做事，还是说话，我们都需要谨慎小心。

公司准备提拔一名年轻人做办公室主任，小李和小王都是候选人，他们实力相当，同时，两人关系还非常要好。

有一天，经理把小李喊进了办公室，告诉他公司初步决定由他来接任办公室主任。小李很高兴，心中一块石头总算落了地。顿时，喜悦之情溢于言表，说话也特别放得开，经理随口问道："你觉得小王这个人怎么样？他做事怎么样呢？"小李满脸不屑，说了小王曾闹过的一些笑话，以及对小王不利的一些事情。

几天以后，正式任命下来了，让小李惊讶的是，主任并不是他，而是小王。经理再次找到了小李，对他说："年轻人，说话做事都要谨慎啊！"原来，经理和小李谈完话，又找了小王谈话。当时，经理透露办公室主任将由小李担任，对此，小王积极地表示支持小李的工作，而且，对小李本人的能力更是赞不绝口。就是因为这一点，经理改变了主意，让小王担任了办公室主任。

何止投资有风险，其实，生活处处有风险，我们应该时刻保持谨慎。无论我们处于一种什么样的状态，说话做事都应该谨慎。谨慎体现着一个人的修养，显示着一个人的度量。小李的多言让经理看到了他内心的浮躁和轻狂，似乎他还缺少一些稳重，因此，经理改变了主意，让谨慎的小王担任了办公室主任。

★……巴菲特的忠告……★

巴菲特从来不做盲目的投资，假如没有一定的把握，他是不会出手的。对此，他总是跟那些浮躁的年轻人说："在投资之前一定要做足功课，不要盲目投资，投资的时候一定要保持理性和谨慎。假如没有好的投资对象，还不如持有现金，这样对于自己的资产更有保障。”巴菲特认为，一个成功的投资者应该具备极为重要的素质就是谨慎，他说：“在寻找收购公司时，我们所持的态度就像在寻找另一半，必须放开心胸、主动积极，但不应仓促莽撞。”其实，不仅仅是投资，做其他事情也是一样。当我们做一个重要的决策时，一定要谨慎，把各种情况都想好。

1.谨言慎行

无论是说话还是办事，我们都需要认真思量，别人有他的吩咐，我们也应该思考自己的未来，不能凡事都顺从，多为自己着想，该装傻的时候，一定要装得彻底。比如，在公司，上司是掌控一切的人，你的一言一行都将影响其对你的判断和重用。

2.凡事谨慎

我们每个人都听过“亡羊补牢”的寓言故事，羊已经被狼叼走了，才想起修补羊圈，这似乎对事情本身起不了太大的作用。在现实生活中，许多人都在做着“亡羊补牢”的事情。开始做事情时，不谨慎，考虑不周到，进行到一半，才想采取补救的措施，而这时候，事情的发展已经不受自己的控制了。因此，为了避免“亡羊补牢”再现，我们做事情的时候应该谨慎一点。

良好的投资理财习惯很重要

沃伦·巴菲特出生于美国内布拉斯加州的奥马哈市。在2008年的《福布斯》排行榜上财富超过比尔·盖茨，成为世界首富。可以说，巴菲特的一生都与投资有关系，从他懂事开始，他就懂得如何投资，如何将手中有限的资金变得更多。然而，巴菲特本人并不是一个把金钱看得很重的人，他只喜欢看着钱变得越来越多。或许，正是这样一种心理，使得巴菲特成了举世瞩目的成功投

资大师。

巴菲特出生于美国西部，父亲是奥马哈联合大街银行的一名证券推销员，不过，在巴菲特尚未出生的时候，父亲就失业了，生活十分拮据。在巴菲特出生后，家里变得更加困难，有时候母亲甚至不去参加朋友的聚会，童年的艰苦生活让巴菲特十分向往财富。

巴菲特很小就觉得数字是十分有趣的东西，并显示出了超常的数字记忆能力，他经常在大街上记忆汽车牌照号码。不过，每当看见父母为衣食担忧时，巴菲特就想象自己有一天能成为一个富翁。这年，只有5岁的巴菲特卡在家附近摆起了小摊，他向路人出售口香糖，后来又到市区去卖柠檬汁，就这样，他开始慢慢地积累自己每天赚取的点点财富。

7岁的时候，巴菲特就开始想任何能赚钱的方法了，如当球童，收集饮料盖子等，每当别人问他为什么这么热衷于赚钱时，他总是回答："我不是想要很多的钱，而是看见钱越来越多是一件很有意思的事情。"

那个时候，巴菲特最喜欢看的书是《赚取1000美元的1000招》，他多么希望自己能很快赚到这么多钱。在巴菲特11岁的时候，他开始尝试玩股票，并且赚了5美元；在他13岁的时候，就成了《华盛顿邮报》的发行员，并且开始纳税了。

当他中学毕业时，威尔森在巴菲特年鉴上的评语写的是：对数学很感兴趣，未来有可能成为一个股票经济家。

从此以后，巴菲特开始了自己60多年的投资生涯。在这60年的投资生涯中，他从来没用过财务杠杆，没有投机取巧，也没有遭遇过大的风险，没有哪次巨大亏损。无论投资市场如何变化，巴菲特都一直保持着良好的状态，在同一时期，没有哪位投资人可以与之相比。

2008年3月5日美国权威杂志《福布斯》推出了2008年度全球富豪排行榜，号称华尔街"股神"的巴菲特以620亿美元再度名列世界首富。

★……巴菲特的忠告……★

不知是巴菲特给投资带来了新一轮的革命，还是投资改变了巴菲特的一生，从巴菲特跨入投资行业那一天起，他的名字就与“投资”两个字联系在一起了。

1941年，巴菲特购买了人生的第一只股票。

1947年，巴菲特进入宾夕法尼亚大学攻读财务和商业管理，两年后转入内布拉斯加大学学习。

1950年春季毕业，巴菲特获得理学学士学位，同年，申请哈佛大学，被拒之门外。后来，他进入哥伦比亚大学开始研究生学习，成为格雷厄姆的得意门生。

1965年，35岁的巴菲特收购了一家名为伯克希尔哈撒韦的纺织企业。

1969年，公司解散后，巴菲特将2500万美元的个人资产全部买入了伯克希尔公司股票，成为最大股东，次年，他开始担任公司的董事长兼首席执行官。

1981年，巴菲特陆续向政府雇员保险公司投资4570万美元，20年之后，巴菲特盈利23亿美元。

1993年，巴菲特荣登《福布斯》全球富豪排行榜榜首。

1994年，伯克希尔公司成为拥有230亿美元的投资金融集团。巴菲特的股票在30年间上涨了2000倍，而标准普尔500指数内的股票才平均上涨了50倍。2006年，《福布斯》全球富豪排行榜上，巴菲特以520亿美元的资产位居第二，仅次于比尔·盖茨。

2008年，在《福布斯》全球富豪排行榜上，巴菲特以620亿美元再度成为世界首富。

可以说，巴菲特是一位真正的投资大师，他的成功不仅仅体现为是一名世界亿万富豪，还在于他成功地投资了自己的人生。谁敢说他的人生不是成功的呢？在生活中，虽然我们的职业不是投资股票，不过，我们每个人都可以为自己的人生投资，多学一些知识，多锻炼一些能力，这样我们才能取得最大的赢利。

第15章　不走寻常路，投资要有战略性眼光

我工作时不思考其他任何东西，我并不试图超过七米高的栏杆，我到处找的是我能跨过的一米高的栏杆。

——巴菲特

眼光长远，投资才有大收益

巴菲特是一名成功稳健的长期投资者，在他的投资生涯中，他几乎从不追逐市场的短期利益，从不因为股票在短期内的波动而改变自己持有股票的想法。因此，虽然他错过了20世纪90年代末的网络良机，但是，因为每一次投资都从长远考虑，也让他躲过了网络泡沫带给无数投资者的重大损失。深谙投资的人都知道，稳健的长期投资才是最好的方法，尽管急功近利的短时期炒作会让我们获得一些利益，不过，这绝对赚不到大钱，而且投资者本身也会承担较大的风险。

巴菲特坦言："因为我做的都是长期投资，所以短期的市场波动对我根本没有影响。"虽然大家都对股价下跌感到恐惧，但巴菲特本人却从来不在意，因为他相信自己比市场更有能力评估一个公司的真正价值。巴菲特说："假如你做不到这一点，你就没有资格玩这个游戏。这就好像打扑克，假如你玩了一会儿，还看不出这场牌局里的'冤大头'是谁，那么，你就会成为

‘冤大头’。”

股票市场只是一个可以买卖股票的地方，巴菲特一直坚信这个道理。因此，当巴菲特买了波珊珠宝、喜诗糖果公司以及《水牛城新闻报》的股票以后，他根本不去关注股票每天的成交价格是涨了还是跌了。因为巴菲特觉得，假如公司本身经营得很好，这和股市完全是没有关系的。而对于自己买进的股票，诸如可口可乐公司、《华盛顿邮报》、美国雇员保险公司以及大都会美国广播公司等持股公司，巴菲特只关注它们的销售、盈余、利润和资本转投资的需求，他完全不关注每天的股市成交。对此，巴菲特这样说道：“即便股市市场关闭10年，我也不会在乎——因为这对我的投资不会造成任何影响。”而这恰恰是巴菲特选择的长期投资所带来的益处。

每年伯克希尔都要举行股东大会，那些把巴菲特当偶像的人都会参加，他们希望在这次股东大会上可以与巴菲特这位投资大师进行面对面的交流，同时，还希望巴菲特在大会上的发言能给自己带来一定的思考，从而分析出巴菲特的投资动向。不过，结果却是令人失望的，因为在每次股东大会上，巴菲特没有向他们推荐股票，而是告诉他们：“一只好的股票，长线持有可能赚钱，但短线炒作则可能赔钱，即便自己作为投资大师也不可能预测短期内股票的升降。”如果说巴菲特有什么投资秘诀，那就是奉行长期持有原则，从不进行急功近利的短期炒作。

美孚公司闻名于世，当时为了占据中国这个极具潜力的市场，总公司决定在上海开设油灯厂。当时的中国还比较落后，中国人并不懂得使用煤油灯。而美孚公司的负责人在上海考察了很久，终于想到了一个办法：只要每买1千克煤油就可以得到一个刻有“请用美孚油”字样的煤油灯；而当时的中国人则认为煤油并不贵，还可以得到一个煤油灯，于是在贪图便宜的心理作用下，很多人都开始买美孚的煤油。不到1年的时间，美孚公司就送出了80万个煤油灯。虽然这是一笔不小的开支，但是那煤油灯上的广告却成了公司的真正财源，越来越多的人知道美孚油，就这样，美孚公司在很短的时间内就占领了中国的“洋油”市场，直到现在，美孚公司的产品仍然在中国的各个地方畅销。

其实，投资需要从长远考虑，何止仅仅买股票呢？它可以成为所有投资的秘诀。美孚公司甘愿吃眼前亏，不惜送出去80多万盏煤油灯，这在消费者眼里却是“打着灯笼找不着的好事”，于是纷纷购买煤油，谁知，自己却给公司做了一个活广告。所以，美孚公司放弃了眼前的利益而获得了长远的利益，小利变大利，利滚利，利翻利，先前看似赔本，最终却收获了高额的利润。这是一种商业中的计谋，也是每一个人需要学习的智慧。

★……巴菲特的忠告……★

巴菲特表示，急功近利的短期炒作是一种投资的误区，要想通过短线投资取得良好的收益是不容易的。比如，短线炒作需要多方面的配合：比如信息要及时准确；要准确把握住出、入市的时机；要有足够多的时间投入；紧跟市场热点的转换。短线的炒作需要投资者本身在股市中掌握很高的水平，而且，要知道影响股价的因素错综复杂，变化的速度是很快的。稍有不慎，就有可能掉进股市陷阱，甚至血本无归。

1.别被眼前利益所迷惑

每一次投资都需要从长远考虑，别为眼前的利益所迷惑，或许，摆在我们眼前的也是一个赚钱的机会，但那仅仅是小利小惠，贪一时便宜，给我们带来的是更大的损失。所以，坚守自己的投资原则，需要坚持长远的利益。

2.做稳健的投资

投资既是长远的，那肯定是稳健的。假如只是短时间的炒作，那绝对是不稳健的。不管是买卖股票，还是做其他的投资行业，希望自己的投资马上产生立竿见影的效果，那绝对是不可能的。因此，我们要坚持做稳健投资，把握长远的利益。

避开繁琐，投资最重要的是简单

巴菲特的投资秘诀是“追求简单，避免复杂”。在大多数情况下，他都会选择简单而自己比较容易了解的公司。崇尚最简单的，这个投资理念看似很简单，因为这差不多包含了两个方面：买什么股票，以什么价位购买。而这两个问题差不多是所有投资的人都知道的，不过，真正实践起来却不是那么容易。巴菲特天性就是一个崇尚简单的人，他也只做简单的投资事业，有人说最简单的就是最时尚的，但对巴菲特而言，最简单的就是最成功的，所以，他在投资界成功了。

有人曾向投资成功大师巴菲特取经，面对盲目的股民，他说：“股民操作遵守越买越少的原则，在股市冷清之时买入。当股价上涨之后，如果看不准，就不要再加码，先试探一下，确信还能持续上涨几天时，才可买进，但量一开始要小。”不过，我们都知道，人们总会有一些从众心理，当牛市到来的时候，人们便蜂拥而至，结果造成了股市暴涨，空前火爆；不过没过多长时间，股票就突然下跌，人们开始疯狂抛股票，结果，造成股市陷入低迷状态。

对此，巴菲特作了这样的分析：因为绝大多数股民并没有做好投资的准备，他们对股市和股票也没有花很多时间和精力来了解，只是盲目地跟风，导致在股票低迷时不敢买入，等到大家疯狂抢购时才跟进去买。其实，对于一个成功的投资者而言，股市低迷是买入的最好时机，这时候所需要的成本是很小的；而卖出的最佳时机是股市火爆、价位走高的时候，我们可以获取最大的利润。总结出来就是：在低位时买入的风险比较小；逢高位买入的风险较大，可能让我们血本无归。

巴菲特所主张的“简单原则”到底是什么？所谓的简单是不是很复杂呢？其实，巴菲特所追求的简单并不复杂，与我们所认为的简单是一样的。比如，巴菲特购买可口可乐股票的主要理由是：每个人都需要喝水，所以每个人都可能喝可口可乐。这差不多是一个不需要任何专业知识就可以推出来的简单道理，一点都不复杂。

对巴菲特而言，做投资和做人是一脉相通的。在生活中，巴菲特就是一个崇尚简单生活的人，他只热爱投资事业，闲暇之余打打桥牌，和家人居住在一个朴实的大院里，过着简单的生活。正是这样一种脱离于尘世之外的心境，才使得他在选择投资事业时也崇尚简单，恰恰是简单，才得以使巴菲特的投资事业走向成功。

其实，生活中又何尝不是这样呢？我们总觉得有钱、有权、有地位才意味着成功，殊不知，人生的真谛在于简单，过简单的生活，以简单的心境面对一切，无任何尘世的喧嚣，那才是最成功的人生。纸醉金迷之后，人性变得复杂，我们所思考的东西也复杂，最后，我们再也回不到最初的简单了。

★……巴菲特的忠告……★

就好像可口可乐的案例，事实证明有许多人都喜欢喝可口可乐，巴菲特本人的推理也是极其简单的。即便巴菲特在伯克希尔公司的工作也远远没有人们所想象得那么复杂，简单而言，就是“分配资金”。巴菲特这样解释自己的工作：“我的工作就要确定向哪些企业投资，与谁一起投资，以我们价位投资。”

1.越简单的生意越好做

巴菲特会专门选择业务简单的公司来投资，按他的话说，越简单的生意越好做。大多数人都有一种通病，那就是对自己不是很清楚的事物有一种好奇心，似乎对自己更具有挑战性和吸引力。因此，当他们选择投资对象时会关注那些自己搞不懂的复杂企业，如高科技企业。虽然这些公司的产品有很高的科技含量，不过因为其运用范围是狭小的，市场需求也很有限，赚大钱的可能性

也是很小的。

因此，巴菲特从来不投资高科技企业，他更喜欢实实在在的东西。他经常说的一句话是：“我们喜欢简单的企业。”他所投资的企业有卖饮料的、卖报纸的、烤面包的，生产家具的等，这些行业都是大家一目了然的，正是这些简单的投资带给了巴菲特丰厚的利润。

2.简单的投资方法

巴菲特的投资方式也比较简单，他不用学习电脑方程式，也不花时间去看一些复杂的图表分析。他很注重对公司的分析研究，通常情况下，他会阅读大量的年刊、季报和各类期刊，了解这个公司的发展前景和策略，认真评估公司的投资价值，把握好自己买入的时机。

逆向投资，抓住机遇

2008年，巴菲特通过《纽约时报》告诉世界：“我正在购买美国的股票，而且是通过个人账户，此前这个账户上只有美国国债。如果价格合适，我会把个人的全部资金投入美国股市。”对于广大股民的迷茫，他说：“如果你等着知更鸟的到来，春天已经过去了。”巴菲特一反“现金为王”的主张，指出那些持有现金观望的投资者将面临资产缩水的风险。逆向投资，用巴菲特的话来说是“在别人恐惧的时候贪婪，在别人贪婪的时候恐惧”，这是他多年以来秉承的一条著名投资原则。在巴菲特看来，在股市，不能人云亦云，而要自己去把握机会，选择逆向投资，这样我们才能在股市里赚得盆满钵满。

直到2007年10月11日，美国标准普尔500的指数最高的1576点与1987年的最低时的225点整整涨了7倍，而比2002年时的最低点也整整涨2倍，这也说明当时的股市正处于一个牛市的状态。而在2008年的时候，巴菲特也在《纽约时报》上公开表示他正在用私人账户买入股票，而这也如同公开地号召大家购入股票。当天，股市则继续下跌多达41%，只有940点，让人遗憾的是，在2009年3月6日标普更是跌倒666点，与最高点相比下跌了多达58%。

而在2010年5月1日的股东会上，在5个半小时里，已经80岁的巴菲特受到了来自4万人的质问。

有人毫不客气地问道：“ 2008年10月你在《纽约时报》在发表文章号召大家买入股票，可是，现在发生这种情况，你对未来股市有什么看法呢？在你的心里多少才是一个合理的收益率？”

巴菲特则说道：我这一辈子都在从事投资事业，可是却极少在文章上谈论股市的整体水平，直到现在也只有四五次而已。但是，现在看来，当时买入确实早了一点，但是，这并不影响我的观念，我始终认为应该长期持有股票，在20年里，或者更长的时间里也应该长期持有股票，如果和20年的国债相比，我宁愿长期持有股票，虽然长期持有收益可能会少点，但是这也是一份相当可观的收益。

有人则继续问道：“那你觉得你在2008年购入是一个正确的决定吗？如果你知道了当时有风险，你还会不会加大投资金额？”

巴菲特则说:“假如我当时知道了会有这种情况，我肯定不会在2008年就买入了，而是等到2009年，因为当时的股价已经跌到了历史的最低点。但是你要知道，我不能预测什么，即使是这样的一个好机会，我也错过了最好的投资机会，所以在2008年的时候，我就出手了，因为我不能预测任何事。”

2010年，巴菲特再次重申自己决胜股市的秘诀：在别人恐惧时贪婪，在别人贪婪时恐惧。然而，在实际投资的时候，为什么许多人都做不到呢？一方面在于盲目从众，不敢独立思考、选择逆向投资；另一方面在于过于追求完美，总想在跌至最低谷时抄底，在最高点抛售，赚到更多的钱，结果不仅没抓住机会，反而错失良机。

★……巴菲特的忠告……★

其实，就在2010年的股东大会上，还有人问道："过去两年股市大跌，是一个很好的买入机会，但是在危机笼罩之下，我们太恐惧了，结果错失良机。现在我们仍然没有完全走出危机，与历史上的买入机会相比，你怎么看待目前的买入机会？"

巴菲特的原话是这样的："历史上，很少可以明显看出股市过于低估，有时候可以明显看出股市过于高估，不过，90％的时间股市在这两者之间模糊不清。我认为目前并非我所见到过的最好的买入机会，假如你在别人恐惧时也心生胆怯，那就根本无法做好投资。人们往往过于关注股票每天的涨跌，不过，假如你购买农场或房屋的时候，你并不会关注它们每天的价格涨跌，假如不随时关注股价走势，你反而会做得更好。很多年之前，我的导师格雷厄姆曾经在他的书中写过性格在投资中十分重要，直到现在我依然觉得他说的话十分正确。许多人并不具备可以正确应对股市上涨下跌的合适性格。假如别人告诉你要勇敢买入时你就勇敢买入，别人告诉你要恐惧卖出时就恐惧卖出，你只是券商们喜欢的客户。拥有一个农场的人不会常常考虑他的农场市场价格是多少，也不会认为市场价格走势可以告诉自己应该怎么怎么办。其实，真正的股票投资秘诀是，以合理的价格买入一家优秀公司的股票，然后忘记这件事，一直持有很长很长的时间。"

相信自己的判断永远持股

巴菲特说："投资股票很简单，你所需要做的，就是以低于其内在价值的价格买入一家大企业的股票，同时确信这家企业拥有最正直和最能干的管理层，然后，你永远持有这些股票就可以了。"在他看来，投资股票要永远持股，要么按兵不动，要么看准机会大胆出击。当然，永远持股这个投资理念，体现在巴菲特投资股票的数量并不多，而且习惯于在少数几只自己熟悉的股票上长期持股不动，或许来回反复地坚持。而且，由于股票数量比较少，所以不难掌握其内在价值。巴菲特说："股票市场由两种成分组成：一种是投资者以长期投资、理性投资为主，他们相信股价总有一天会反映企业内在价值；另一种投资者确切地说应该是投机者，他们把买卖股票当做是赌博游戏，看不到股票的内在价值。"

伯克希尔公司从1989年就投资了6亿美元买入了9900万股吉列公司的股票，并且在后来帮助其挡住了投机者的恶意收购。从那以后，巴菲特就没有做任何事，而是静静地持着这些股票，即使在20世纪末吉列公司股票大跌的时候，他也没有像其他投资者一样急于抛售股票，因为他相信吉列公司的自身价值。

对此，巴菲特则开玩笑说："就算公司的股价暴跌了，可是我还是会睡得很香，因为我知道全世界有近25亿男人要刮胡子，那么公司的产品还是有很广阔的市场，所以我还有什么好担心的呢？"在2000年的时候，吉列公司继1992年推出女用敏感性脱毛刀片后首次推出"维纳斯"的女用三刀片，这一做法更让巴菲特对于自己的坚持深信不疑。

对此，巴菲特则开玩笑说："从那以后，我想的更多的不是男人的脸，而是女人的腿了，因为男人刮脸只要1块刀片，而女人要用3块；可是后来，我发现自己还是必须想男人，因为总想女人的腿会让我睡不着觉。"

巴菲特持股不动，在16年后，因为宝洁公司的并购，使他手中的股票大涨，伯克希尔持有的股票总值超过了51亿美元，从6亿到51亿，仅仅用了16年，平均每年的收益率高达14%，这比当时的标准普尔500指数的收益率还要高出1倍多。如果当时巴菲特把6亿投资到了标准普尔500指数基金，那么，他只能获得22亿美元的收益，整整少了大半。

选择一个合适的投资对象，然后长期持有股票，在此期间，不管这个股票的价格是涨还是跌，都需要永远持股，这就是巴菲特的投资秘诀。当然，并不是所有的股票都适合长期持股，我们只坚信那种有内在价值的股票，就好像即便吉列公司的股票下跌，但巴菲特坚信男人总会刮胡须，这样一来，产品的内在价值并没有改变，于是，对于股票的持有还会坚持下去。

★……巴菲特的忠告……★

巴菲特曾开玩笑说：“我的这种咬定青山不放松的投资策略，就算是美联储主席格林斯潘悄悄在我耳旁说将要降低利息或提高利息，我也不会因此改变策略。”相对于巴菲特的永远持股，在现实投资中，许多投资者最喜欢的就是到处打探消息，不管消息来源是真还是假都异常敏感，一旦有什么风吹草动就蜂拥而至。更有甚者，有许多投资者完全是根据这种真假莫辨的消息传播来决定自己是买入股票还是卖出股票。

1.不人云亦云

在股市，我们要坚持自己的观点与主张，而不是人云亦云。当处于牛市的时候，不要跟随大众拥挤，跟着人们买入，而是坚持自己的主张；当股市处于低迷的时候，也不要跟着人们疯狂抛售股票，而是永远持股。那些随波逐流的人其实是投机者，跟着这样的人行动是很难有大的收益的。

2.坚定产品的内在价值

不管该企业的股票走势怎么样，只要我们认定了产品的内在价值，那就应该一直坚持下去，那是因为产品的内在价值不会因为股价的走势而有所变化。只要我们坚持度过那段时期，最后的赢家就是我们。

深入了解企业的内在

巴菲特说："希望你不要认为自己拥有的股票仅仅是一纸价格每天都在变动的凭证，而且一旦某种经济事件或政治事件使你紧张不安就会成为你抛售的候选对象；相反，我希望你将自己想象成为公司的所有者之一。"在巴菲特看来，股票并不是一个抽象的东西，我们买入的股票，决定其价值的不是市场，也不是宏观经济，而是公司业务本身的经营情况。对此，巴菲特得出了这样的结论："在投资中，我们把自己看作公司分析师，而不是市场分析师，也不是宏观经济分析师，甚至也不是证券分析师，最终，我们的经济命运将取决于我们所拥有的公司的经济命运，无论我们的所有权是部分的还是全部的。"

巴菲特十分欣赏自己的导师格雷厄姆说过的一句话："当投资是以最靠近企业的方式来进行的时候，他就是最明智的。"巴菲特觉得，这是关于证券投资的最重要的一句话。有一次，巴菲特看到某家上市公司的股价十分便宜，不过，仔细一看，原来这是一家亏损企业，对此，他经过一番认真的研究分析，发现虽然这家公司整体上是亏损的，但是，公司的三大主营业务依然经营得很好。因此，巴菲特觉得，这其实可以表明这家公司的本质并不坏，目前所出现的亏损只是暂时的、局部的，而这样的企业是很有发展前景的。于是，巴菲特果断出手，大量买入这家公司已经跌至谷底的股票。果然如他所想象的那般，没到一年的时间，这家公司就完全恢复正常，股价也随之上涨，巴菲特又做了一笔赚钱的买卖。

那些追随者千方百计打听巴菲特有什么秘诀，竟然可以在股价最低时捡到便宜。然而，巴菲特不过是一个普通人，他只是像他的恩师格雷厄姆所说的那样，自己更靠近企业而已。其实，巴菲特经常所说的"安全边际"指的就是这个概念。

有一次，在伯克希尔公司股东大会上，有人问巴菲特："怎么样判断合适的安全边际呢？"对此，巴菲特回答说："无论股票市场走势如何，我喜欢那些有确定性的投资；如果觉得某项投资有太多的不确定性，我就不会去博它的回报。"

举个最简单的例子，假如巴菲特投资喜诗糖果和可口可乐公司股票，就认为不需要考虑有多大的安全边际，因为他相信这样的股票投资是绝对不会有问题的，不管股市将来如何发展。对此，巴菲特作了一个形象的比喻："就好像看到一个胖子进门了，无论他的重量是350磅还是325磅，这都没有太大关系，你只要知道他是一个胖子就行了。你想一想，假如一样东西本来价值1元，现在价格跌到了只剩1/4或只值4毛钱了，而你又能以这个价格买到它，那还会有多大的投资风险呢？这时候还有什么必要去参考别人的意见呢？"

相对于股票，巴菲特认为股票的持有者——企业的内在更重要。事实证明确实是这样，只有把自己所买的股票看作投资的企业，才会全身心、认真地去了解并关心这家企业，这时候股票投资会更关心其内在价值，而不是股市上的小道消息。

★……巴菲特的忠告……★

巴菲特一直强调这个问题："你所拥有的是公司而不是股票。"在一些公司中，他还会考察其优劣，他曾说："一段时间内，我会选择某一个行业，对其中六七家企业进行仔细研究。我不会听从任何关于这个行业的陈词滥调，我努力通过自己的独立思考来找出答案，比如我挑选的是一家保险公司或一家纸业公司，我会让自己沉浸于想象之中：假如我刚刚继承了这家公司，而且它将是我们家庭永远持有的唯一财产，那么我将如何管理这家公司？我应该考虑哪些因素，我需要担心什么？谁是我的竞争对手，谁是我的客户？甚至，我会走出办公室与客户谈话，我从这些对话中可以分析，这家公司与其他公司相比具有什么样的优势和劣势，假如进行了这样的分析，我可能会比这家公司的管理层更深刻地了解这家公司。”

1.买股票要像买整个公司一样去考虑

巴菲特说：“如果我想收购一家商店，我就会了解这条大街上的每一家商店和它们的情况。我的意思是，我可以根据迪士尼在1966年上半年的股票市场价格分析商店的价值。”当我们考虑完这一系列情况，才可以稳妥出手。

2.考虑这家公司的管理情况

巴菲特说：“我在选股的时候，总是先考虑所选择公司的管理状况、金融业绩以及现行的股票价格。这样做的目的就是寻求购买有潜在价值的股票，这类股票可以从价格与收益比率较低以及股息收益较高中反映出来，还能够从账面价值与实际价值的低比率中反映出来。”

3.关注公司的持续竞争优势

巴菲特说：“对于投资来说，关键不是确定某个产业对社会的影响力有多大，或者这个产业将会增长多少，而是要确定任何所选择的一家企业的竞争优势，更重要的是确定这种优势的持续性，那些所提供的产品或服务具有较强竞争优势的企业，可以为投资者带来丰厚的利润。”

第16章　不惧风险，敢于在危机中寻找机遇

市场就好像上帝一样，帮助那些乐于帮助自己的人，但是不会原谅那些不知道自己在做什么的人。

——巴菲特

胆大心细，富贵险中求

巴菲特说：“胆大心细，这就是做成任何一件事情的法宝，投资当然也不例外。我们不要想着去预测或控制投资的结果。实际上，人的贪欲、恐惧和愚蠢是可以预测的，但其后果却不堪设想，更难以预测。”在巴菲特看来，不管做什么事情都需要胆大心细，股票投资也是如此。假如说股票投资总需要听从别人的意见，犹豫不决，就会错失许多良机。对投资者而言，一旦你认准了一件事情就需要大胆去做，不要总是想如何预测或控制投资结果。席勒曾说：“任何一个苦难与问题的背后，都有一个更大的祝福。”其实，伴随着艰难的背后，还隐藏着无限的机遇。在工作中，我们会遇到许多困难，如果你缺乏自信，会使沮丧、畏惧之心蔓延开来，不仅抓不住机遇，反而会被困难所吞噬。有时候，这就是一道选择题，当你选择了在忍耐中发掘，机会就有可能降临；相反，如果你选择了放弃，机会就永远放弃了你。

小农夫亚摩尔在17岁的时候，跟随慕名前往美国加利福尼亚州的淘金者，坐在大篷车上风餐露宿地奔往加州。

然而淘金完全是一个力气活，而且周围的环境很恶劣，亚摩尔完全适应不了。没有多久，他就决定放弃了。一天，他无意中听见周围的淘金者说："如果谁能给我一壶凉水，我就给他1块金币。"后来，周围都没有水喝了，有的人甚至开出了2块金币。原来，因为山矿里很干燥，水源很缺少。对于那些淘金者来说，没有水喝是最痛苦的事情了。

周围工友的牢骚却给了亚摩尔很大的启发，他觉得自己不适合挖金矿，不如找水来卖给别人。于是，他开始挖水渠，并且把引来的水过滤成饮用水，装在桶里卖给别人，但是很多人都嘲笑他："别人都是来挖金矿的，而他却是来卖水的。为了这一点点生意，还千里迢迢地跑到加州来。"因为加州的淘金者太多了，水的需求量很大，所以，亚摩尔的水总是卖得很快，没多久，亚摩尔就卖了6000美元，这对当时的他而言是一笔很乐观的收入。

同样是一件事情，有的人觉得这就是灾难、险境，有的人却因此看到了机遇，原因就在于人们的眼光不同。如果你只是着眼于眼前，你会觉得事情毫无希望；但是，倘若你胆大心细，你会发现，摆在你面前的就是一次机会。

★……巴菲特的忠告……★

巴菲特一旦认准了这是只好股票的话，那么不管他的财务状况多么糟糕，巴菲特也只会买入而不会卖出。在投资保险公司时，巴菲特不仅追加了410万美元，而且在可转换优先股中也投资了1940万，最后，巴菲特合计在这只股票上投入了4700万美元，持有公司的33%约720万股，这也是巴菲特持有的最大一只股票，而到1980年，巴菲特在这只股票上的投资市值已经达到了上亿美元，他的投资也如愿增值了。

1.在困境中挖掘机遇

同样的道理在工作中一样适用。有时候，面对上司吩咐的工作任务，有的人抱怨：“每次都是这样大难度的工作，好运都让身边的人捡了，我的命怎么这么苦啊？”有的人却从中看到了机会：“如果我能顺利完成这项任务，上司对我肯定会刮目相看，升职、加薪也就指日可待了。”面对工作中的困难，我们必须明白：应牢牢抓住隐藏在险境中的机遇，才能走得更远。同时，眼光要放远一点，不仅仅着眼于眼前的困难，最关键的是，我们要善于在这样的困境中发掘机遇，抓住机遇。在通往成功的路上，有荆棘、有鲜花，荆棘代表着困难，鲜花预示着机遇。只要你踏过了荆棘地，就会到达美丽的花园。

2.不入虎穴，焉得虎子

有人说：“美国有很多讨论富人的书，都得出结论证明富人并不比普通人聪明，学识也不一定比一般人多。要说富人智商高，那是不科学的。之所以这些富人能成功，而很多智商、学识远远高过他们的人却成功不了，是因为富人们具有的冒险精神或是敢想敢做的精神确实比别人强。”

看准时机，马上出手

巴菲特说：“商机抓住了，就能带来滚滚财富；抓不住，财富就会从你身边悄悄溜走。”他十分注重把握机会，在他看来，机会稍纵即逝，抓住了就可以成功。如果抓不住的话，那么，以后也不会有那样的机会，自己将与成功擦肩而过。在他的一生中，由于机会比较多，成功的可能性自然比常人多一些，如此，他成了最成功的投资大师也不足为怪。机会与成功本来就是密切联系的，但是，发现机会与抓住机会并不一样，只有抓住机会才有可能成功。在现实生活中，有的人发现了机会，却犹豫不决，左右为难，机会也就消失了。所谓“机不可失，时不再来”，机会，并不是随时都能遇到，而是来的时候要抓住它，一旦错过，就没有重新再来的机会了，而巴菲特正是抓住商机的高手。

在投资过程中，巴菲特向来看准时机就毫不犹豫地出手。美国运通是全球历史最悠久、实力最强的公司，1891年，它第一个推行了旅行支票；1958年，又第一个推行了信用卡，引导了一场信用卡革命。不过，后来这家公司遇到了大麻烦。联合公司是一家大企业，当时用一批色拉油作为抵押物质，而从美国运通贷款，后来，联合公司破产了，清算公司财产时，联合公司准备收回这批色拉油。可是1963年11月，美国运通经调查后才知道，那些抵押的油罐中，只有很少的一部分是色拉油，而其他的都是海水，银行因为这个诈骗而损失了数亿美元。如果债权人索赔的话，运通公司将资不抵债，当这个消息传开的时候，华尔街所有的人都开始抛售美国运通公司的股票。

这时，巴菲特则在走访自己家乡奥马哈的所有经营场所，但是，他却看见人们还在继续使用运通公司发行的信用卡结账。因此他发现，这次的丑闻并没有打垮运通公司，运通公司发的旅行支票和信用卡还在使用中，而且在整个市场中占有很大的比例。

巴菲特意识到这是一次难得的机会，于是，他毫不犹豫地出手：1964年，他动用了自己手里40%的资金购买了运通公司的股票。果然，没过多久，美国运通公司破解了这次诈骗，而且和联合公司的债权人达成了和解，公司得以正常营业。在以后的2年里，运通公司加大了经营管理，股票也增长了3倍，5年后股票更是增长了5倍之多。

敢为人先，牢牢把握眼前的机会，使得巴菲特做成了一笔大买卖，虽然有些风险，却为此大赚了一笔银子。所谓“生意人人做，就看谁占先”，谁抢

占了先机，谁就成为最后的大赢家。从发现机会，到真正出手，也不过眨眼工夫，巴菲特深知自己稍有犹豫就会错过这个机会。于是，他毫不犹豫，马上做了这笔生意，结局尽在他意料之中。

★……巴菲特的忠告……★

巴菲特旗下的伯克希尔公司正在推进成立一家新债券保险公司，对此，纽约州保险业监管者发出了呼声，敦促该公司进入这一规模巨大的债券保险市场。不过，伯克希尔公司的这一举措还是让许多投资者产生了质疑，对此，巴菲特说："全球信贷危机为其保险和投资公司伯克希尔哈撒韦公司创造了一些新的并购机会，我感觉应投资备受危机困扰的金融服务行业。"

1.抓住机会

通常情况下，当一家经营良好的公司暂时出现问题时，市场担心这家公司解决不了问题，盈利能力就会下降，于是投资者们纷纷抛售股票，致使股价大跌。在股市中，经常会有一些资金非常充裕的公司，因为暂时遇到了困难，导致这只股票被市场抛弃。对于许多投资者而言，这样的情况不容乐观。但巴菲特却说："优秀的公司暂时遇到困难，会导致这些公司的股票被错误低估，这反而是巨大的投资机会。"股价疯狂下跌会形成安全边际，这正好是低价买入的良好时机。而随着企业恢复正常，市场会重新认识到企业的盈利能力，股价也会大幅上升，投资者自然会大赚一笔。

2.马上行动

面对一个绝佳的机会，我们需要马上行动。如果你总是优柔寡断，迟迟不肯行动，下不了决心，最终使自己失去了最佳的机会，让别人捷足先登，那么就会使自己与成功失之交臂。对此，面对每一次机会，要果敢、要及时，不要拖拖拉拉、犹豫不决。

要有“点石成金”的投资眼光

在美国，巴菲特可以说是一个“点石成金”的人物。有人说，假如1956年你将1万美元交给巴菲特，它今天就会变成大约2.7亿美元，而这仅仅是税后收入。假如伯克希尔的股价为7.5万美元，在扣除了各种费用，缴纳了各种税款之后，从刚开始投资的1万美元就会迅速变为2.7亿美元，难怪有人把伯克希尔股票称为 “人们拼命想要得到的一件礼物”。点石成金，在过去可以说这是一个不可实现的美梦，但在巴菲特的眼里，却可以实实在在地成为一项投资事业。

威尔逊创业的时候，全家唯一值钱的是一台分期付款的爆米花机，只值50美元。在第二次世界大战结束后，威尔逊决定从事地皮生意；然而，在当时，并没有多少人做生意，而且人们都没有钱，根本就没有多少人能出钱买地皮修房子，哪怕当时地皮的价钱很低。当亲朋好友都知道了这个消息后，纷纷反对他的这个决定，并且都认为他会输得很惨。威尔逊则认为，美国作为战胜国，战争已经结束了，经济也会马上进入发展期，到时候，买地皮的人就会增多。

威尔逊用自己所有的积蓄加上贷款在市郊买了很大的一块荒地，因为他认为，美国经济一旦发展，城市会开始扩张，郊区也会跟着延伸，到时候，这块无人问津的地方就成为“黄金地带”了。

两年后，威尔逊真的成功了，他购买的那块荒地已经成了城市的黄金地带，而且风景很好，被很多人相中，纷纷出高价，希望威尔逊能出让，可是威尔逊并没有这么做，因为他有自己的打算。他先在土地上盖起了一座“假日旅馆”，而因为这里地理位置有很大的优势，开业后生意一直很好。最后，威尔逊的生意越做越大，世界各地都有了他的“假日旅馆”。

点石成金的第一步需要坚定自己的梦想，在威尔逊创业之初，身边的亲朋

好友都在反对，谁能相信这会成功呢？但是，威尔逊用自己的经历告诉人们，只要我们敢于相信自己，坚定地走下去，我们终有一天会成功。假如威尔逊当初没能坚持自己的意见，放弃了地皮生意，那将是另外一种结局了。

虽然，巴菲特是一个点石成金的大师，但他的投资也绝不是一帆风顺的。由于1973年到1974年期间经济衰退，巴菲特的伯克希尔公司遭受了严重的打击，股价直接降到了每股只有40美元。而1987年的股市灾难中，也没能幸免，股价由最高的4000美元跌到了3000美元。当海湾战争发生的时候，公司再次遭受了重创，股价由每股8900美元跌到了5500美元，而最严重的一次则是1998~2000年时，因为宣布收购通用保险公司，公司股价直接从80000美元跌到了40800美元，跌幅接近50%。这其中的投资历程是艰辛的，也是难以想象的。

大量事实表明，巴菲特的点金术也不是那么轻易炼成的，必须经过一次又一次的努力。或许，我们所看到的是他一次次巨大的投资案例，但在投资前后，巴菲特的努力我们可曾见过呢？

★……巴菲特的忠告……★

巴菲特是投资界的一个不老神话，但是，这并不表示巴菲特天生就是一个投资家。真正的点金术，所指的不过是走向成功的那条路，我们应该知道，没有哪一条路是平坦的，必须经历了荆棘，才能看见前途的光明。

1.相信自己能“点金成石”

难道只有巴菲特才做着 “点石成金”的美梦吗？不，当然不是，在生活中，我们谁不希望自己也可以点石成金，但为什么只有巴菲特做到了？那是因为在这条路上，巴菲特始终相信自己，他用自己的行动告诉大家：这个世界确实是可以点石成金的。

2.经得起挫折

难道巴菲特的每一次投资都是成功的吗？难道巴菲特没有遭遇过失败吗？其实，在他投资的生涯中，也有个别的失败案例，也会有估计失误的时候。点石成金并不是一蹴而就的，而是需要在这个过程中不断地练习。如果我们想实现自己的梦想，那就需要像巴菲特一样，经得起挫折。

危机来临，如何应对

与大多数投资者一样，巴菲特在投资过程中也会遇到许多棘手的情况。不过，似乎每一次他都能化险为夷，这其中的秘诀是什么呢？在这点上，巴菲特一直强调巧妙应对，关键在于心态，即遇事泰然处之，船到桥头自然直。在生活中，遇到了棘手的事情，大多数人都会慌乱，不知道该怎么办，最后，事情似乎真的没有转机了。其实，遇事慌乱只会让我们的心境越来越乱，失去了平和，令你所作出的判断、决策都很不利于事情的发展。相反，如果你能保持淡定的心境，不慌不忙，镇定自若地处理棘手之事，说不定还有转机。所谓“山重水复疑无路，柳暗花明又一村”。在生活中，难免会遇到挫折与困境，甚至是毁灭性的打击，但是，这时候，任何紧张、慌乱都于事无补。努力平复心绪，随机应变，才能变不利为有利，才能走出困境。

大学毕业后，小张放弃了父母托关系为他找的“铁饭碗”，只身带着单薄的行李，来到了炙手可热的沿海地区。哪怕每天做很简单、枯燥的工作，他也能从中感到快乐，而且他好学，遇到什么不懂的问题都会向同事请教。时间长了，老板欣赏他的踏实与认真，晋升他为秘书。之后，他不断地升职，在企业有了一定的名气，这时候，他毅然放弃了高薪职位，拿着多年的积蓄，开了一家小公司。在他的努力经营下，小公司一天天壮大，他成了远近闻名的大老板。

在那年的金融海啸中，他的公司不幸遭遇了很大的冲击。得知消息的时候，他还在家里，父母担心地看着他。他很平静，反而安慰父母："没事，当年我也是一无所有，现在不过是时间的问题而已。"他回到了公司，有条不紊地处理事宜，员工看着平静的他，本来慌张的情绪也平息了。生意公司还是照接不误，好像什么都没发生，公司一步步走上了正轨。

以平和的心境接受挑战，有条不紊，泰然处之，最后，事情就真的朝着良性方向发展了。在上面这个案例中，我们所能学到的是泰然的心境，那种临危不惧的心态。在生活中，我们会遇到这样或那样的事情，可能会紧张、慌乱、无措，但是，只要你保持良好的心态，淡定从容，事情看起来就没那么糟糕，所谓"船到桥头自然直"，在平和的心境下，变不利变为有利，一切困境都会摆脱。

即便有再大的事情发生，我们也要学会适应不可避免的事实，接受这一切。对于我们无法改变的事情，只有愉快接受，慢慢去适应；不要为未来的事情担心忧虑，因为没有人会知道未来会发生什么。所以，多学习巴菲特的泰然之道，遇到事情，不要杞人忧天、不要忧郁、不要紧张、不要急躁，乐观自信，泰然处之。

★……巴菲特的忠告……★

在巴菲特的投资生涯中，经常会遇到一些危机，这时候任何着急、慌张都是没用的，最关键的在于用良好的心态，沉着应付，这样才能化险为夷，甚至在险境中寻找机会。巴菲特也正是因为这样的应对，才使得自己一次次化险为夷，并从中收获颇多。

1.保持平和的心态

弱者任思绪控制行为，强者让行为控制思绪。在困难面前，许多人容易心浮气躁，经过多次挑战都无法战胜困难，他们会因此变得气急败坏，在他们心灵深处，感到茫然不安，从而无法冷静地思考。任何时候，一个人都需要冷静，需要淡定从容的心境，尤其是在困难面前，拥有平和的心态，它能够使人有条不紊、沉着地应对所发生的一切。所以，面对困难，不要气急败坏，只有保持平和，我们才能转败为胜。

2.在危机中寻找出路

人们常说，机遇险中求。危机，危机，危险之中还隐藏着你看不见的机会，对此，我们一定不要被危机扰乱了心智，模糊了前面的方向。面对危机，我们更应该认真思考，拨开迷雾，看清事情的本质，这样我们才能摸清问题，才能更好地解决问题。

有独立眼光，不跟风投资

巴菲特的导师格雷厄姆不觉得市场是有影响的，也不觉得人们的投资行为都是建立在理性的行为基础之上的，所以格雷厄姆称市场为“喜怒无常”的先生。巴菲特比较赞同导师的观点，他觉得，投资者应该认清市场的非理性的特点，这样有助于打破思维定式，消除那些幻想与猜测，最后在一堆乱七八糟的信息中找到最基本的准则。深谙投资的人都明白，市场行情可谓说一波动定是千变万化，只是很多操作的方式存在着不稳定的因素，市场的操作实际上需要以不变应万变，以静制动。虽然，市场在变化，但投资者的心应该保持冷静，只有冷静下来才能够作出准确的判断，不过，大多数投资者做不到心不乱，他们的心会随着市场的波动而起伏不定。巴菲特认为，做一名成功的投资者，应该保持自己的投资理念与方向，不要被市场扰乱方向。

巴菲特一直以来都没有看自己公司所拥有股票股价的习惯。巴菲特说过。

“当我们买入了一只股票后，即使第二天是休市，我们也不会有任何的困扰，平时我们不会为了确认我们的收益，而去观看拥有百分之百股权的喜诗或布朗鞋业每天的股价；因此，对于只拥有7%股权的可口可乐，我们还有看报价的必要吗？”

1999年11月22日，巴菲特曾在《财富》杂志上发表文章说道：美国投资人不应该被现在疯涨的股市冲昏了头脑，因为股市现在疯涨已经超过了自身的价值，同时，巴菲特还预测过用不了多久美国的股市肯定会大跌，回到自身的价值范围内。果然，没过多久，纳斯达克下跌了50%。而两年后，巴菲特再一次在《财富》上发表文章，并且重申了他的观念，股票的长期性是跟美国的整体经济相关的，而这种大幅波动是带有一定的周期性的。为了在股市中取得更好的回报，投资者应该学会应对这种带有一定周期性的反常波动。

而巴菲特的方法则是：当这种情况发生的时候，要保持一定的理性，学会定量分析，并且判断股市是过热还是过冷。虽然预测后，并不能带来一定的实际性的收入，但是可以让人保持清醒的头脑，不随波而逐。

巴菲特说：“我最大的长处是我很理性，许多人有更高的智商，许多人工作更多的时间，但是我能理性地处理事物。你们必须能控制自己，别让你的感情影响到你的思维。”巴菲特不仅仅在生活中是一个理性的人，而且在面对投资市场的波动时，他可以更理性地思考，促使自己采取更准确的举措。

★……巴菲特的忠告……★

可以说，巴菲特是一个在股市十分低迷时低价捡走别人只敢看不敢买的股票的传奇人物，最后他成了那些研究市场理论的教授都无法解释真相的华尔街股神。在巴菲特看来，假如投资者按照定量分析发现股市过热，那就可以理性地决策而不再追涨，趁此机会高价离场；假如投资者按照定量分析发现股市过冷，那就可以理性地选择合适的股票低价抄底买入。

1.不因情绪影响自己的决定

在实际投资过程中，有的人因为赚钱心情好而变得扬扬得意，他们常常忽略投资方法，因此将获得的利润拱手让出；有时候因在股市失利而伤心难过，经常被失败折磨到放弃的投资方法，随便操作。巴菲特觉得，股票市场是疯癫与抑郁交替发作的场地。有的时候，一些投资者对未来的期望感到异常兴奋，不过，随之就会变得很沮丧。

2.不要相信股票行情终端机

在巴菲特的办公室里，是没有股票行情终端机的。因为他觉得打算拥有一家杰出企业的股份并长期持有，而自己又急于注意每一天的股市变动，这是很不符合逻辑的。聪明的投资者不会希望股市来操纵自己的投资行动，因为股票市场的作用并不是充当投资顾问的角色，它的存在只是为了帮助我们买进或卖出股票而已。

投资需要具备聪明的头脑

相比那些在股市中疯狂的投资者，巴菲特没有在市场中横冲直撞，而是以一种很平静的心态来遵循投资最基本的规律——价值投资。巴菲特经常解释投资：“是投资不是投机。”正是因为巴菲特具有聪明的头脑，所以他在相当长的投资生涯中获得了常人所不能企及的收益率。巴菲特的老师格雷厄姆算是投资行业的一代宗师，他强调了“价值投资”这个概念，巴菲特则将这个投资理念发挥得淋漓尽致。巴菲特说：“每个投资者的投资收益来源于企业股票市场价格与其内在价值的差异，而若要在实际的投资中赢取利润，更需要独特的投资头脑。”显而易见，巴菲特有聪明的头脑，他始终保持着自己的思维能力，也就是对产品的价值有自己独到的见解，并按照这些观点来确定投资对象以及

买入卖出的时间。比起那些市场上专门跟在别人身后、丝毫没有思考能力的投资者，巴菲特确实十分聪明。

2003年4月，正好是中国股市处于低迷的时期，谁曾料到，股神巴菲特却以每股16～17港元的价格大举买入了中石油H股234亿股。3年以后，也就是2007年7月12日，巴菲特开始抛售，到了该年的10月份，巴菲特已经9次抛售中石油H股，到最后几乎全部抛售。而这4年里，巴菲特当初买入时投资了5亿美元，到2007年变成了40亿美元。

不过，令许多投资家想不到的是，这次中石油的股价并没有因为巴菲特的抛售而下跌，从巴菲特第一次抛售开始，中石油的股价上涨了35%，人们帮助巴菲特计算了一下，他大约少赚了128亿港币。难道一向以成功自诩的巴菲特也会失算吗？当然不是。

其实，当巴菲特买入中石油的时候，H股的股价已经经过了从11港元到约17港元的较大涨幅，而巴菲特买入的最好理由是自己对股价的准确估价以及投资的勇气。而当2007年，巴菲特发现自己投资中石油这个投资项目中获利已经超过了9倍的时候，他通过一系列综合判断，觉得这是见好就收的时刻了。这才是股神巴菲特的智慧之处，即便巴菲特抛售股票之后，中石油的H股继续上涨，这差不多超出了巴菲特价值投资标准的范畴。而巴菲特本人已经盈利了，又何必觉得自己还没赚够呢？

对中石油H股的投资，巴菲特曾做了这样的解释："你知道的，有许多像这样很好的企业，其实我希望我买了更多，而且本应该持有更久。石油利润主要是依靠于油价，假如石油在30美元一桶的时候，我们保持乐观的态度，假如到了75美元一桶，我不是说它即将下跌了，不过，我就不像以前那么自信它会持续上涨。30美元一桶的时候，这就是很有吸引力的价格了，按照石油的价格，中石油的收入在很大程度上依赖于未来10年石油的价格，我对此持积极的态度。但是，30美元一桶的时候我十分肯定，到了75美元一桶的时候，我开始持中立的态度，然而现在石油的价格已经超过了75美元一桶了。”

其实，在生活中，难道仅仅是投资才需要智慧吗？不管做任何事情，都需要运用头脑。只有经过认真思考的决策才是经得起检验的决策，如果我们都人云亦云，当别人的跟屁虫，那损失的将是我们自己。

★……巴菲特的忠告……★

巴菲特认为，假如你发现了一个自己很清楚的状况，其中里面的各种关系你都了解得清清楚楚，那你就要坚持自己的意见，并立即采取行动。即便这样的行动不符合常规，即便这样的行动遭遇别人的反对，也要坚持下去。巴菲特在教导儿子的过程中，告诫道：“投资最需要的是智慧而不是运气等那些虚无缥缈、不实际的东西。”

1.不能太贪心

就巴菲特投资中石油H股这个案例而言，假如巴菲特是一个比较贪心的人，他会继续持股，等待股价的继续上涨。然而，石油可以说是人们日常生活中的必备物资，有经济常识的人都知道，中石油的收入在很大程度上依赖于未来10年石油的价格，当上升到某个价位时，定会稳定下来或者下跌。巴菲特正是考虑到这一点，才会见好就收；太贪心了，若是遇到大跌，定会血本无归。

2.对每一个决策都应该认真思考

不管是对中石油的买入还是卖出，巴菲特都是经过认真思考的。当他买入的时候，他对中石油的股价有了准确的估价；而当他卖出的时候，他则对中石油的内在价值做了估计，判断了股票内在价值与市场价值的关系，再结合自己在投资中所遵循的赢损原则，然后做出了卖出的决策。事实证明，正确的决策为巴菲特带来了丰厚的收益。

第17章　投资要理性，绝不盲目做决定

选择少数几种可以在长期拉锯战中产生高于平均收益的股票，然后将你的大部分资金集中在这些股票上，不管股市短期涨跌，坚持持股，稳中取胜。

——巴菲特

突破陈旧思维不盲目跟风

巴菲特曾说："在发现我们喜欢的股票之前，我们会一直等待。我们喜欢在把握十足的情况下才采取行动，这就是我们的投资风格。"在他看来，股票投资需要冲破一些陈旧的思想，突破前人，不断创新，不断学习。虽然，早年的巴菲特对导师格雷厄姆有一种近乎疯狂的崇拜，使得他总是相信格雷厄姆所说的都是正确的，关于投资的任何问题，他都能从格雷厄姆那里找到答案。尽管完全遵循格雷厄姆的投资理念，让巴菲特的投资获得不小的成功，不过，巴菲特本人也不断思考，是否前人的思维就是百分百正确呢？直到他遇到了芒格，在芒格身上，他找到了另外一种投资方式。至此，巴菲特觉得，投资跟人生一样，都是需要不断成长的。

巴菲特研究生刚刚毕业的时候，像其他人一样，他不过是投资领域的一个新人，满脸的书生气。怀着对老师格雷厄姆的绝对崇拜，他严格按照老师的投资理论操作，认真寻找出售价格低于净资产的公司，并先后购买了无烟煤公

司、地方铁路公司的股票。不过，巴菲特到底是巴菲特，很快他就发现，这样做会有问题。虽然自己购买的那些股票，价格低于净资产，从目前来看是不存在什么风险的，不过，俗话说“便宜没好货”，尽管没有价格上的风险，但在其他方面却出现了诸多问题。

巴菲特考虑到，这些公司的股票价格低廉，主要原因在于业务不景气，因此，投资者马上就会面临新的问题，假如公司业务有所好转，那股价自然会随之上涨；不过，假如公司业务继续下降，甚至持续恶化，那股价就会变得更低，投资者就做了一笔赔钱的买卖。关键之处在于，即便以后业务好了，要想以一种有利的价格出手，那也必须有人来买自己的股票才行，否则就行不通。

对此，巴菲特举了这样一个例子：“假如一家公司的净资产为1000万美元，而你现在能以800万美元的价格买到手，这当然是好事。但是，假如这家企业的营运状况很差，以后想把这家企业卖出去都难。在这样的情况下，我们就无法从购进价格和净资产价值的差额中赚得利润，即便最终将这家公司卖出去了，但因为拖延太久，也会使我们的收益变得微不足道，甚至低于社会平均水平。”

巴菲特吃过几次亏以后，他很快不再迷信老师格雷厄姆的投资理念了，他决定突破陈旧思想，开始创新自我。但是，这个过程是异常痛苦的，因为巴菲特太崇拜格雷厄姆了。在漫长的痛苦蜕变中，巴菲特认识到，突破陈旧思维并不意味着之前的思维是错误的，关键在于随着时代的交替，投资市场的千变万化，需要一个更符合市场的投资理念；所以直到现在，巴菲特依然崇拜格雷厄姆，但是，他更善于用自己创新的手法去投资。

★……巴菲特的忠告……★

对于导师格雷厄姆的一些投资理论，巴菲特有自己的看法，他曾说：“格雷厄姆提供了安全边际理论，而格雷厄姆的每个学生都发展出了不同的方法来

运用这个理论，从而寻找上市公司的实质价值和有价证券价格之间的差价。”在这里，巴菲特既肯定了老师格雷厄姆的边际理论，又肯定了包括自己在内的所有投资人找到了脱离老师而又适合自己的具体操作的投资方式。

1.别被固有的思想禁锢

无论我们做什么事情，如果你总是在别人用过的套路中打转转，那只会束缚自己的思维，这时你应该做的，就是跳出框框，别被固有的思想禁锢。当经验在大脑里越积越多，甚至形成一种思维定式的时候，人们总习惯用自己的价值标准和思维模式来评判事物，其实，这就是所谓的“思想僵化”。通常情况下，越是在机遇面前，一个人的心理越趋于保守，他就越容易陷入这样的困境，他很难去做任何事情。生活在这个变化莫测的世界，时代总是向前，逆水行舟，不进则退，如果你不愿意创新自己的思想，总有一天，你会被这个社会所淘汰。

2.努力创新

一个人要想成功，不仅仅要养成思考的好习惯，还需要不断地创新自己的思想。开阔思路，扩展思维，这样，你才能更大限度地获取有益的信息，从而促成自己获得辉煌的成就。对于那些敢于冲破固有思想的人来说，他们永远不会跟随众人的思维模式，而是另辟蹊径，那是他们身上的一种特质。

没有把握的投资不轻易出手

巴菲特曾这样说到自己的投资：“我们在收购企业时有三个条件：第一，我们了解这个企业；第二，这个企业由我们信任的人管理；第三，就前景而言其价格有吸引力。假如你发现一家优秀的企业由一流的经理人管理，那么看似很高的价格可能并不算高。”当然，在没有十足把握的情况下，巴菲特是从来不轻举妄动的。俗话说："小心驶得万年船。"智慧的处理事情的方法需要细心、冷静的研究，凡事多想一步，安全就会长久一点。尤其是越混乱的时候，越需要注意这一点。孔子曾说："乱之所生也，则言语以为阶。君不密，则失臣；臣不密，则失身；机事不密，则害成；是以君子缜密而不出也。"有时候，之所以发生混乱，主要是做事不慎密。如果君主的言语不慎密，就会失去才能的臣子，如果臣子的言语不慎密，就会招祸失掉生命；机密的大事不慎密，就会造成灾害。因此，做事一定要慎重，不去做自己没有把握的事情，否则，亡羊补牢，为时已晚。

在《三国演义》里，"马谡失街亭"的故事几乎家喻户晓。

当时，诸葛亮亲自率领大军，向西路扑向祁山，由于魏国毫无防备，守在祁山的魏军纷纷败退。刚刚即位的魏明帝曹叡立即派张颌带领五万人马赶到祁山去抵抗，并亲自去长安督战。

马谡一直是诸葛亮信任的人，不过，刘备在去世时却看出马谡这个人不太踏实，他特意嘱咐诸葛亮："马谡这个人言过其实，不能派他干大事，还得好好考察一下。"不过，诸葛亮并没有将这番嘱咐放在心上，这一次，他派马谡当先锋，守街亭。马谡当即带着副将王平来到了街亭，他对王平说："这一带地形险要，街亭旁边有座山，正好在山上扎营，布置埋伏。"王平提醒说："丞相临走的时候嘱咐过，要坚守城池，稳扎营垒，在山上扎营太冒险。"马谡却不假思索地拒绝了，根本不听王平的劝告。

没想到，这一不经思考的决定真的带来了恶果，街亭失守了，马谡虽然侥幸逃脱，但是，他最终难免处罚，诸葛亮自叹"用人不当"，只好挥泪斩马谡。

在这里，无论是诸葛亮还是马谡，都缺少了那么一点细心，最终酿成了大错。在生活中，当我们决定要去做一件事情的时候，需要思考这件事自己是否有把握，值得不值得去做，一旦做了会有什么后果。同时，还需要考虑下一步

会发生什么，权衡利弊，做出更有利的选择。

股市如战场，任何时候，我们都需要谨慎做事，稍有不慎，就会摔一个大跟头，到时候，就难以东山再起了。多学学巴菲特的谨慎，细心处事，遇到事情多思考，这样，你才有转身的余地。

★……巴菲特的忠告……★

当孩子们说要去干什么事情的时候，巴菲特总会问："你有十足的把握吗？"至少需要听到孩子有八九成的把握，他才会鼓励孩子去做。假如孩子们说自己没多少把握，那巴菲特就会停下手里的工作，跟孩子一起分析这件事的具体因素，再分析孩子所具备的能力。末了，巴菲特会告诫孩子：当你要去做一件事情的时候，需要做好准备，把各方面的情况都想到，这样我们不仅有把握做好，而且真的能做好。

1.三思而后行

俗话说："三思而后行。"意在告诉我们，做任何一件事情，都需要仔细考虑。慎重考虑我们还没有预料到的事情，以防万一，这样我们才能更好地保全自己。在现实生活中，许多人做事风风火火，全凭着一股劲儿，做事从来不动脑子，这样的人虽然加快了做事的速度，但是，他们却常常为自己的冲动埋单。

2.做事要慎重，考虑周到

做任何一件事情，我们都要考虑周到细致，防止可能发生的一切情况，事前就做好应对准备，如此这般，才能做成一件大事。尤其对于时下一些年轻人来说，做事情顾头不顾尾，毛毛躁躁，常常缺乏周密的思考，因此，他们常常无所作为。

3.防患于未然

面对任何一件事情，我们都要有预见性，如果没有意识到，那么，听听别人的意见也是好的，防患于未然总比出了问题再去补救更为重要。俗话说："凡事预则立，不预则废。"比如，当我们去拜见一位重要的客户，事前若是做好了充分的准备工作，那么，一切问题都会迎刃而解，否则，谈判将有可能失败。

投资最重要的是避免损失

经常做投资的人都知道这个道理：假如你输了20%，你必须赚回40%才刚好回本；假如你亏了50%，那你就必须赚回100%才能回本。巴菲特这位成功的投资大师在投资领域里驰骋了几十年，他十分清楚这样的道理，也正因为如此，他才成功了。巴菲特常说："投资的第一条准则是不要赔钱；第二条准则是永远不要忘记第一条。"巴菲特一直坚持这样的投资理念，即便他在1965年至2006年期间经历了股市的最低迷时期，但巴菲特所领导的伯克希尔公司却始终保持年收益良好的状况。就算巴菲特在股市最低迷的时候，也可以保持绝对的冷静，尽可能地避免低迷股市给自己带来的损失。对巴菲特而言，如何赚钱并不是最重要的，关键在于如何避免损失。

巴菲特的老师格雷厄姆总结了一套行之有效的投资策略来避免损失、增加收益的投资理念。格雷厄姆更加注重企业进行数量分析，而且建立了完整的投资分析模型。格雷厄姆认为，投资人应该尽量多地关注投资的时机，尽可能选择企业的投资价值被市场低估时买入，而这样做的理由是，市场绝对不能够精确地衡量出企业的内在价值。当然，每个人的投资决定都分别受感性思维和理性思维的影响，这使得股票的市场价格与企业本身的价值是存在着很大的区别，而这正是投资的真正赢利点。对此，投资者需要以市场价格远远低于企业内在价值投资，然后等着价格上涨。巴菲特吸收了老师格雷厄姆的观点，也就

是坚持理性投资，确保本金安全。

巴菲特严格按照老师的投资理念，创造了许多令人称赞的奇迹。不过，巴菲特觉得，这样还是不能最大限度地减少损失，这时巴菲特遇到了第二个影响自己的人——费雪，他曾这样总结自己在费雪身上所学到的东西："我从费雪那里学到了：走出去与竞争者、供应者、顾客交谈，从中找出一种行业或是一家公司是如何实际运作的。"巴菲特认为，这是避免损失的最好方法之一。而费雪认为另外一个可以避免损失的策略就是放长线钓大鱼，他曾说："在我的人生字典里，我没有看到哪一个做短线的投资者最终赚到了钱，而靠长期投资赚钱的人却不计其数。"因受费雪的影响，巴菲特曾表示，自己所购买的可口可乐、美国运通等四家公司的股票，他希望永远持有。

巴菲特认为，投资者对所要投资的股票不仅需要认真筛选，重要的是将数量控制在一定的范围之内。而这个投资观点，是受凯恩斯的影响。凯恩斯是一位著名的宏观经济学家，同时也是一位出色的投资家。凯恩斯认为，成功投资者的智慧并不在于他用什么方法预测到了投资的收益，而在于他可以不失时机地把坏东西推给别人，投资者对所要投资的股票不仅需要认真筛选，重要在于将股票的数量控制在一定的范围之内。

优秀的投资者总是将前人的卓越思想集中到一起，为己所用。其实，不管是在投资上，还是在生活中，我们都需要尽可能地减少损失。做任何事情之前，都需要策划，走一步想三步，这样我们才能更好地前进，否则，盲目向前所带来的后果绝对是不堪设想的。

★……巴菲特的忠告……★

在对孩子的教育中，巴菲特将自己在投资中感受到的避免损失的观点传授给孩子，他告诉孩子："在生活中，不管做什么事情都需要尽可能地避免让自己遭受损失。与投资一样，我们每个人的成本是有限的，只有尽可能少走弯路，才能减少我们本身的损失，才能让我们更有时间和精力去实现自己的人生梦想。”

1.学习前人的经验

虽然，我们倡导创新，主张改变，但是，我们还是需要吸取前人的经验。那是因为前人的经验都是经过实践而得出来的，是经得起考验的，是可以直接用的真理。相比于盲目地寻找，我们不妨在前人的经验基础之上再总结，这样对于我们自身来说可以节约一些时间和精力。

2.少走弯路

在投资中，我们应该更注重如何在股市低迷中减少损失，而不是如何在股市高涨中增加收益。一个成功的投资家，他的成功之处并不在于在牛市中获取最高的利润，而在于在股市低迷时能很好地避免自己不受损失。其实，做人做事跟投资是一样的道理，很多时候，我们不在乎结果是否成功，而在于你是否少走了一些弯路，找到了成功的捷径。

如何有效降低投资的风险

如何才能降低投资的风险呢？巴菲特没有具体的回答，他只坚信自己的“不熟不买”。他幽默地说：“用中国的一句老话，就是知己知彼，百战不殆。”在作战中，假如把敌我双方的情况都了解清楚了，那作战百次都不会有什么风险。其实，市场如战场，当我们不能清楚地了解投资市场的时候，那就应该谨慎投资，否则我们不能料及的风险就会到来。如果我们翻阅巴菲特的投资经历，就会发现，不管是保险公司，还是可口可乐，巴菲特都选择了一个自己最了解的投资对象，他认为，这样可以最大限度地降低投资的风险。因为投资对象是自己选择的，也是自己最了解的，假如投资失败，那表示自己所付出

的努力还不够，或者说自己还不够了解投资产品本身。

巴菲特曾经说过：“我们其实一直都关注公司的赚钱能力，这个范围也是这个公司未来五年，或者未来十年的发展收益情况，如果通过我们了解它能赚钱，那么我们相信这是一笔非常值得我们去做的投资，如果我们不了解它，那么我们就不会投资，虽然不是我说过的每只股票都能成功，但是，至少我们要了解了才会投资，如果不了解，我们就不会投资。假如，在我的面前有1000只股票，但是我只了解其中的一只，那么我只会投资那一只，而放弃其他的999只。”巴菲特最重要的投资理念之一是：不熟悉的不买，投资时要考虑自己的能力范围。投资大师凯恩斯说过：“越是到后面，我越相信，真正正确的投资方法是将资金投入到一个自己了解的行业，而且要完全地相信管理人员，那种分散精力投资到一个不熟悉的行业的行为是完全错误的。当然一个人在特定的时间里，他的精力也是有限的，所以很少有两家以上的企业让人相信。”对于凯恩斯的话，巴菲特完全赞同，而且将在实际投资中遵循这样的投资理念。

巴菲特曾说：“市场交易就像上帝一样，帮助那些自助者。但和上帝不同的是，市场交易不会原谅那些不知道自己在做什么的人。”巴菲特曾承认过，他最了解的行业包括保险、媒体、消费品、供电、纺织等，其实在巴菲特花费10.6亿美元成为《华盛顿邮报》第二大股东前，就已经很了解报纸这个行业了。因为他在年轻的时候，做过投递员，熟悉报纸经营的每个环节，而且对《华盛顿邮报》各个部门的状况以及经营状态都很了解，所以，在当时，他对这行未来的发展很有把握。

在成为《华盛顿邮报》第二大股东后，巴菲特就对员工管理和经营方面提出了意见，并且做了很大的改变。虽然，后来《华盛顿邮报》的股价有所降低，但还是比巴菲特当初的收购价增长了100倍。

1998年，《华盛顿邮报》的市场总值已经增加到了27.1亿美元，巴菲特通过对它的全面了解，使得这次投资最终取得了很大的成功。即使到了现在，巴菲特也一直没有放弃《华盛顿邮报》的股票，总是不间断地适量购入。直到2003年，单单在报业的投资，就为巴菲特赚取了12亿美元的利润。

★……巴菲特的忠告……★

在巴菲特看来，投资人生也是一样的道理，一定要对自己所做的事情进行全面的了解，才可以进行百分之百回报的投资。巴菲特常常告诫孩子，不管做什么事情都需要对其进行详细的认识，这样才能把事情做好。假如对自己所做的事情不懂，好像一个懵懂的学生，这样自己是永远不会成功的。

1.做事情之前应有充分的了解

当儿子霍华德放弃学业准备办农场时，巴菲特鼓励其多学习农业知识，多去请教那些农户，了解土地的成分、农作物的习性，这样自己才可能赢得成功。办农场的初期，为了偿还父亲的钱，同时也为了积累更多的资金，霍华德决定投资股票。这时，巴菲特告诫说："投资之前一定要对自己所投资的企业有一个详细的了解，对它未来发展有一定的预期，这样才可以保证自己的投资有一个稳定的收益。"在父亲的帮助下，最后霍华德在投资方面获取了一些收益。

2.了解自己的能力

巴菲特说："我每年一次撰写几十页年报的活动，其实也是一个学习的过程。我发现，有些东西常常以为自己懂了，但要把它们放在纸上向股东解释的时候，才知道自己并不很了解。所以，这个活动不但使我对各行业想得更深入，而且也使我了解了自己的能力界限。"不论我们做什么事情，都需要了解自己的能力，只有更好地了解自己，才能更好去做事，更好地应对别人。

第18章　实践出真知，实战经验才是制胜的法宝

我将如何处置它？我该考虑哪些东西？我该担心什么？谁是我的竞争对手？谁是我的顾客？我将走出去与顾客谈话。从谈话中我会发现，与其他企业相比，我这一特定的企业的优势与劣势所在。

——巴菲特

投资绝对不能轻信谣言

巴菲特说："成功的投资生涯不需要天才般的智商、非比寻常的经济眼光，或是内幕消息，所需要的只是在作出投资决策时的正确思维模式，以及有能力避免情绪破坏该模式。"以他几十年的投资经验而言，如果想在股市中避免外来信息的干扰，就需要了解这家公司的真实情况。而我们若想做到这一点，最关键的就是阅读财务年报；假如可能的话，还需要对这家公司实地走访，这比任何内幕消息、谣传都靠谱得多。巴菲特认为，在股市中充斥着许多谣言，这是必然存在的现象。不过，我们如何才能辨别这些谣言的真假呢？对此，巴菲特觉得，没有调查就没有发言权，面对那些铺天盖地的小道消息，巴菲特通过一番实地考察，然后判断谣言真假，以此得出自己的结论。

1963年，在市场上流通了5年的美国捷运卡公司拥有人数达到了1000万。尽管是这样的情况，且美国《时代周刊》宣告"无现金的社会"来了，但是

在这一年，捷运卡公司的经营状况遇到了一些问题。不过，对于人们的议论纷纷，巴菲特认为美国捷运公司的股票与以往任何股票都有所不同，因为没有工厂、没有任何固定的资金，最值钱的就是公司的招牌。

原来在一次交易中，美国捷运公司接受了联合原油精炼公司送来的一批罐装色拉油，当时，捷运公司仓库给联合公司开出了收货凭证，联合公司则用收货凭证作抵押贷了一笔款。然而，在联合公司破产之后才发现这根本是一起诈骗。消息传出后，美国捷运公司股价迅速下跌，各种小道消息沸沸扬扬。

面对那些传遍大街小巷的谣言，巴菲特决定亲自去证实一下。他来到了奥马哈市的大街上，仔细观察着人们的生活情况。巴菲特发现，人们依然用美国捷运卡来支付费用，他逛了许多商店都是这样。后来，巴菲特去了银行和旅行社，发现人们依然在用旅行支票结账。事实证明，即便捷运公司股票下跌了，但它给人们带来的影响却没变。

通过亲身验证，巴菲特总结了两条信息：一是美国捷运公司并不像人们所谣传的那样“即将倒闭”；二是美国捷运公司的招牌依然是全球畅通无阻的标志之一，不管色拉油事件怎么发展，其顾客并没有流失多少。再则，通过导师格雷厄姆对自己的教导，巴菲特觉得捷运公司并没有什么数据，因为它没有运营资金、厂房和设备，自然在资产负债上也看不到这些数字。不过，捷运公司所拥有的旅行者支票市场的80%的份额是不可改变的，至少它在付费卡上还拥有主要的股份，这就表示这家公司依然有发展的潜力，依然值得自己去投资。

得出了这样的结论之后，巴菲特知道自己该怎么做了。1964年初期，美国捷运公司股票下跌，巴菲特开始大量买入股票，而且把自己四分之一的资产几乎都投入到这只股票上。那些在谣言里已经晕头转向的人觉得，巴菲特在进行一次赌博，一旦赌输了，他过去辛辛苦苦积累的财富和声誉将毁于一旦。不过，一向不愿意承担投资风险的巴菲特却觉得，这根本不是赌博，而是一次有

胜算的投资，因为他一直坚信自己实地考察后的判断力。

当巴菲特站在法庭上支持捷运公司总裁克拉克时，他说了这样的话："我们应该感谢克拉克，而不是指责他。之所以这样说，是因为他正在努力消除色拉油事件对美国捷运公司的不良影响，我们不妨把美国捷运公司承担的6000万美元损失当做发给我们的红利在邮寄途中丢失了。"

当然，事实证明，巴菲特的判断是正确的。他基于实地考察的结论是值得相信的，美国捷运公司渡过这次难关之后，为包括巴菲特在内的股东们带来了十分丰厚的盈利。中国有句老话："百闻不如一见。"巴菲特没有像那些迷失在股市里的人一样听信谣言，而是对色拉油事件后的美国捷运公司市场进行了一次实地考察，才会孤注一掷投资这只股票，也才有了最后的成功。

★……巴菲特的忠告……★

其实，做任何事情都一样，我们没有进行一番实际的考察之前，是无法得出正确的结论的。假如你人云亦云，那最终的结果是被人潮所淹没。巴菲特作为一个投资大师，他才是引领人们向前的弄潮儿，假如他也听信谣言，那他不会坐上今天这个位置。

1.遵从于内心的选择

在生活中，我们经常听到有人说："我心里很矛盾，到底怎么办呢？他们都说这样做不妥当，可我的看法……"其实，这样的人并不是完全没主见，而是他们过分地在意别人的看法，别人的观点。对于自己将要做的一件事情，只要身边的人说了什么，他就犹豫了，就开始听信传言了，这样的人是难成大事的。对于我们，不仅需要坚持自己的看法，还应该遵从于内心的选择。

2.相信自己

大部分听信谣言的人，其实是自卑的，他们不够自信，不愿意、不敢相信自己的决策是正确的。因此，在谣言散布的烟雾中，他们迷失了，他们开始将那些谣言当做自己可以做决定的依据。对此，我们要相信自己，克服自己内心的犹豫。

投资也需要执著的精神

巴菲特一直认为，需要长期持有有价值的股票，就好像对待爱情，当你选中了心仪的对象，就要忠贞不贰。其实，在生活中，何止投资是这样呢？那些从实践中所得出的经验就包括了——执著，这是成功的重要因素之一。在生活中，为什么成功者少之又少呢？重要原因在于许多人认为许多方法很简单，甚至不屑坚持去做、去执著地追求，结果，与成功失之交臂。其实，不管我们从事的什么样的工作，创业也好，为别人打工也罢，只要我们明白成功的基本法则，不断努力并且执著坚持，就一定能到达成功的彼岸。

从前，有一位农场主在巡视谷仓的时候，一不小心将金表掉进了谷仓里。于是，他就在农场门口贴了一张告示，谁能帮他找到金表，将得到一百美金的奖励。告示贴出去以后，许多人都来了谷仓，寻找这块金表。不过，谷仓里的谷物太多了，要想找到这块金表真是太难了。几百个人在这个偌大的谷仓里找了一整天，未果。

等到太阳落山的时候，所有的人，除了一个小男孩，都失望地离开了谷仓，因为他们完全失去了信心，都放弃了那一百美元的诱惑。只有那个小男孩，穿着一件破旧的衣服，在大家都离开以后，依然不灰心，努力地寻找着。天越来越黑了，小男孩仍然在努力地寻找着。突然，他发现，当周围安静下来时，有一个很清晰的声音在“嘀嗒、嘀嗒”地响着。小男孩顿时停了下来，谷仓里更加安静，“嘀嗒”的声音更加清晰了，小孩子循着声音找到了那只金表，最终获得了那一百美元的奖励。

这个故事告诉我们，成功就好像谷仓里的金表，早已存在于我们的周围，散布在人生的各个角落，只要我们努力地去寻找，就会听到它那清晰的“嘀嗒”声；只要我们循声找去，就一定能获得成功。

杨润丹是美国杨氏设计公司的总裁，同时，她也是一位资深生活设计师。早年，她毕业于纽约大学的室内设计专业，后来在美国密歇根大学获得硕士学位。作为设计行业的领军人物，她从事设计工作三十年了。在工作中，她倡导创造高品质的生活，并将不同的潮流设计带到室内外的设计中。与此同时，她所创造的品牌不断发展壮大，得到了越来越多人的支持与认可。

初识杨润丹，发现她是一个优雅恬淡的女子：细柔的言语、恬淡的笑容。但是，随着交谈的深入，发现她并不是一个柔弱的女子，她的骨子里有着一份比男人更强的坚韧、执著。在受传统思想影响的社会，一个女人想做成一件事真的很难，她们往往比男人付出更多，却收效甚微。杨润丹说：“我并不想做一个女强人，也不喜欢别人这样称呼我。在中国，大部分的女性都很优秀，而我只是找到了自己想要坚持和努力的信仰，凭着那份坚韧与执著一步步走下去而已。”

早年，移居美国的杨润丹随着父亲第一次踏上中国，后来，由于设计便常常往返于中国与美国之间。随着对中国的熟悉，心有志向的杨润丹决定在中国成立工程公司。刚开始创业的时候，她白天作设计，晚上去工地检查、指导、学习，回忆起那段辛苦的日子，她说：“一个女人在中国在北京，我没有任何背景，没有任何关系，一开始赔光了很多钱，无数次地想背包回去不来了，那会儿我还生病，可是我想这么多人跟着你，人家信任你，所以，我只能成功，不能后退。”

杨润丹，这是一个耐心与耐力并存的女子，她心中的那份认真与执着，为其成功奠定了扎实的基础。

被问到成功的秘诀时，杨润丹坦言：“耐性是杨氏在中国成功的秘诀。”而那些坚忍执著的女子，从来不缺乏耐性与耐力。其实，做人与做事有异曲同工之妙。想做成一件事情，必然要经历挫折与困难，如果不够坚韧，缺乏执著的精神，那么，肯定不会成功。做人也是一样的道理，保持内心的坚韧与执著，耐心与耐力并存，不断修炼自己的性格，如此，你才会成为新时代的优秀女性。

★……巴菲特的忠告……★

在投资股票的时候，巴菲特一直是一个执著的人，当所有人都抛售股票的时候，他却坚持持有那些有价值的股票，对此，他曾宣布，他将永远持有可口可乐等几只有价值的股票。对他而言，投资股票并不仅是挣钱，同时也是一种对人生的执著。

1.努力走下去，终会有成功的一天

在现实生活中，我们所面对的压力很大，就业、下岗、生活等。在这样的情况下，我们就要彰显出执著的风采，表现出内心的坚韧与执著，朝着自己的梦想、目标前进，所谓“江山代有人才出”，在新的机遇、新的挑战中，我们坚信，将会有更多的成功人士脱颖而出。

2.执著是对自己的一种肯定

生活中，我们为什么而执著，为什么而坚持，必然是有理由的。我们一直执著，其实是对自己所做出的决定的肯定，假如我们都不对自己的行为进行一番肯定，那别人对我们又有什么样的看法呢？

按兵不动，寻找时机出手

巴菲特是一个沉着冷静的人，不管遇到了什么事情，他总能够以静制动，看准了时机再出手。以静制动，也就是静非不动，敌不动我不动，静观其变。

静和动是相对而言的，在双方的对峙中，需要以静制动，你若按捺不住，四处乱动，那么你的胜算就会少之又少；如果你能以静制动，那么在你与对方的周旋过程中，就会从劣势变为优势，对方就处于被动地位，再伺机出手，即可打败对手。

李先生一直从事印刷业，经营多年之后萌发了退休的念头。他原来从美国购进了一批印刷机器，经过几年使用，扣除磨损费应该还有250万美元的价值。他打定主意，一定不能以低于250万美元的价格出售机器。于是，他在报纸上登了广告，出售那批印刷机器。

一个阳光明媚的星期天，来了一位买主，针对那些印刷机器滔滔不绝地讲了很多缺点和不足，这让李先生十分恼火。但是他刚要发火的时候，突然想起自己250万美元的低价，于是又冷静了下来，一言不发，看着那个人继续滔滔不绝。

最后，那人再也没有说话的力气，突然蹦出一句："嘿，老兄，我看你这个机器最多能够给你350万美元，再多的话我们可真不要了。"这时，李先生一口应承："好！就这么说定了。"于是，李先生很幸运地比计划多卖了整整100万美元。

正所谓"静者心多妙，超然思不群"。一些习惯于滔滔不绝的人往往最沉不住气，一旦遇到了冷静的对手，他们最容易失败，因为急躁的心情让他们没有时间考虑自己的处境与位置，也不会静下心来思考有效的对策。而李先生以静制动，充分掌控了主动位置，等待时机出手，一下子就抓住了要害之处，达到了自己的目的。

在杭州，胡雪岩创办了胡庆余堂，与此同时，位于杭州的两家老字号药店却感到了威胁。杭州城内的许广和、叶种德两家药店自恃创办历史悠久，实力雄厚，便下定决心与胡雪岩的胡庆余堂打一场价格战，希望以降价的方式将胡庆余堂挤垮。

价格战一开始，许广和、叶种德两家药店便纷纷使出了看家本领。胡庆余堂出售的高丽参每两二钱银子，他们便降价，卖一钱七；胡庆余堂的准山药每两五厘纹银，他们只卖四厘。而降价后，他们也确实拉回了不少顾客。如果是一般商人，肯定会以牙还牙，你降价了，那我也降价，再把客户拉回来，而且，胡雪岩的胡庆余堂有钱庄、典当做资产后盾，有足够的实力来跟对方拼价格。但是，胡雪岩却有自己的招数，那就是"以静制动"。药店的价格从来不降，看着别人降价，也不眼红。

等到许广和、叶种德两家药店的价格降得差不多了，胡雪岩找准机会，打出了"真不二价"的招牌。原来，在这之前，胡雪岩仔细想过了：许广和、叶种德两家药店降价的举措，只会亏了自己，不用等到挤垮别人，有可能自己先垮掉了。而且，降价的话会选择劣等货，以次充好，这样的后果将导致药品质量的下降，这样一来只会砸了自己的招牌，毁了自己的名声。

最重要的是胡雪岩对自己药店的药品质量十分有信心，就这样，胡雪岩"以静制动"，成功地赢回了市场。

与巴菲特一样，中国著名的红顶商人胡雪岩也是一个善于谋略的专家。试想，如果看到许广和、叶种德两家药店降价，胡雪岩也紧跟着降价，以拉回顾客，那么，本来主动的位置就一下子变成了被动，很有可能被对方击垮。而胡雪岩恰恰以静制动，无论你怎么样降价，我都不作声，明码标价，等到你的价格降得差不多了，没有机会提价的时候，我再打出"真不二价"的响亮招牌。这样一来，胡雪岩轻轻松松成了最后的大赢家。

★……巴菲特的忠告……★

在投资过程中，巴菲特遭遇了不少股市情况，但是，他始终坚持着"以静制动"的原则，一一打倒了那些企图排挤他的对手。在现实生活中，我们也经常碰到这样的情况，当对方没有采取行动的时候，你也需要静等，千万不要盲

目采取行动。因为，如果你动得比对方多，对方就会占据主动位置，这时候，对方有可能上演一番“以静制动”。安静等待时机的到来，我们才能牢牢地占据主动的位置，这是处世之妙，更是度势之术。

1.不要暴露自己的弱点

在动物世界里，蛇在进攻时总是先盘起身子，静观敌人的动向，在敌人暴露弱点的那一瞬间，杀死敌人。蛇就是以静掩藏自己的弱点，静等对方暴露出弱点时发起进攻。静，可以把自己的弱点藏起来；动，则会暴露自己的弱点。有时候，只要你一行动就会暴露自己的弱点，而对方则会搜集到关于你的各种信息，你就如同屠场上的羊，只能任人宰割了。

2.事临头上用三思，话到嘴边留半句

动物尚能明白“以静制动”的道理，身处复杂社会的我们更要明白“事临头上用三思，话到嘴边留半句”的道理。以静制动，以不变应外变，适时地保持安静，这是一种智慧的掌势之术。在生活中，我们要学会沉默，以静制动，不要轻易出手，必须在某个地方静静地观察对方的一举一动，根据对方的行动来决定自己该采取什么办法，这样才有可能达到自己的目的。

细心准备，一招制胜

当过兵的人，都知道军营里有一句耳熟能详的话：“不打无准备之仗。”简单地说，要想取得战斗的胜利，就必须做好充分的准备，如果准备不充分，打起仗来十有八九是要吃亏的。在这一点上，投资大师巴菲特也是十分赞同的。其实，且不说打仗，就是投资也是一样。巴菲特在每次进行大笔投资之前，他都会针对自己所投资的这家公司做一个详细的调查，以至于自己打赢这场仗。

王先生是一家乳制品公司的经理，最近，为了使公司产品上市，他每天都往返于各个超市，希望在市场中占据一席之地。

这天，经过多方打听，王先生和助手终于见到了超市里负责乳品的麦先生。事前，他了解到这是一位傲气而冷漠的先生，果然，不出所料。按照事先的约定，先由助手跟麦先生谈，可是，不到十分钟，谈话就面临结束。麦先生面有难色：“现在的排面很紧张，你们的产品虽然看上去不错，但竞争也很激烈，能不能卖好很难说……”说完，麦先生准备起身，他说了一句：“这样吧，你先把资料和样品放下，过后我再看看。”

其实，助手在与麦先生谈话的时候，王先生一直在旁边静静地观察，再结合他事先了解到的情况，已经在脑海中想好了对策。就在麦先生准备起身送客的时候，王先生开口了：“麦先生，我能不能跟你谈一下。”或许，见过太多的老板，麦先生几乎不把王先生放在眼里，显得很不耐烦，王先生说：“我只耽误你几分钟，如果几分钟内你对我的话不感兴趣，那我们自己走人。”麦先生愣了一下，王先生趁热打铁：“我听说麦先生在专业上很有造诣，我只想跟你交流一下，你不会拒绝我吧？”麦先生脸上露出了笑容，说道：“好吧，好吧！”

王先生继续说：“麦先生，据我所知，虽然本市的乳制品品种很多，但在包装、质量、口感上能上档次的产品没有几种，你同意吗？”麦先生点点头：“是这种情况！”王先生说道：“我想，贵超市也希望在这一类产品中能有一个好产品，一方面，可以吸引顾客，另一方面，也是你的业绩嘛！”就这样，两人攀谈了起来，后来，在王先生的建议下，麦先生亲自品尝了部分酸奶。届时，谈判已经取得了大部分胜利。

对此，王先生这样总结此次的谈判：“俗话说，不打无准备之仗，在事前做好充分的准备，在谈判中，再出奇招制胜。”事实上就是如此，如果你事前不做好准备工作，与对方沟通的时候，你就很容易吃亏，任凭你费尽口舌，对

方就是不同意，你之前的努力就化为乌有了。

其实，每次做事之前，一定要做好充分准备，正如曾国藩所说“不打无准备之仗”，明确自己的目的，想要达到什么样的结果，因为只有确定了目标，才能把一切因素尽量往有利于自己的方向转化。

对于打仗来说，曾国藩是十分反对速战速决的。他说：“兵，犹如火，易于见过，难于见功。”一向做事谨慎的曾国藩极力反对浪战，极力反对不知敌我、不知深浅的轻浮举措。对于打仗，他有自己的一番心得：“未经战阵之勇，每好言战。带兵者亦然，若稍有阅历，但觉我军处处罅隙，无一可恃，不轻言战矣。”这里所说的“不可言战”，意思就是不打无准备之仗。

弟弟曾国荃在吉安前线时，曾国藩多次叮嘱：“凡与贼相持日久，最戒浪战。兵勇以浪战而玩，玩则疲；贼匪以浪战而猾，猾则巧。以我之疲敌贼之巧，终不免有受害之一日。故余昔在营中诫请将曰：‘宁可数月不开一仗，不可开仗而毫无安排算计。’”后来，曾国荃在金陵前线的时候，曾国藩又嘱咐，他在信中说：“总以‘不出壕浪战’五字为主。”对于不打无准备之仗，曾国藩则时常赞赏李续宾：“用兵得一‘暇’字诀，不特平日从容整理，即使临阵，也回翔审慎，定静安虑。迪安善战，其得诀在‘不轻进，不轻退’六字。”

纵然，股市比不上战场上硝烟弥漫，但是，巴菲特所崇尚的“不打无准备之仗”同样适用于职场。它启示我们：凡事需要谋划，有准备才能有胜利的把握。无论是向上司进谏，还是与客户谈判，都需要我们做一定的准备，否则，无一不会失败。哪怕请求上司加薪这样的小事情，也不能冒冒失失就提出，在提出请求之前，需要我们考虑措辞、语气、语言表达等方面，否则，有可能因一句话说得不合适，上司就拒绝了你的加薪请求。

★……巴菲特的忠告……★

在生活中，许多事都是一样的，比如说商业谈判，每一次谈判同样需要周密部署，精心准备，这样，有了详细的筹划，一出招就有可能制胜对方。当然，要打有准备的仗，就需要做许多准备工作，也就是说，不能急于求成，如果什么都没有准备，就贸然拜访客户，那么，这一场“仗”绝对会输。

1.准备充分，才能一招制胜

巴菲特谋略的精髓就是“战前做好准备工作，战中出手要快”，出手就能制胜才是关键。对于我们来说，这确实是不得不学的谋略之术，要记住，与每一位客户的谈判都是一场战役，如果你想赢得这场战役，就必须做好准备，诸如了解对方的详细资料、背景、产品等，正所谓“知己知彼，方能百战不殆”。

2.多一点耐心，多一分胜算

在巴菲特几十年的投资生涯中，为什么总是盈利，很少出现投资风险呢？主要在于巴菲特在投资之前做了充分的准备工作，他花了更多的时间和精力来了解自己所投资的企业的详细情况，包括资产、顾客、管理阶层等。我们应该明白，多一点耐心，就会多一分胜算。

不想过去，只看将来

巴菲特常说这样一句话：“不想过去，只看将来。今日之前如何，不要去管它，你只想着我今天做了些什么，该做些什么就是了。”思虑太多，无疑是自我烦恼，只需要做好当下之事就好了。巴菲特是一个注重当下的人，无论处于什么样的境地，他不管昨天，也不看明天，他只着眼于做好眼前的那件事。正是这样的心态，使得他不为失利而苦，不为得意而兴，一步一步，做好每一

件事情，就这样，一跃成为世界著名的投资大师。哲人说："把当下的事情做好，以自己的能力，把眼前的一件件具体的事情做好，才能聚沙成塔、集腋成裘，才可以做大事。"在现实生活中，经常有人胡思乱想，抱怨不断，但是，你能不能告诉自己"不要思虑太多，做好当下的事情"？

威廉·奥斯勒年轻的时候，曾经是蒙特瑞综合医院的一名医科学生。在学医期间，他对自己的生活充满了忧虑，不知道怎样才能通过眼下的期末考试，也不知道将来会在什么地方，创立什么样的事业，更不知道明天该怎么去生活。他整天为这些事情担忧着，无心顾及自己的学业。

一次，他无意中在一本书上看到了这样一句话："对我们大家来说，生活中最重要的事情不是回忆过去、遥望将来，而是动手理清自己手边实实在在的事。"正是从书上看到的这句话，改变了这位年轻的医科学生，使他后来成了最有名的医学家，创建了举世闻名的约翰斯·霍普金斯医学院，并成了牛津大学医学院的钦定讲座教授，那可是学医的英国人所能获得的最高荣誉。

后来，威廉·奥斯勒爵士给耶鲁大学的学生作了一次演讲，他说："像我这样一个曾在四所大学当过教授，撰写过畅销书的人，大家以为我会有'特殊的头脑'。但是事实并非如此，我的朋友都知道，我的脑袋太普通不过了。"

有人问他："那你的成功秘诀是什么呢？"威廉·奥斯勒爵士认为："我之所以能够成功，是因为放下心中的思虑，尽力做好当下的事情。"

奥斯勒爵士的话并不是让我们不要为明天做准备，而是尽自己最大的努力，把当下的事情做到完美无缺，这才是应付未来唯一可靠的方法。奥斯勒把每一天都当做完全独立的，他不会沉溺在过去，也不会为未来忧虑，放下了心中所有的忧虑，所以，他能够信心满满地应对当下的事情。

思考，本来是一件好事，但是，思虑太多就会变成坏事。本来只是一件微不足道的小事，但胡思乱想之后，却变成了一种精神负担。有时候，思虑就如同一个放大镜，那些忧虑、担心均被放大了，会渐渐地占据你的心灵，最后，你已经没办法安心做事了。对此，巴菲特告诉我们：不要思虑太多，做好当下之事即可。

★……巴菲特的忠告……★

在现实生活中，若一个人总是纠葛在过去与未来，不注重当下所做的事情，那么，他难以成大事。因为思虑过多，一方面，破坏了平和的心境；另一方面，当下的事情也未必能做好。对于我们来说，将一时的得失完全抛到脑后，这似乎不太可能，但是，比起当下该做的事情，哪个更重要呢？我们只能舍弃眼前的得失，着眼于当下的事情。毕竟，只有做好当下的事情，我们才能往前走。

1.活在当下

如果你希望自己的每一天能过得十分快乐，那么就要学会活在当下，那样才会活得自在。你要分清楚过去和现在。你的过去只会对现在产生影响，如果你摆脱不了过去的阴影，你就不可能快乐地生活在今天。也许，对过去和未来的某些思考虽然是有益的，但是花费太多的时间去反省过去，计划未来，其实是在浪费时间。因为只有在此时此地，才能充分享受生活。我们不是否认过去，但也不能沉溺过去，只有关注现在，我们才能活出自己，才能发挥我们的聪明才智，生活才能更加真实和精彩。

2.做好当下的事情

巴菲特认为，过去和未来与当下是紧密联系的，他经常告诫孩子们，首先要做好当下之事，否则，当下会成为糟糕的过去，未来也将变得不美好。在生活中，我们对于过去和未来不要忧虑太多，我们只需要做好当下的事情就行了，这足以让我们从当下的工作中感受到快乐。

第19章　众人拾柴火焰高，运用团队智慧创财富

我的目标是使我们持股合伙人的利润来自于企业，而不是其他共有者的愚蠢行为。

——巴菲特

梦在哪里，方向就在哪里

童年时期的巴菲特有一个梦想：成为一个有钱人。他有了梦想，从此奠定了自己的人生方向。从一个小小的证券师开始做起，他慢慢地成了小有名气的投资家，再慢慢地成了成功的投资家，并成为伯克希尔哈撒韦公司最大的股东，他拥有了自己的整个投资团队。巴菲特的人生经历告诉我们，梦在哪里，方向就在哪里。其实，每个人心中都怀着一个梦想，苏珊大妈就曾高唱着："我曾梦想着我的人生，完全不像我现在的生活，现在不像我曾经的想象，如今现实的生活已经扼杀了我昔日的梦想。"怀揣着梦想，我们终究会梦想成真，因为梦在哪里，人生的方向就在哪里，我们的团队就在哪里。

1995年，马云受托去美国催讨一笔债务，结果，他一分钱都没有要到，但他发现了互联网。顿时，马云意识到互联网是一座等待开掘的金矿，回到杭州之后，马云身上只剩下1美元和一个疯狂的念头：做互联网。

然而，当他把自己的梦想告诉身边的朋友时，却遭到了朋友的一致反对，但是，马云并没有放弃自己的梦想，而是坚定了自己的梦想。马云找了一个搭档，加上自己的妻子，3人凑足了2万元启动资金，创办了自己的第一家互联网公司。刚开始，生意很困难，马云不得不在杭州街头的大排档里，口沫乱飞地讲述自己的梦想，人们都认为他是一个骗子。但是，马云无暇去注意别人对自己的称谓，而是不屈不挠地讲自己的互联网梦想，慢慢地，他的业务发展起来，马云越讲越有名，他所做的“中国黄页”也越做越大。这时，杭州电信要求与马云合作，马云当即答应了，居然将营业额做到了700万元，但是，由于之后的合作出现了问题，马云毅然放弃了中国黄页，接受了外经贸的邀请。马云带着5个朋友北上，他们在北京租了一个20平方米的房间，连续苦干15个月，他们做出了一系列官方网站，但是，由于股份制难以落实，马云选择了再次放弃。

在这4年里，马云舍弃了2次，其中的艰辛可想而知，但是，马云的互联网梦想却丝毫没有动摇，他再次决定：回杭州创办自己的公司，一切从零开始。1999年4月15日，阿里巴巴上线，很快在商业圈里声名鹊起，马云开始在世界各地讲述互联网的梦想，著名的风险投资公司Investab的亚洲代表台湾蔡崇信加盟其中，随后华尔街多家公司向阿里巴巴投入了500万美元，一时之间，阿里巴巴声名大振，马云的互联网梦想实现了。

马云实现了自己的梦想，最关键的是他的思想，马云总是以自己的思想坚定信念，怀揣着互联网的梦想，最后，他将思想变成了现实，所以，他获得了成功。曾荣获诺贝尔经济学奖的萨谬尔森曾说：“人们应该首先认定自己有能力实现梦想，其次才是用双手去建造这座理想大厦。”当然，马云所代表的阿里巴巴难道仅仅只有马云一个人吗？当然不是，它代表着一个团队，一个热衷于互联网的团队，因为梦想走到了一起的人最终成就了梦想。

★……巴菲特的忠告……★

一个团队的组建首先源于同一个梦想，因为梦想有了，团队发展的方向就有了。就好像巴菲特所拥有的伯克希尔哈撒韦公司的共同梦想是成为全世界最牛的投资公司一样。当然，有了梦想，我们还应该朝着这个方向不断地前进。

也许，在实现梦想的路途中，有的梦想破灭了，有的梦想实现了，有的梦想还在实现的过程中。然而，我们需要永远记住一个原则：只要坚定自己的梦想，梦想就不再遥不可及，梦想一样可以变成现实。或许，我们不相信美梦成真，但实际上，这不仅是一个美好的祝愿，而且真的是一句真理。在实现梦想的过程中，或许我们会遇到这样或那样的困难，但只要我们坚信美梦成真，那就一定会实现我们的梦想。要知道，可以创造梦想的是我们，可以毁灭梦想的也只能是我们，而不是其他人。

要建成自己的投资团队

在投资界，巴菲特若认第二，就没有人敢认第一。不过，对于投资而言，这仅仅是巴菲特的一个方面，远不是他的全部。巴菲特不仅擅长于投资股票，更是一个优秀团队的领导者。可以说，他是一个成功、卓越的实业型企业家。巴菲特旗下的伯克希尔哈撒韦公司吸金3000多亿美元，拥有400多家明星企业，经营业务几乎覆盖了鞋业、家居、建材、能源、报业等。虽然，在许多人看来这些只是传统的业务，但在巴菲特所领导的团队的经营下，竟然取得了巨大的成就。其实，这证明巴菲特不仅仅是成功的股票投资者，而且是一个擅长组建团队的优秀领导者。

在伯克希尔哈撒韦投资公司，也就是巴菲特旗下有9位高管，在每个高管身上，都深深地烙上了美国商业精神乃至美国精神的印记，比如冒险精神、团队精神、创新精神、品牌精神等。在巴菲特的团队里，我们可以感受到更多的东西。

从伯克希尔哈撒韦公司的经营业务范围以及发展可以看到，巴菲特的股票投资理论与企业投资理论是一脉相承的。受巴菲特股票投资的影响，伯克希尔哈撒韦公司长时间注重“传统企业”投资，并且赢得了巨大的成功，这其实也归功于巴菲特的价值理论。在价值理论的核心，巴菲特一直相信商品、商业的市场价值来自其内在的价值而非其他。正因为这样，巴菲特在股票投资上采取了相似的选择股票的方法，同样赢得了成功。从这个角度看，所谓的传统产业，假如可以赢得被市场认可的价值，同样商机无限。

在伯克希尔哈撒韦投资公司，显著展现了团队的力量。我们可以看见，并不是巴菲特一个人在战斗，一个优秀的团队是巴菲特成功且经久不衰、越斗越强的坚实基础。可以说，这个优秀的团队经营管理优秀的企业，提供“价值”的坐标系和参照系，为巴菲特的企业帝国和股票王国提供了源源不断的支持。

因为喜欢投资，巴菲特成了最成功的投资家；因为喜欢投资，他组建了属于自己的团队。我们都坚信这样一个道理，资本的力量是毋庸置疑的，巴菲特在华尔街这样一个充满“阴谋”“欺诈”的肮脏世界里保持着良好的声誉，这源于其价值理论，但更源于他以及团队的商业价值和社会价值理念。而巴菲特旗下的公司力量以及团队的力量，也被巴菲特发挥到了极致，从而缔造了其伟大的企业帝国——伯克希尔哈撒韦公司。

对于一个单独的个体而言，是极需要团队的力量的，因为有了团队，才可以凝聚最强大的力量。俗话说：“一个好汉三个帮。”仅仅凭借着一个人的力量是难以有所作为的，因为一个人总是顾及一方面，却忽略了另一方面，他身上往往只有部分优点，而缺点也有一些，这样一来，当他去做一些事情的时候，总会显得力不从心。而当无数个个体组合在一起的时候，细微的力量就凝

聚了起来，也就是说，团队的力量是惊人的。在生活中，我们所看到的所谓成功者，难道是他一个人在战斗吗？当然不是，在他的背后，永远有一个团队，一个智囊团在支持他，于是，他取得了最后的成功。

★……巴菲特的忠告……★

即便巴菲特被誉为世界著名的投资大师，但他仅仅是以自己为荣吗？当然不是，他更以旗下的伯克希尔哈撒韦公司为荣，因为优秀的团队才是他最值得骄傲的。像巴菲特这样有着异常天赋的投资家也需要组建属于自己的团队，更何况生活中的我们呢？在生活中，当我们觉得一个人无法完成某件事情的时候，我们就应该组建属于自己的团队，只有这样，我们才能最大限度地凝聚团队的力量，从而走得更远。

1.把所有力量拧成一股绳

团队就是一个核心，是一个综合体，它凝聚了所有成员的力量，可以说很好地达到了互补的效果。比如说，在团队中，有的人擅长这方面，而在其他方面却比较弱；而有的人恰好相反，这样一来，两个人组合在一起，那就是绝对完美的组合。

2.有团队的观念

当然，我们在组建团队的时候，一定要有一个团队的概念，也就是在任何时候，都需要考虑到团队成员的意见。巴菲特虽然是世界著名的投资大师，但他从来不觉得自己可以脱离团队而独立存在，在他看来，伯克希尔哈撒韦公司以他为荣，但他更以这个投资公司为荣。在他做决策的时候，在他思考的时候，他需要这个团队的力量，他从来不单枪匹马地做决定，因为这不仅仅是对团队的不尊重，同时也会对自己的决策造成不好的影响。

知人善任，避免不必要的麻烦

有人曾问巴菲特："如何才能在投资中控制自己的风险？"巴菲特回答说："一个是守规矩，另外一个是选人，最重要的是选人。"在伯克希尔哈撒韦公司，巴菲特很重视挑选自己的职业经理人、投资经理人，要求十分严格，要选最好的，选完之后给他们最大的权力空间，让他们可以自由发挥。假如这些职业经理人达到了他的要求就会得到许多的回报；相反，达不到他的要求，巴菲特就会很有礼貌地叫他们"走路"，这就是所谓的以人为本。巴菲特认为，知人用人要有胆量，而胆量往往来自于对人了解多少，了解得越多，判断就越准，用起来才会更大胆。

学诚法师十分慈悲，颇具观察力，他对下面的每个弟子的特点都有详细的了解，比如，怎么学修、怎么承担可以最大限度地帮助弟子学习，法师都有自己的想法。

在广华寺的时候，遇到哪里缺人了，法师就会说："某某可能适合做这个。"在很多时候，大家听到法师推荐的这个人可能是出乎意料的，甚至是大家认为最不合适的，不过，当这个人真的去做了那件事之后，大家却发现他做得非常好。下面的弟子们会经常思考，尽管同行之间接触的时间比较多，不过，每个人对于身边的人，却不一定十分了解。每个人都有自己的特点以及意愿，实际上并不十分了解。而学诚法师虽然接触弟子的时间不多，却更加了解每个人的长处、心愿、能力，知道把具有何种特长的弟子安排到哪里，结果总是表明法师的安排是正确的，其实，这就是所谓的知人善任。

巴菲特认为，要想掌握高超的用人之道，必须做到知人善任。知人，就是要了解别人，也就是对人的考察、识别、选择；善认，也就是对人要使用得当。所谓的知人善任，就是要认真地考察别人、确切地了解别人，把每个人都

安排到适当的岗位上去，让他们充分地发挥自己的特长、施展才干，这才是一个领导者的重要工作之一。就好比一台机器，有了先进的设计、合理的结构和科学易行的操作规程，还必须有优秀的操作人员。通常情况下，路线确定之后，人就成了决定因素，就是这个道理。

在知人善用方面，曹操深谙其中的道理。

在曹操征张鲁之前，他给合肥护军薛悌去了一封密信，上面写着“贼来乃发”。没过多久，就应了这句话，孙权带着十万大军来围攻合肥。这时，张辽、李典和乐进三人一起坚守合肥，大家一起拆开密信，只见曹操在信中对合肥的防御和进攻做了详细的部署：假如孙权大军到了，张辽和李典将军出战，乐进则守住合肥。为什么曹操会用这样的计谋呢？因为这三位将军一向不怎么和睦，但是，因为曹操的密信，使得张辽坚决出战，以攻为守，这样的壮举感动了另外两个人，他们决定放弃个人恩怨，愿意听从张辽的指挥，一起抵抗孙权大军。而乐进是一个胆小的人，因过于小心谨慎，正好适合守城。

结果，合肥一战，张辽与李典在逍遥津以步卒八百，破孙权大军十万，创下了史上有名的以少胜多的战例。

话说：“夫兵，诡道也。至于合肥之守，悬弱无援，专任勇者，则好战生患；专任怯者，则惧心难保。且彼众我寡，众者必贪惰；我以致命之师，击贪惰之卒，其势必胜。”在这里，不能不归功曹操知人甚深，他不仅了解张、李、乐三人平日的隔阂，更对三人的作战能力、用兵特点以及性格修养都了如指掌。因此这封密函不仅调解了三将的关系，又通过适当的分工，使三将的优劣互补，最大限度地发挥了三将在防御作战中的整体优势。

★……巴菲特的忠告……★

巴菲特认为，“用人所长，扬长避短”，这应该是一个基本原则。人的个体存在很大的差异，这种差异不仅表现在职业能力上，还表现在个性、价值观以及职业倾向上。领导者在为下属分配任务时除了考虑岗位要求之外，还应该针对并尊重员工自身的特点以及优势，安排与其特点和优势相适应的工作，给予其充分发挥的空间。

1.如何知人

俗话说："不知人之短，不知人之长；不知人长中之短，不知人短中之长，则不可用人。"可以说，知人是用人的前提，每个人的问题优点并存，长短处一起存在，有的人内秀而外拙，才不外露，很不容易被发现；有的人博学多智，却只会纸上谈兵，这样的才能难以展现出来。我们想要去了解这些人，那就需要从信任出发，从了解入手，知其德才学识，明其优劣长短，从其发展的前景中把握，要想准确、清楚地了解一个人，不能只看文凭和档案，也不仅仅凭感觉和印象，而是需要深入了解，全面分析，这样才能辨其才能，明其本质，才能真正做到"善任"。

2.如何善任

善任的重点在于扬长避短，什么是扬长避短呢？要学会量才使用，有的人善于管理，有的人懂业务，在选才时要以"质"为依据，以"质"为调配，这样才能使人才的质得以体现；要注意团队结构，人才群体的组成应注意知识结构、年龄层次、专业类型、性格特点等合理搭配，这样才能产生人才资源的互补效应。此外，我们需要注意重用性交流，也就是选拔优秀的人才可以担任重要岗位。

投资也要放权

巴菲特说："只有平庸的将，没有无能的兵。"大凡优秀的领导者总能从身边挖掘人才并使其充分发挥潜能，而那些拙劣的领导者总是抱怨无人能用。

于是，那些优秀的领导者带领身边的人才不断走向成功，而那些拙劣的领导者却在抱怨中走向没落。作为领导者，应该学会将权力放手，有的领导者天生喜欢操心，他们无时无刻不是在担心这担心那，好像一刻也不能放松，于是，他的整颗心都是紧绷的。在生活中，无论是大事还是小事，他们都不放心交给别人去做，而是亲力亲为。当然，凡事亲力亲为，这是一种负责任的态度，但若是过于亲力亲为，那就是以自我为中心了。对下属给予信任，将权力放手，你会发现这才是成功者应有的风范。

王姐从小就有个习惯，对于有关于自己的事情，她必然亲自去做，她不放心任何人去做。在她年纪尚小的时候，有一次，她背着沉重的东西回家，身边的朋友好心建议说："让我帮你背一程吧。"结果被她拒绝了，理由是怕对方把她的东西掉在地上。

长大后，王姐的这个习惯日益严重。高中毕业后，王姐就在一家蛋糕店当了收银员，平时没事就守在那个柜台边，不让任何人接近自己的工作位置。店长吩咐："你有时间的时候，教教店里的导购收银。"结果，王姐经常将这样的吩咐忘记了，她从来不放心把自己的工作交给别人去干。就因为这样独特的习惯，她在店里的人缘相当不好，但她工作倒是很负责任，几年之后，她当了店长，因此她显得更忙了。早上，她第一个到店里，晚上她最晚离开蛋糕店，因为她不放心任何一个店员，她需要亲自收货、摆货、收银，虽然这样一来，自己算是放心了，但长久这样拼命地上班，王姐真是疲惫不堪。但如果她不去店里，让店员们去做，她的心会更累。

终于，没多久，王姐累倒了，躺在医院里，她所担心的还是蛋糕店："今天货到齐了吗？""货物摆放得整齐吗？"坐在床边的老公忍不住说："你总是这样，凡事亲力亲为，你以为自己很伟大，但其实是剥夺了店员们自我表现的机会，今天早上我路过蛋糕店，发现没有你，他们依然将事情做得很好，有条不紊，你就不用操心了。你现在是店长了，很多事情完全可以交给别人去做。如果你总是操心，那你永远身心俱疲。”

在案例中，王姐虽然当了店长，但她没有将手中的权力下放给下属，仍旧凡事亲力亲为，结果病倒在床上，她的累不仅在身体上，还有心理上。因为过于操心，她几乎每时每刻都在想还有什么事情没做好，她就像一个陀螺一样，不停地转，直至最后无力地摔倒在地上。其实，她完全没必要这样累，将一些事情交给别人去打理，不仅自己轻松了，而且给了下属表现自我的机会。

生活中，一个人操心太多就会身心疲惫，反之，如果将某些事情交给其他人去做，自己只是观看或指导，这样反而轻松很多。当然，想培养这样的习惯，首先应该信任别人以及放松自己。你只有足够地信任别人，才能放心地将事情交给对方；你只有自己放松了，才不会那么执著地凡事亲自去做。所以，不要太过操心，让自己过得轻松一点，将某些事交给别人去办，这样自己才能轻松起来。

★……巴菲特的忠告……★

在巴菲特看来，权力的存在是一个十分合理的现象，但对于领导和下属而言，却是一个敏感的话题。权力就意味着权威，领导需要这样的权威，下属也需要在这个权威下尽量自由支配自己的各项活动。无疑，这就形成了一个比较有活度的矛盾，其焦点在领导和下属之间移动，而领导者就是支配者。很多时候，领导应该放手一些权力给下属。领导者所扮演的角色相当于一个母亲，当一个母亲放手让孩子跑步的时候，她确信孩子能跑了；当孩子在迷蒙中被母亲放手后才知道母亲放手的原因，因为孩子已经得到了信任。理由是权力，领导者放手权力给下属，也就是说，我信任你了，给你权力，你必须去巩固它，发展它，那样很快就会变得优秀。

1.肯定下属

英国女演员和诗人乔吉特·勒布朗说：“人类所有的仁慈、善良、魅力和尽善尽美只属于那些懂得鉴赏它们的人。”任何一个下属都希望得到别人的肯定，尤其是上级的认可。美国著名的企业管理顾问史密斯指出：“一个员工再不显眼的好表现，若能得到领导的认可，都能对他产生激励的作用。”

2.信任下属

权力是一切的基础，在此基础之上产生信任后释放权力。虽然，“信任”是一个很简单的词，却是一个包含深妙玄机的改变，信任产生的心态就是认可，领导只有认可了下属才能信任他。一位管理学家说：“我相信部属具备必需的技能和设备，能推动我授权执行的任务，于是我得以专心思考策略问题。”放手一些权力，不仅是领导者的自我松绑，也是一种本质的需要。

优势互补，形成团队凝聚力

巴菲特认为，任何一个组织，不管大小都需要团队合作，虽然合作的形式有所差别，但高效的团队合作，往往是组织成员共同努力的结果，因为组织内上下级，员工与员工之间是一个复杂而微妙的动态过程，而并非简单的加权。比如，就谈判团队而言，它作为一个典型的组织团队也是这样。如今，谈判变得越来越复杂，所牵涉的范围也比较广泛，所需要的知识也很广博，诸如产品、技术、市场、金融、法律等多方面，如果是牵涉到国际间的谈判，还会涉及国际法、外语等知识，如此纷繁的知识绝不是仅凭一个人就能办到的。因此，谈判除了一对一的方式之外，更多的时候是一个谈判团队对另外一个谈判团队，为了实现某个具体的谈判目标，按照新的组合放大了个人的力量，从而形成了一种新的力量。

其实，任何团队的组合都是一种优势互补。在实际生活中，即便再高明的人，也有不足之处。而对这样的情况，若是找一个能与之互补的人组成团队，那岂不是更完美了？我们都知道，一个人能力再强，也有做不了的事情，因此一个好的团队往往聚集了众多个人的力量，从而形成更强大的力量，而这样的力量恰恰是实际工作中所需要的。所以，如果你想在事业中拔得头筹，组建一个好的团队是很有必要的。

公司建立了以王先生为首的谈判团队，在这个团队里每个人都有自己的具体职能。王先生作为团队的领袖，他几乎处理所有面对面的谈判，他是整个谈判的组织者，负责大部分“说”的工作，或者提出新的问题和新的提议，或做出妥协和让步。

团队中的小李是评论员，他主要负责总结目前的进展，阐明目前所存在的问题。观察员小赵主要负责观察并监控人们通过话语和肢体语言，面部表情所传递出来的信息。小凡是团队里的分析员，主要负责记录并分析全部的数字和其他数据，对方的出价方式和做出让步的方式，这样有助于理解其谈判的目标和优先考虑的问题。

俗话说：“三个臭皮匠，顶一个诸葛亮。”一支管理精良的团队具有这样的优势：可以代表公司内部的多方利益；可以保障企业内部各方对最终协议的坚定执行；可以有效地提高团队成员的自信；让整个团队在整个行业内具有杀伤力。当然，我们在组建团队的时候，不要与对方团队的人数相比较，因为相比较庞大臃肿的团队，少而精良的团队更容易获得成功。

此外，在考虑团队优劣互补的时候，我们还需要考虑这些问题。以谈判团队为例子，有些谈判者喜欢一个人与对手进行谈判，因为他们喜欢这种形式所带来的控制感。即便最简单的谈判也有复杂之处，而且极少有人能在谈判中身兼说、听、看和计划几项工作。若这时有一个精良的谈判团队，必然会大获全胜。

★……巴菲特的忠告……★

巴菲特觉得，当我们在组建一个团队的时候，所需要达到的宗旨是凝聚起来的力量应该是巨大的，而不是削弱整体的力量，也就是说，尽量做到互补，尽可能综合所有的力量。

1.明确团队的人员组成原则

在组建团队时，需要考虑两方面内容：一方面是需要成员具有良好的专业基础知识，而且能快速有效地解决实际运作中可能出现的问题；另一方面是参加团队人员必须关系和谐，可以求同存异。简单地说，就是需要成员遵循知识的互补性，包括性格、能力的互补。

2.对团队成员数量进行有效的控制

团队成员是不是越多越好呢？当然不是，以少量的人做更多的事情，这才是团队所要达成的目标。比如，谈判团队需要多少人才合适呢？国内外的专家普遍认为大概需要6个人组成，其主要是谈判管理员、经济人员、技术人员、法律人员、翻译人员、记录人员。人员的搭配要合理，也可以适当做出调整。

第20章　摆正金钱观，别让人生成为财富的奴隶

金钱多少对于你我没有什么大的区别，我们不会改变什么，只不过是我们的妻子会生活得好一些。

——巴菲特

要成为金钱的主人，而不是它的奴隶

我们不能说巴菲特是金钱的主人，因为他是完全把金钱置身事外的人，金钱对于他而言，只是一堆数字，仅仅是一堆数字。《茶花女》书中有一句名言："金钱是好仆人、坏主人。"是做金钱的主人，还是做金钱的奴隶，这反映了两种不同的金钱观。金钱观是对金钱的根本看法和态度，是和人生观紧密相连的。不同的金钱观，决定了你与金钱之间的关系：如果你贪慕虚荣，崇尚荣华富贵，那么你就是金钱的奴隶；如果你觉得除了物质享受以外，还需要精神上的愉悦，那么你就是金钱的主人。

比尔·盖茨拥有466亿美元的净资产，而他也是巴菲特的好朋友，他没有自己的私人司机，坐飞机也是坐经济舱，而且他平时的衣着也不是任何名牌，甚至还对打折的商品很感兴趣，但是，在另一方面，他却没有这样地吝啬，微软公司员工的收入在世界也是相当高的，而且每年都捐献很多的钱支持公益和慈善，而且，他还亲自表示，会把自己98%的财产在有生之年捐献出去。

在生活中，比尔·盖茨并不喜欢摆阔，有一次，他前往希尔顿饭店开会，因为迟到了，所以停车场没有停车位了。当时，一起前去的朋友建议他把车停在酒店的贵宾车位，虽然要多付12美元。可是，他不同意，因为他觉得那是超值的消费，就像他说过的，花钱就想炒菜放盐一样，合适就可以了，多了少了，都会让人难以下咽。

比尔·盖茨穿衣服注重的是舒适度，而不是衣服的牌子。一次，他参加世界富翁组织的“夏日派对”，还是穿着梅琳达曾经在泰国给他买的衣服，而那件衣服的价钱甚至比在场明星穿的还廉价，但是他并不在意，只要穿着舒服就可以了，比尔·盖茨的信条是：“将每一分钱都用到恰当的地方，那样，这个人才会事业有成，生活美满。”

比尔·盖茨即便作为世界首富，也没有挥霍金钱的习惯，反而树立了一种正确的消费观。然而，对于生活中的大多数人来说，在对待金钱和财富的问题上，存在着一种挥霍或极度吝啬的心态。养成一种良好的习惯，会使你终生受益，那就从现在开始树立正确的消费观，“量入为出，适度消费”。

我们要树立正确的金钱观，不做金钱的奴隶，学会做金钱的主人。虽然，钱可以买到很多东西，可以建立富裕的家庭，还能过上较为舒适的生活，但是我们生活的幸福绝不是被物质填充起来的，而大多是来自于精神上的愉悦。透过金钱的魔力，揭开它神秘的面纱，你就会发现那不过是一种商品。我们对金钱要有一种正确的认识，既不能把它当做“阿堵物”，连碰都不碰，也不能为它而疯狂，甚至用一些卑劣的手段而获取它，应该“取之有道，用之有度”。

★……巴菲特的忠告……★

巴菲特认为，人类百分之七十的烦恼都跟金钱有关，在面对金钱的诱惑时，人类往往失去了自己，成了金钱的奴隶。所以，他们在任何时候，都会因为金钱而烦恼。当一个人面临金钱的诱惑时，他的个性就会明显地表现出来，他是一个绝对的贪婪者，抑或是一个豁达者。

1.不为金钱而劳累

犹太人一直把金钱奉为世俗的万能上帝，但他们却没有成为金钱的奴隶，更没有在金钱的狂态面前俯首称臣，而是成了金钱的主人，掌控了自己的财富人生。世界著名的亿万富翁洛克菲勒对金钱的看法就是：不但不做钱财的奴隶，相反，还把钱财当做奴隶来使用。

2.钱不是万能的

《佛光菜根谭》：“有钱可以买到美食，买不到食欲；可以买到医药，买不到健康；可以买到床铺，买不到睡眠；可以买到赞誉，买不到知己。”人生中的财富无数多，并不是只有金钱才被称为财富，我们还需要拥有内在的财富，那才是取之不尽用之不竭的财源，那才是真正的财富人生。敢于舍弃“金钱奴隶”，翻身变做金钱的主人，在金钱面前，我们应该选择更为快乐幸福的生活，而毅然放弃金钱带来的沉重负荷。

让钱为自己工作

通常情况下，一个成功的人需要具备许多条件。巴菲特认为，任何一个成功的投资人，都善于借用他人的力量来为自己创业。即便创业之初没有钱，但并不妨碍他成功，这就要学会让钱为自己工作，而不是你为钱工作。在巴菲特看来，一个人生活在世界上，需要去挣钱，不过不能被钱所羁绊，挣钱也需要讲究技巧和方式。根据美国布隆伯格公司在2002年的一项报告，我们可以看到，个人资产305亿美元的巴菲特却只有每年33万美元的收入，这在当时，只是一名硅谷软件工程师的薪酬。而这次加薪前他在很长的时间里每年只有10万美元，当每个人都在为此感到惊讶的时候，他只是说：“我并不是

在为钱工作。”

在哈佛大学，学生们总是问巴菲特，“成功人生是怎么创造出来的？”“怎么样才能赚到更多的钱？”对此，巴菲特说：“在学校学习肯定是好事，但是不能学太久，除非你的梦想是成为一个教授，你现在学习并不是为了把那些知识存储起来，而是要拿来使用的。”而对于那些一心只想拿学位的学生，他则说：“只要经过正规的培训就可以了，不要为了吸取知识而去学习，就像我们不要为了老年节省一样。”

同时，对于MBA学生关于新工作的幻想，巴菲特还给出了这样的建议：“一份好的工作就像一段美满的婚姻一样，而通常在婚姻里感觉到幸福美满的人，并不是他们的伴侣比别人的漂亮或者有钱，而是他们对自己的伴侣的期望更低。”

对于薪酬和个人兴趣，他则是这样解释的：“赚钱永远不是第一位的，为了钱而去工作，就像你为了钱而去结婚一样，不管在任何情况下，自己都会觉得不舒服。但是，当你有了钱，如果你还是为了钱而工作，那简直是疯狂和荒唐！”

巴菲特本人就是一个不为钱而工作的人，他说：“我每天工作8小时，每天晚上还是睡在一个普通的床垫上，而不是十个八个的，你们在麦当劳吃饭的时候，我则会在dairy queen吃饭，我在那里也不会有任何的折扣。”直到今天，巴菲特还住在自己几十年前买的房子里，他并没有觉得自己和其他人有什么不同之处，唯一的不同之处可能就是自己常常坐着私人飞机在美国的上空飞来飞去。

巴菲特说：“一生能够积累多少财富，不取决于你能够赚多少钱，而取决于你如何投资理财，钱找钱胜过人找钱，要懂得让钱为你工作，而不是你为钱工作。”如果我们有幸进入巴菲特的办公室，那一定会惊呆的。因为巴菲特的办公室任何人都想象不出来，没有代表财富的鎏金吊顶、没有老板桌，也没有计算机，没有显示股票的屏幕，只有一只古老的钟表和一大堆的财经报纸，在这里，你不会感受到任何财富和金钱的气息。

★……巴菲特的忠告……★

巴菲特童年的时候就有人问他为什么想成为富人，而巴菲特则说：“我并不想有很多的钱，只是我看见钱慢慢地增多很有趣而已。”巴菲特从哥伦比亚商学院毕业，当老师给他提供工作机会的时候，他连问都没问就坐飞机去了。

1.把工作当成事业

在现实生活中，不少人把自己的工作当成一种交易：我为老板打工，老板给我工资。不过，在巴菲特的眼里，工作就是一份事业，是需要自己经营的。因为心中有这样的概念，所以才会对工作更加用心，而他在工作的同时也能体会到其中的乐趣。当巴菲特在家里熬夜分析财务报表的时候，他并不感到辛苦，因为他不会为工作所累。在他看来，若自己感到事业不如意，可以选择退出或转行。

2.热爱自己的工作

著名的耶鲁教授威廉·费尔波一直认为，教书是他最喜爱的职业，凌驾于一切，每当做这件事的时候，他就觉得很兴奋。他认为，一个人之所以能成功，最大的因素就是看他对自己工作的热爱程度。

财富与幸福并不是对等的

在巴菲特看来，财富与幸福是不能画等号的，这两个概念完全是不对等的。生活中，许多人认为幸福与金钱有关，钱越多，就越幸福，其实这样的想法是错误的。虽然充裕的物质生活在一定程度上让你感受到了欢愉，但实际上

那只是一种欲望的满足感，真正的幸福是不需要任何附加品的，它是来自心里最真实的感觉。如果说，拥有了金钱就意味着收获了幸福，那就大错特错了。幸福很简单，或许对某些人而言，有一份自己喜欢的工作就是幸福的，有一个爱自己的人就是幸福的，有健康的身体就是幸福的，有一顿不错的晚餐就是幸福的，有几个知心朋友就是幸福的。而这些真切的幸福，都与金钱没有直接联系。更让人疑惑的是，有的人越来越富有，却叫嚣着自己一点也不幸福，因此，“金钱与幸福对等”，本身就是一个悖论。

她是一位命运非常奇特的牧师。她的一生大起大落，光明与黑暗、欢乐和忧愁、平安与艰难都在她的命运里交错着，同时，在她的一生中，她顺服地恪守与神立下的约定，她一直遵守真爱、怜悯和衷心，她是刘莺孙，就是这样一个女人，同时也是这样的牧师。她在教会，她知道什么是能依靠自己改变的，什么是自己该去接受而不能改变的。

她在《幸福的女人》的序言里，这样写道：到今天，我已经生活了七十五年了，今天我将邀请我的读者们来到这里，真正快乐的源泉，是它让我成为了世界上最幸福的女人……我一生因为他，所以没有受过饥饿，没有无家可归；当我哭泣时，当我孤独时，当我受到伤害的时候，是它，总是将我抱在怀里……今天，我邀请你们来到这条幸福的河流上，你就单独地与它相遇，这就是我生命结束前最后一个愿望。我祈祷，祈求你也能登上这美丽的爱船，是它在很久以前为你准备的，我祈祷，你将与它共同行走，从今天直到永远。

刘莺孙的幸福其实很简单，她懂得了这样一个道理：知道什么是能够改变的，怎样去接受不可改变的。这两句话虽然很简单，却揭示了幸福的本质，幸福本身只是一种心态，一种平和的心态，根本不在于金钱的多少。有时候，你获得的金钱越多，但所收获的幸福却越来越少。

前几年，美国做了一项调查，真正的幸福来自于“精神上的满足”。《个性研究》上面发表了美国纽约罗切斯特大学的一篇研究报告：对147名大学生进行了为期一年的人生目标和幸福指数的调查，结果显示，那些有名气或者有很多财富的人没有感到相应的幸福，总是觉得生活没有意义；而那些幸福指数高的人，往往是那些实现了“自我价值”的人。通过大量事实证明，真正的幸福感来自于“精神上的满足”，并不是金钱上的富足。有些人在获得大量的金钱之后往往身不由己，甚至产生失落感，他们的内心是孤独，又是痛苦的。

★……巴菲特的忠告……★

巴菲特认为，有的人会把金钱看做一种幸福，这样的金钱观是极其错误的。一个人即便富可敌国，但他的精神世界是空虚的，或者是不自由的，那么他也绝对不会幸福，甚至感到很痛苦。

1.不应为金钱毁了幸福

那些将金钱与幸福画等号的人，很容易为金钱的多少而烦恼，尤其是当他们的现实与梦想差距悬殊的时候。他们觉得自己就是最不幸福的人，而直接的理由就是没钱。钱的多少能影响到心底最真实的感觉吗？所以，请珍惜眼前的生活，不要再为金钱的多少而苦恼了。

2.幸福的标准

生活中，有的人觉得幸福就是自己有了许多钱，因此，他们花很大的力气去达到这样的状态。但在现实生活中，可以在财富和地位上都达到显赫状态者毕竟是金字塔的顶尖，能实现这样愿望的人少之又少。于是，许多人瞬间觉得自己是不幸福的。心理学家认为，一个人的幸福与否，很大程度上取决于评判的标准，有些不将金钱与幸福画等号的人，即便他们不富裕，但他们觉得自己就是幸福的。

家财万贯，也未必幸福

在巴菲特的眼里，金钱并不是万能的，因为它无法填充一个人的内心世界。社会上流行着这样一句话：“钱可以买到房子，但买不到温暖的家；钱可以买到床，但买不到睡眠；钱可以买到珠宝，但买不到美好的生活；钱可以买到权势，但买不到威望；钱可以买到书籍，但买不到智慧；钱可以买到谄媚，但买不到尊敬；钱可以买到服从，但买不到忠诚；钱可以买到伙伴，但买不到友谊。”金钱，它所能满足我们的只不过是物质生活，而绝不是精神生活。在现实生活中，那些满身金光闪闪、名牌耀眼的人，虽然，他们的钱包鼓鼓，甚至钞票数到手软，但他们的精神世界却是极其贫瘠的。因为大量金钱的充斥，让他们觉得在这个世界上，不管什么问题都能用钱解决，于是，他们早已习惯用钱来维系人与人之间的关系。虽然，在短时期内，他们满足于自己的现状，但时间久了，他们会发现，原来自己穷得只剩下钱了。

美国以前有位富翁，他家财万贯，可是，却总得不到别人的尊重，因此，他每天都很苦恼，总是想尽办法得到别人的敬仰。有一天，富翁在路上散步，当看见一个乞丐时，他觉得自己的机会来了，所以，立马向乞丐的破碗中丢了一枚金币，可是，让他意想不到的是，乞丐并没有买他的账，头也不抬地继续抓自己的虱子，富翁很生气：“你眼睛瞎了吗？没有看见我给你金币了吗？”乞丐还是没有看他一眼，只是淡淡地说了句：“给不给是你的自由，你如果不给，你可以要回去。”富翁很生气，又丢给他10个金币，心想这次乞丐一定会向自己道歉，谁知道那个乞丐还是不理不睬的，继续抓身上的虱子。

富翁几乎被气得发狂了，他吼道：“我都给了你10个金币了，你看清楚，我是有钱人，你难道不会尊敬我一下吗？说声谢谢也不会吗？”乞丐还是老样子，懒洋洋地回道："你有钱是你自己的事，尊不尊重是我的事，这个不是你可以强求的。"富翁急不可耐了："我将我财产的一半给你，你还不能尊重我一下吗？"乞丐好像并不在意，翻了个白眼继续说："你给我一半的财产，那么我也将和你一样有钱，你又为什么要我尊敬你？"富翁急疯了，口不择言："好，好，我将我所有的财产都给你，这下你满足了，可以尊重我了吧？"乞丐回道："你把所有财产都给了我，我就成富翁了，而你将一无所有，成为一个乞丐，我又凭什么要尊重你？"富翁恍然大悟，他紧紧地抓住乞丐的手，很真诚地说了一句"谢谢你"。乞丐听后，终于抬起头来，看着富翁说道："不用谢，您请慢走。"

有钱就能买到尊重吗？这位富翁天真地以为，那些看上去很贫穷的乞丐可以为了钱去做一些有伤自尊的事情。正如那位乞丐所说："有钱是你的事情，尊不尊重是我的事情，这是强求不来的。"所幸的是，最后那位富翁恍然大悟了。

★……巴菲特的忠告……★

相对于财富，巴菲特更崇尚简单的生活。所以，他觉得金钱并不是万能的，至少它不能满足精神上的需求，这就是有些富人活得不开心而许多穷人活得很开心的原因。生活中，做人还是简单点，知足常乐，以平常心对待自己的现状，不要跟自己较真。

1.财富会迷失人的心智

虽然，金钱算不上多么邪恶的东西，但它的存在多少会给我们的价值观带来影响。有的人很穷，但他过得很快乐；有的人很富有，因为占有的金钱太多，使得他的价值观发生了扭曲，因而他是不快乐的。

2.金钱只是数字

金钱只是我们用于换购一些物质的手段，它不具备任何精神方面的价值。

我们都知道，虽然物质生活是基础，但那是最基本的需求，对于我们而言，应该有更高层的需求，那就是精神层次的需求，而这是金钱无法满足的。

千万别财迷心窍

巴菲特说："我想给子女的，是足以让他们能够一展抱负，而不是多到让他们最后一事无成。"虽然，巴菲特所拥有的财富很多，但他却不主张将财富留给孩子，而是选择了捐赠，因为他希望孩子可以自己成就自己，而非在钱财中迷失自己。虽然，经济在不断地增长，但随之出现的是越来越明显的贫富差距。对此，一些富人就拿出自己的"薪酬""奢侈浪费的生活方式"炫耀，以此达到满足自己虚荣心的目的。我们经常看到的新闻就是：某某为儿子举办了超豪华的婚礼，谁谁谁又购买了限量版的跑车等，这些新闻简直层出不穷。那些在钱财面前迷失自己的孩子，估计很久没有体会到快乐的滋味了。

珍妮是某商学院原会计，却因贪污罪、挪用公款罪被该市中级法院判处有期徒刑十八年，本来一个能干聪明的会计，现在却只能在女子监狱服刑。回忆起当初一步一步走向深渊的过程，珍妮后悔不已。

大学毕业后，珍妮就被商学院聘为会计，之后，她认识了现在的丈夫，开始了幸福的家庭生活。正当她的人生道路一帆风顺时，有一天，下海经商的丈夫提议珍妮帮他筹措一笔资金，短期内周转一下，并暗示可以挪用公款。珍妮虽然表面上严词拒绝了，但内心却展开了激烈的思想斗争。借，党纪国法不容；不借，丈夫有困难自己岂能袖手旁观？正当珍妮犹豫不决时，丈夫又一次言辞恳切地提出了相同的要求，并信誓旦旦地保证，一星期内肯定还款。她开始动摇了，正是这第一次，她迈进了泥潭，难以自拔。一个星期在焦虑不安中过去了，可丈夫还款的诺言俨然变成了"明日歌"。珍妮每日心惊胆战，上班怕同事、领导发现自己挪用公款的事实，下班怕听到丈夫无款可还的回答。丈夫投资失败了，那挪用的公款也亏损得一干二净。

此时，珍妮丧失了理智，竟然又一次听信丈夫再借一笔款项一定还的保证。结果第二笔款与第一笔同样泥牛入海，踪影全无。为了还钱，珍妮决定再次铤而走险，挪用公款数十万元，企图投入股市赚钱，结果损失惨重。为了逃避，她离开当地，试图外出寻找机会赚钱。但是，正所谓“天网恢恢，疏而不漏”，不久，珍妮就落入了法网。

本来拥有一份让别人羡慕的工作，但珍妮却因在金钱面前迷失以及目无法纪的行为而毁了自己的一生。庞大的公款对于每一个人来说，毕竟是一种致命的诱惑，有很多人控制不了自己的欲望，坠入了深渊。如果在欲念产生的那一刻，你能够克制住，怀着一种正确的财富取舍之道，就不会一头栽进里面而难以自拔了。

★……巴菲特的忠告……★

巴菲特认为，人的生命总是有限的，金钱生不带来、死不带走，现在掌握的财富最终都是全社会的。有的人虽然富有，但其精神世界却十分贫瘠。而那些真正富有却把金钱看得很淡的人，他们才是真正富有的人，不管是物质上，还是精神上，他们都是富有的。

1.看淡钱财

不管自己有没有钱，对金钱，都要看淡。如果你有钱，那更需要看淡金钱，只有这样，你才能真正居于成功者之列。如果没钱，那就更不用炫富，因为你根本没资格炫富，这样做的结果只会不断地膨胀自己的虚荣心。

2.不炫富，不迷失

虽然巴菲特成为亿万富豪，但他却从来不说自己多有钱，从来不炫耀自己的财富。然而，生活中，却有不少人在金钱面前迷失了，最后一头栽在泥潭里。如果说炫富只是为了满足虚荣心，那就是一种欲罢不能的行为。一旦养成了这样的坏习惯，就难以改正。就好像深陷在泥潭里，难以自拔，如果停止了，他就会担心别人是不是怀疑自己根本不富裕，这样的担忧会让他更加疯狂地炫富，结果，使自己走向无底的深渊。

要养成良好的消费习惯

对于自己的消费习惯，巴菲特几乎没什么可说的，因为他不用买任何奢侈品，不是他买不起，而是他对那些所谓的“时尚”丝毫不感兴趣。对此，巴菲特给年轻人这样的忠告：努力培养良好的消费习惯，其实也是一种理财方式。而在当今社会，当人们的消费欲望超越了自己的购买力时，超前消费就应运而生了。最初，超前消费的观念源于西方国家，当所有的中国人都习惯于把钱放在银行里或者地窖里时，辛苦存一辈子的钱也说不清楚自己究竟想要什么。后来，西方超前消费的观念慢慢被中国人所接受，人们发现原来生活还有另外一种方式，即便背负债务，还是可以活得很潇洒。于是，由开始的质疑到后来的接受，如今，这样的字眼儿更成了人们的口头禅。年轻人风靡于办各种各样的信用卡，上班族开始考虑通过向银行贷款买房买车，人们成了“房奴”“车奴”，却乐在其中。但是，在这个过程中，有人也提出了反对的声音，“超前消费葬送了美国人的梦想”，似乎那历历在目的金融风暴就在眼前。

露西刚刚领了5000元的工资，可是她一点都兴奋不起来，还是皱着眉头考虑这5000该怎么分配才能度过这个月的财务危机，“信用卡欠款还有3000元，哎……”

露西，是一个喜欢小资情调又精明的女人，露西其实很感谢发明信用卡的人，因为那样就能让收入一般的她拥有名牌衣服、高档化妆品、数码相机、笔记本电脑、高档家具，这样就能让自己的生活质量和品味不会因为收入的一般而降低，同时也满足了她的虚荣心。

通过信用卡，露西买了很多超出自己消费能力的物品，可是当账单到手的时候，她才明白天下没有免费的午餐，借的钱始终是要还的。真正还账的时候，露西才感觉到了压力不是一般的大，几乎快压得自己喘不过气来了。最近更让露西心焦的是：明明工作了4年，可是存款只有几千块钱，而且每个月不同的银行都会寄来对账单，总额都不低于3000元，还有房租、水电费、交通费等，对于每月收入只有5000元的她，财务明显出现了紧张的情况。

对她来讲，信用卡导致的这些债务就像一座无形的大山，压在她的肩上。

露西成了名副其实的“卡奴”，且生活得如此劳苦不堪。究其原因，并不完全是竞争激烈的社会现状，而是她没能好好规划自己的人生，每天追求小资情调的消费，迷迷糊糊地过日子，盲目地选择并不适合自己的消费方式，以至于把自己逼成了“奴隶”。

★……巴菲特的忠告……★

不仅巴菲特本人不喜欢购买奢侈品牌，他还建议子女不要购买那些流行产品，对于他而言，这样的产品不够稳定。假如子女一定坚持购买，那必须具备一定的购买能力。因为巴菲特言传身教，因此，他的几个子女在消费上都相当节约，从来不铺张浪费。

1.超前消费要有度

从经济学来看，超前消费可以通过储蓄和贷款对消费进行跨期替代，实现自身效用最大化，这在某种程度上来说是合理的。但是，我们不能忽略超前消费所带来的弊端，那就是容易滋生盲目攀比，追求高消费，在无力偿还的情况下，做出违背道德甚至触犯法律的事情。所以，超前消费并不等于“过度消费”，必须控制在力所能及的范围之内。

2.钱，要用之有道

用较少的钱买好东西。如果东西好，但需要花去所有的钱，或者这东西很便宜但只是一般化，这两种消费观念都是不提倡的。尽可能花在该花的地方，比如提升自己的品位，或是多关注时尚资讯，或是定期去健身房，或者多读读有益的书籍；买东西并非便宜不可，如果你确实喜欢上了一件昂贵的大衣，而又非常适合你，也可以一掷千金；花钱的时候要保持头脑清醒，不要做物质的奴隶，不要做购物狂；学会爱惜自己，钱不仅仅花在物质方面，还要用于提升自己的内在。

参考文献

[1]德群.巴菲特投资思想大全集[M].北京：中国华侨出版社，2011.

[2]罗杰·洛温斯坦.巴菲特传:一个美国资本家的成长[M].北京：中信出版社，2010.

[3]赵艳.我的财富与你共享:巴菲特给年轻人的忠告[M].北京：中国画报出版社，2011.